本书受陇南师范高等专科学校资助出版
甘肃省社会科学规划科研项目
"权德舆策问思想内容研究"（编号 YB144）

权德舆策问思想内容研究

陈江英 著

本书出版受国家社会科学基金资助

中国社会科学出版社

图书在版编目(CIP)数据

权德舆策问思想内容研究/陈江英著.—北京:中国社会科学出版社, 2019.4

ISBN 978-7-5203-4182-0

Ⅰ.①权… Ⅱ.①陈… Ⅲ.①权德舆(759-818)-政治思想-研究 Ⅳ.①D092.423

中国版本图书馆 CIP 数据核字(2019)第 048282 号

出 版 人	赵剑英
责任编辑	任 明
特约编辑	乔继堂
责任校对	杨 林
责任印制	李寡寡

出 版	中国社会科学出版社
社 址	北京鼓楼西大街甲 158 号
邮 编	100720
网 址	http://www.csspw.cn
发 行 部	010-84083685
门 市 部	010-84029450
经 销	新华书店及其他书店
印刷装订	北京君升印刷有限公司
版 次	2019 年 4 月第 1 版
印 次	2019 年 4 月第 1 次印刷
开 本	710×1000 1/16
印 张	15.5
插 页	2
字 数	240 千字
定 价	65.00 元

凡购买中国社会科学出版社图书,如有质量问题请与本社营销中心联系调换
电话:010-84083683
版权所有 侵权必究

序 一

伏俊琏

本书是陈江英在其硕士学位论文基础上修改而成的。2008年，在"5·12"大地震中受了轻伤的陈江英来到西北师范大学攻读"中国古典文献学专业"硕士学位，我和秦丙坤副教授是她的指导教师。此前在大学读其他专业的时候，她就喜欢中国古代文学，曾旁听过我和其他老师给本科生讲授的《中国古代文学》课程。她勤奋踏实，细心而又执着，遇到不懂的问题，反复查阅工具书，不弄懂不罢休。她的硕士学位论文以权德舆策问为选题范围。"策问"是古代的考试题，有很强的时代特征，反映的是那个时期的社会热点、价值观念和知识追求。由于时过境迁，当代人读起来，云里雾里，很是隔膜。因而，古代的策问，研究教育史的学者涉及多一些，研究古代文学的学者关注不多。所以，我最初对她选择以权德舆策问作为研究对象，感觉很没有把握。好在我的老师、西北师范大学古籍所的霍旭东先生刚刚整理出版了《权德舆文集》《权德舆诗集》，霍老师就在身边，可以随便打扰叩问。在最初读权德舆策问的过程中，陈江英确实遇到诸多硬骨头，可以说到处是技经肯綮，不小心就尝到大軱，但她没有气馁，坚持了下去。硕士毕业后，她仍然没有放弃权德舆策问这个大骨头的硬啃，经过七八年的修改补充，这本20万字的专著终于要出版了，我是由衷的高兴。

客主问答的形式，是中国文章的源头。现存最早的文章，几乎都是对问的形式，从《尚书》诸篇，先秦诸子，《国语》《国策》，黄帝《内经》等，大都运用对问的形式，《诗经》《楚辞》中对歌也不少，而汉赋更是"客主首引"。汉兴，高祖刘邦本来鄙视文学，而纵横家出身的陆贾因势利导，顺着高祖的意思发问，借机陈述秦亡汉兴之理，刘邦"涊然汗出，霍然病已"，群臣三呼万岁。终西汉一代，"秦所以亡，汉所以兴"成为政论文的永久主题。博学审问的汉文帝,以策问的形式向晁错询问治国之策,而《汉书·晁错传》载有文帝策问的诏书和晁错的对策。文帝的策问不仅发"问",而且讲历史,讲背景,自陈虚怀若谷、求贤若渴的心情,逼得大臣不得不披肝沥胆,"悉陈其志,毋有所隐"。策问本身也是很有技巧的短文章。晁错的策论更是洋洋洒洒,斩钉截铁,峭直深刻,是短小精悍的政论文。文帝的策问和晁错的对策对隋唐以来我国科举考试影响很大。吴承学先生在他的名著《古代文体形态研究》中说:"试策是中国古代历时最长,地位最稳固的考试文体,大致可以说,历代选拔人才的考试,都离不开对策。"

权德舆在唐德宗贞元十八年(802)、十九年(803)、二十一年(805)三掌贡举,撰写了五十道策问。这些策问,以《尚书》《诗经》《周易》《春秋》《论语》《庄子》《文子》等为命题之根据,主要借对经典要义的阐释,来考查考生对经典的理解程度,并结合经典分析当时的社会各方面的问题,以求得解决的办法。这些策问反映了他对当时社会、文化、士风的深刻思考,文笔也简洁明快,是他议论文中的精华,是体现他的经学思想、政治思想、文学思想集中而有代表性的篇章。

权德舆策问,还应当从经学发展史的角度理解。我们知道,汉魏六朝以来,一方面儒学式微,另一方面则派别林立,儒家经典散佚,文理乖错。加之国家长期分裂,经学也逐渐形成了南学、北学,互相攻诘,出现了较为混乱的局面。隋、唐建立以后,为了统一的专制政权在政治、思想、文化建设方面的需要,便有了整顿经学,由朝廷出面撰修、颁布统一经义的举措。唐太宗时孔颖达受诏领衔撰修《五经正义》,正是文化统一的产物。《五经正义》完成后,唐太宗给予很高评价,从为"博综古今,义理该洽,考前儒之异说,符圣人之幽旨,实为不朽"。但此书在当时,就受到一些学者的批评,认为"驳正其失,至相讥诋","曲徇注文","杂引谶纬",问题多多。而自由开放的唐代,枯燥陈腐的经学,并不为时人所看重。所以,初唐、盛唐,经学总体上是处于衰落状态。到了中唐,便有一些儒者,像韩愈等就痛感儒学"道统"的衰落,要"障百川而东之,回狂澜于既倒"。权德舆的策问,可以说与韩愈振兴儒学道统的呐喊相呼应。略晚于权德舆的杨倞注《荀子》,就是因为他认为孟子和荀子都是孔子之后的大儒,但《孟子》一书传习不绝，历代都有人为之作注。而《荀子》一书却备受冷落，其书虽存而传习者寡，致使编简烂脱，传习谬误，文义不通处，比比皆是。于是发愤整理《荀子》，调整篇次，为之训诂，使全书合乎儒学的基本思想，也是振兴儒学的重要举措。

正是从经学思想史的角度，《权德舆策问思想内容研究》选取了权德舆五十道策问中四十三则，一方面对其内容进行语义学层面的疏证，另一方面结合权德舆所处的时代背景，揣测其策问的意图，归纳分析其策问体现出的为政、为人、为文的思想渊源，对权德舆策问中的思想内容进行了归纳分类和意义阐释。本书的学术价值正体现在这些方面，尤其是对策问内容进行疏证，需要对经典下很大的功夫。这在古人来说，由于他们从小熟读经典，是轻而容易的事，但对现代学者来说，就是需要有耐心，一条一条的查寻。虽然计算机给我们提供了很大便利，但对经典的解读还得靠自己结合上下文慢慢体会。所以，本书的疏证还存在一些不确切的地方，作者又一时解决不了，读者如果能够补充纠正一些，那自然是作者高兴的事。

研究中国传统文化，一定要对传统文化中存在的大量糟粕有足够的清醒的认识。中国古代的策问、权德舆的策问也存在诸多陈腐的东西，研究者的责任还应当揭示并批判这些糟粕。权德舆试图用儒家的思想改造世道人心，推动社会进步发展，历史证明也是没有成效的。近年来，"国学热"势头很猛。当然，随着国家经济的增长，国力的增强，我们的民族自信心得到提升，文化自信日益增长。对传统文化的自信，由以前的基本否定回归到正常位置，这是一种文化心理学上的回归，是生生不息的民族之魂的自发传承，是没有问题的。但社会上往往是鱼龙混杂，甚至出现许多天方夜谭的事情：有人说通过让孩子读《弟子规》，可以治疗孩子的急躁症，减轻孩子的青春叛逆；读《弟子规》以治疗网瘾，读《孝经》《女诫》以改善婆媳关系，治妇科病。甚至一些地方把"二十四孝图"刻画在公共场所，让人们去学习效法。而一些"国学教师"，没有多少国学功底，只是趁着国学流行这股大势摇身变成"大师"。这些人中，有大讲风水八卦的，有练瑜伽的，有涂鸦丑书怪书的，有弹古琴的，还有研究怎样才能得道成仙的。这是传统文化复兴中的一股逆流，国学研究工作者应当高度警惕并批判之，引导国学回到正轨之上。

　　对传统文化中优秀成分的价值也不能估计太高。过去有学者讲，21世纪是中国文化的时代，儒家文化要拯救世界等等，这类说法，恐怕只是一厢情愿。历史已经证明，儒家文化无法催生现在科学，也不能挽救百年前中国的贫弱，现在也不能解决我们面临的信仰问题。作为传统文化研究者，我们的任务是实事求是，对历史文化进行深入细致的研究，拨开掩盖在它上面的沉沙，还历史以更为真实的面目，认识和感受我们祖先生活的方方面面。一个民族，就像一个人。一个正常的人，总会对自己的童年和过去怀有深深的眷恋之情。一个民族也一样，通过对自己过去历史的回顾和优秀文化品德的总结，使一代又一代文化精英的精神领域，能与古代圣贤鸿儒相交接，可以开拓心智，培养责任感和道德品德。而不是回到古代，穿上所谓"汉服"，行跪拜之礼，这是戏剧工作者要做的事。

　　更重要的，我们研究传统文化，一要有科学精神，二要有世界眼光。所谓科学精神，就是按照公理建立起逻辑体系，将零碎的、片断的、不系统的知识整理归结成一个标准化的系统。中国传统的儒家、道家等思想更多地关注内在自我，修身养性，人伦关怀，而缺乏对外部世界的探索，总体上缺乏科学思想和科学精神。先秦的法家、名家、墨家包含有朴素的科学精神，但这几家大约在汉代就基本式微了。缺乏科学精神，极容易把零碎的、片断的、不系统的知识"玄学"化，而不去追求探索其中的因果关系。比如，医学是最接近科学的学科，中国早期医学本来是这样的，所以我们看马王堆出土的西汉帛书《五十二病方》，只是老老实实地记载了 308 例病方，299 种药物，手术治疗的位置等。但中医发展到后世，则越来越神秘，越来越玄妙，阴阳五行，天干地支，春秋四时，天人合一，万物系联，反而把早期治病的绝招丢了。从汉到清，中国人的平均寿命没有多少增加，就是证明。清代大诗人、大学者袁枚曾针对当时的医学风气说："今天下医绝矣，惟讲学一流传而未绝者何也？医之效立见，故名医百无一人；学之讲无稽，故村儒举目皆是。"现在电视广播微信上讲中医养生者比比皆是，而能治病的名医却少之又少；治病者难，而谈玄者易也。

　　所谓世界眼光，就是要把研究传统文化提升到中央提出的构建人类命运共同体的高度进行认识，要把中华优秀文化放在世界文化的大格局中，在与世界文明的相互交融中体现其价值，体现中华民族对世界文明的贡献。人类文明有其共同性，文化价值有其普世性。像中国传统契约文化中体现出来自由精神、平等精神、守信精神、救济精神等，都应当是世界不同民族、不同文化族群普遍认可的。全世界人民有了诸多共同的价值观，才能够构建人类命运共同体。

2018 年 12 月 24 日

序 二

秦丙坤

权德舆（759—818）是唐代贞元、元和间的政治家和文学家，今存诗397首，存文428篇。在贞元十八年（802）、十九年（803）、二十一年（805），权德舆三掌贡举，故《全唐文》存权德舆策问五十道，这是中国古代科举文献中十分珍贵的史料。权德舆五十道策问的价值，一方面作为唐代科举及儒学教育最原始的材料，反映了中唐贡选的基本思想标准；另一方面，更反映了当时的政治观念、经学观念、文学观念及时代历史背景。同时，唐中期的重要历史局面和政治问题，也从策问中曲折地反映出来。所以，权德舆策问具有重要认识价值和研究价值。

20世纪末以来，学界对权德舆诗文的关注和研究逐渐增多，先后有霍旭东先生和郭广伟先生对权德舆诗文集进行点校整理。对权德舆的相关研究基本集中在诗歌和散文创作方面，相对而言仍不够充分。到目前为止，对权德舆策问的专题性系统研究，仅见陈江英的硕士学位论文《权德舆策问思想内容论析》。在完成硕士学位论文后，陈江英又以此为课题成功申报2016年甘肃省社科基金规划项目，这是她取得的又一项成果。

对权德舆策问的研究是一个非常艰难的课题。在所见到的既有研究成果中，一般都不涉及德舆五十道策问，间有涉及者，也往往根据策问大意点到为止，引用若干策问文句作为分析所涉问题的参考性内容。或有甚者，在研究中刻意规避涉及策问材料。其原因在于，权德舆的策问本身为科举考试的试题，其中涉及大量儒家经典典故，许多典故通过点染间接出现，致使策问艰涩难懂，在今天看来，这是极其难啃的硬骨头。因此，对研究者的要求也非常高，第一需要研究者具备扎实的古文献功底和古文解读功夫，第二需要对中国古代科举制度有相当程度的谙熟,第三需要对先秦儒家经典全面系统的透悟,第四需要对唐代尤其是中唐政治、经济、文化、社会、军事、外交等方面具备较开阔的历史视野。此外,还需要研究者的学术执着精神和甘坐冷板凳的精神。如果不具备这些条件,很难想象如何进行这一课题的深入研究。"攻城不怕坚,攻书不畏难",陈江英通过自己的努力,刻苦钻研,以毅力克服阻力,遇到问题,直击肯綮,终于完成这一课题,非常令人赞佩。

陈江英的《权德舆策问思想内容研究》,对权德舆策问所体现的思想内容进行分类研究,从解读权德舆"策问"文本出发,结合权德舆所处的时代背景,考察权德舆出题的意图,对策问中的经学典故予以深入细致地发覆阐微,探究权德舆的儒学思想、文学观念、忧患意识、为政之道,揭示了权德舆策问思想内容的实质。在此基础上,又结合策问内容,对中唐社会及政治局势也进行了深入探讨。研究内容分为五部分:第一部分"唐代的科举与策问",梳理科举、策问、儒家经典之间的关系;第二部分和第三部分"权德舆策问思想内容研究"分上、下两章,是对权德舆策问思想内容研究的核心部分,将明确以儒家经典命名的策问列为第二章,将道教典籍以及未明确以儒家经典命名的策问列为第三章;第四部分"权德舆策问的特点",从文体特点和写作特点两方面进行了分析探讨;第五部分"权德舆策问的价值",从权德舆策问的认识价值、文化价值、史料价值、现实意义四个方面进行了恰当评析。

全书对权德舆策问思想内容的探讨非常深入细致和全面系统,运用资料丰富翔实,论证过程恰如其分,逻辑严密,结论较为稳妥,充分体现了述论结合的研究方式。尤其对每道策问的解读阐释,一般通过整体引用文献、总结主题、发覆策问中的儒家经典及典故、释读策问大意内容、分析策问思想及中唐社会现实局势等环节,将策问中的难解之处进行全面清扫,使策问成为易读文献,并在进一步的深层探析中尽显功力。这一工作虽然朴实无华,但对作者的要求甚高,其学术分量之重,在认真阅读本书后自然能够体会到。本书的创见非常明显,因为权德舆策问研究这一课题本身就是开创性的。本书对权德舆策问弃传求经、质疑经典、树立儒学新风等方面的论证,首次揭示了在中唐儒学变革的背景下,权德舆作为元和学术群体的先辈,具有引领当时儒学思潮的作用。作者对权德舆策问的文体特点、写作特点及认识价值、文化价值、史料价值、现实意义等方面的阐述，也具有新创之功。

  陈江英研究这一课题的过程备受艰辛，作为她的硕士生导师，我主要做宏观指导，在遇到难题和写作困境时，给她提供一些研究思路，在解读策问中的儒学经典等方面也有所帮助。作为合作导师，伏俊琏先生在研究过程中给以极大帮助，伏先生也是我攻读硕士阶段的导师，恩师之惠，永远铭记在心。我们还经常请教《权德舆诗集》《权德舆文集》的校点整理者霍旭东先生，霍先生总是给以耐心的帮助指导。成果的完成，更多的是陈江英自己的发奋努力，在学术研究的路途中，每走一步都需要脚踩大地。希望陈江英通过勤奋扎实的努力，有更多更好的后续成果问世。略陈己见，谨以为序。

2018 年 12 月于西北师范大学

序 三

蒲向明

"文脉"为龙脉之一种，系负屃之魂，属文曲昌兴之象，曰为山、川之势，则有文、武之别。伏羲魂化九龙、真身游历天下，所遗百峰，皆为龙（文）脉。遗世便有汉、唐，文风鸿燊，名家辈出，诗文作品犹如明珠璀璨，遗落后世。如司马迁史家绝唱、贾谊过秦之论、枚乘《七发》、相如《子虚》《上林》、赵壹《刺世嫉邪》、汉乐府、文人五言诗，唐李杜诗、韩柳文、新乐府运动、传奇变文、参军戏……真正不胜枚举。可见，伏羲遗世文脉在汉唐，并非虚妄。就地域而言，伏羲留文脉，首善在成纪、略阳。《帝王世纪》说："（太皞）母曰华胥，履大人迹于雷泽，而生庖牺于成纪，蛇身人首。"因而汉、唐成纪文脉群星闪耀：纪信、李广、李陵、隗嚣、李渊、李世民、李白、李隆基、权德舆、李昭道、李翱……故汉唐陇西成纪、天水略阳，以文华显于后世，有伏羲遗脉的优势。神话传说或失于无稽，但20世纪大地湾考古发现，属于科学力证，远古先民化文于此，流芳后世，似应不争。

权德舆（759—818），字载之，其族自秦初至唐天宝末，世居天水略阳（今甘肃秦安）。韩愈在给他盖棺论定撰《唐故相权公墓碑》（《韩昌黎集》卷三十）时，以为追溯权载之族源不能过远，就汲取载之自撰《梓州刺史权公文集序》一文说法："其本出自殷帝武丁，武丁之子降封于权。权，江汉间国（在今湖北当阳）也。周衰，入楚为权氏。楚灭徙秦，而居天水略阳。"查载之原文，权氏一族北迁属于"楚灭秦迁，始居汧陇。"这里的"汧陇"《旧唐书》本传理解为"天水略阳"，而《新唐书·卓行·权皋传》（权皋为载之父）解释为"秦州略阳"，到《新唐书·宰相世系表》二者兼而用之。可见，权氏自秦以来世居天水略阳。岑仲勉《唐人行第录》总括权载之传记、陈述著录情况称：

权三德舆，字载之，旧（唐书）一四八、新（唐书）一六五有传，全（唐）文六一八李直方《祭权少监文》、九一七清昼（皎然）《答权从事德舆书》记述甚详。王红霞的《权德舆研究》论云："权德舆先世为历代仕宦，至皋虽名位不显，但名节冠于古今，还是颇有影响的。""权德舆先世以儒业传家，以德行、政事、文章显世……家族内学术气氛亦很浓厚，家风也很纯正，这些都对权德舆的成长产生过不小的影响"，所述甚为中肯。不错，权载之生长之根本在秦地汧陇，于此已明就里，而且世业续传，家风熏陶，学术滋润，都毫无疑问。

但是，权载之的生地毕竟不在秦域汧陇，生地润州的自然与人文环境给他成长的影响，当然最为直接，而且不应回避。据《新唐书·权皋传》：载之父权皋，第进士。由范阳节度使安禄山上表为幕府，后来他发觉禄山要反叛，欲私下离去，但考虑会祸及亲属，就等待机会。天宝十四年（755），安禄山派他献俘京师，中途他诈死，奉母潜往江南，这个义举给他赢得了很大的声望。载之父皋避乱，自天水略阳奉母移家，到润州丹阳县（今江苏省镇江）居住，这时权载之还没有出世。因此，权载之祖脉天水略阳，而他的生地是在丹阳。这个"江山清绝，襟吴带楚"之地，使他耳濡目染楚骚文学、齐梁诗风，不仅博大了他的学养和胸怀，而且就其文学成就来看，权载之文化品格的建立，与其祖籍家乡秦地汧陇、生地润州丹阳的地域文化和谐交织在一起，是密不可分的。秦地世业与家风给他刚毅、执着、勤勉的品性，楚骚文化滋养出他文化气质的温婉多情，而齐梁文风熏陶到他行文炼句的言语华丽、辞藻巧工乃至精细音律。所以权载之的文学与文化内蕴，系南北文化大系养育，独特与唯一在其自身，不可复制。

比较而言，权载之的历史声望先属于中唐政治家，而后才是文学家。他一生历唐肃宗、代宗、德宗、顺宗、宪宗五朝。二十二岁从"杜佑任江淮水陆运使，辟公为从事"起，步入仕途，离开丹阳至扬州"署朝职为试右金吾卫兵曹参军"（蒋寅《权德舆年谱略稿》1994）起，二十七岁"奉母赴江西任观察使判官，朝衔试大理评事摄监察御史"，其后十年仕途不遂，以散官云闲居多。三十七岁改尚书省驾部员外郎，仍知制诰，散官迁宣德郎，勋官为云骑尉。三十九岁仍驾部员外郎任，充进士试策官作《贞元十三年中书试进士策问两道》。四十岁任职生涯风生水起,"迁尚书司勋郎中,兼知制诰,散官为朝议郎,赐绯鱼袋,勋官如故",真正步入朝堂。不久擢中书舍人,四十四岁以职知供举,放进士二十三人及第。不久拜礼部侍郎正四品,凡三岁掌贡士。四十七岁以礼部侍郎撰德宗谥册文,遂文名,旋转户部侍郎,迁朝散大夫。四十八岁转兵部侍郎,勋官迁骁骑尉,四十九岁改太子宾客,五十岁复任兵部侍郎,散官迁太中大夫,勋官迁上柱国,爵封襄武县开国侯。五十一岁迁太常卿,赐紫金鱼袋,散官迁通议大夫。五十二岁守礼部尚书,同中书门下平章事,五十三岁任宰相,权知门下省过官,达到政治生涯的最高点。后罢相,官职升降,颇有轮替。六十岁以山南西道节度使,病乞还,归至洋州白草蓂。他一生的政治贡献,主要在治理国家方面,主张德治和法治并用,对贪官污吏坚决严惩,相对平民的疾苦则倍加关注。他以实用而俗化的生存态度,试图重振王朝权威、恢复儒学礼教秩序,并以此显现元和中兴赖以成功的思想、制度、经济、文化和人才基础(严国荣《权德舆研究》2004)。由之,则不失君上肱股、朝廷栋梁。因此,不仅在当世影响很大,在为事、为政时方面誉为"一代宗匠",杨嗣复、白居易、元稹、柳宗元等都先后出其门下,其所擢进士中有七人后官至宰相,而且培养了大批的人才精英,为中唐网罗人才、奖励贤俊贡献非常,颇受时人的仰慕与推崇,后世余响不绝,褒称"文坛宗师"。

权载之作为文学家的意义,似乎被他重大的政治成就与声望所遮蔽。《辞海》甚至不立条目,现今诸多《中国文学史》提及权德舆者鲜有。如广有影响的游国恩《中国文学史》(1963),章培恒、骆玉明《中国文学史》(1997)和袁行霈《中国文学史》(2004)等均未提及权德舆的诗歌和散文创作。中国社会科学院文学研究所编《中国文学史》(1962)仅在论及刘长卿诗歌时说:"刘长卿的诗内容丰富,各体都有佳作。权德舆称他为'五言长城',主要是指他的五言律诗而言。"(中国社会科学院文学研究所《中国文学史(二)》1962)刘长卿诗有"五言长城"之称,竟然出自权德舆。可其他文学史提到"五言长城",多称刘长卿自诩,因而形成一段公案。说权德舆有此称,其实由来已久。《新唐书·秦系传》:"(系)与刘长卿善,以诗相赠答,权德舆曰:长卿自以为'五言长城',系用偏师攻之,虽老亦壮。"《唐才子传》说

"权德舆称（其）为'五言长城'"，《全唐诗》亦称"权德舆尝谓（其）为'五言长城'"。查《权载之文集》《四部丛刊初编》补遗《秦征君校书与刘随州唱和集序》云："彼汉东守（按：长卿曾任随州刺史，故称）自以为'五言长城'，而公绪（秦系）用偏伍奇师攻坚击众，虽老益壮，未尝顿锋。词或约而旨深，类乎近而致远，若珩珮之清越相激，类组绣之玄黄相发，奇采逸响，争为前驱。"显然，《新唐书》是直接采用了权序之说，而《唐才子传》《全唐诗》对此有所演绎。

可以肯定的是，权德舆最早记载了"五言长城"之说，是毫无疑问的。这里的权德舆仅以一个诗论家的身份被指出来，虽然见地卓尔，但没有进一步的敷陈，具体的细节就永远湮灭在历史的烟尘中了。比较而言，只有钱基博《中国文学史》论说盛唐、中晚唐诗歌的相互影响时，提到了权德舆诗歌的风格：

> 盛唐人诗，亦有一二滥觞晚唐者；晚唐人诗，亦有可入盛唐者；要当论其大概耳。戎昱在盛唐为最下，已滥觞晚唐矣。戎昱之诗，有绝似晚唐者；权德舆之诗，却有绝似盛唐者。权德舆，或有似韦苏州、刘长卿处……大历以后，吾所深取，李长吉、柳子厚、刘言史、权德舆、李涉、李益耳。（钱基博《中国文学史》（下）上海书店出版社2015年版）

此言是说，权德舆的诗歌创作风格"绝似盛唐"者，大体指那些词近情遥、语浅情深，含蕴丰富、既明朗又耐人寻味的作品。在艺术手法上，多用白描，无论即事感遇抒情写景，无论古诗、近体，语言清丽、平淡，不事涂饰。笔墨省净，情韵耐人寻味。（林家英《论权德舆的为人、为文、为诗》1982）在中唐大历以来诗风趋于平庸的诗坛上，权诗显示了自己的个性特色，其清淡、自然的语言风格，为后人所称道。因创作特色相近韦应物和刘长卿，以致在大历诗人集团里面位居李贺、柳宗元、李益等诗家之列，并为著者所竭力取法，这一点主要表现在其具有的清淡、自然的语言所构成的恬静、闲远的意境方面。权诗对生存状态的汲汲关注，实用化、世俗化的人生态度，浓郁的生活气息、琐碎的生活细节描写等，包括他在赠内诗、咏史诗、游戏诗表现出的某些开拓、丰富和深化，都是与其思变创新的创作理念密切相关的。权德舆还是我国古典美学重要范畴之一"意境"说的早期开拓者，他首次把"意"与"境"联体论述，使之组成一个互联互依的完整意义表达，从而赋予"意境"完整、独立的范畴品格，且第一次完整表述出了意境的含义，为后人完善这一理论表述规定了合理的路径，此为他对意境说的大贡献。

蒋寅先生指出："权德舆在中唐文学史上的意义始终未得到应有的重视。从贞元到元和间，这位声望卓著的文学家，不仅以文坛盟主的地位提携了一批中唐文坛的中坚作家，同时他自己的诗歌创作也成为贞元诗坛的重要内容。"（《成长的烦恼——权德舆早期诗作的心态史意义》2004）这段论述，显然比钱基博所言又进了一步：一是明确肯定了权德舆在中唐文学史上的意义，是声望卓著的文学家，据文坛盟主的地位；二是他影响并提携了一批中唐文坛中坚；三是他的诗歌创作是贞元诗坛的重要组成部分。他近400首诗歌的创作实践丰富了唐诗宝库，奠定了他在中唐贞元、元和文坛上应有的地位。

较之文学通史，唐文学断代史述及权德舆诗歌和散文创作就更多一些。如罗宗强、郝世峰主编的《隋唐五代文学史》（1994）、吴庚舜、董乃斌主编的《唐代文学史》（1995），但还是没把他作为重要作家予以观照。倒是日本学界在唐文学断代史中讨论权德舆在文学上的成就要多一些，如松本肇著《唐代文学の视点》（2006）、川合康三著《唐代文学——终南山的变容》（2013）他们把权德舆的诗文创作打通看作一个整体研究，并对其创作心路予以探讨，这个研究视角，无疑是国内学界在研究权德舆方面值得借鉴的。

权德舆出自祖德清明、家风雅正的仕宦家庭，具有秉政忠直、刚正不移的个性，其为人"外坦易而内谨重，雅正而自然，达到从心所欲不逾矩的境界"（茅国华等《论权德舆的人格风范与诗歌风格》2007）其诗似刘长卿、韦应物，含蓄温和、清雅洗练的风格，源于其个性和为人。这一点，同样映照到他的散文创作，十五岁就有文章百篇，中唐以文章著称，为台阁体重要作家。其文章雅正鸿博，气象宏阔，这一点似为他诗歌创作所未有。他的史论以《两汉辨亡论》最负盛名，后世史家以为"有补于世"。从写作分类上看，除史论外，权德舆集序、赠序、碑铭、行状的写作占了很大比例，"公卿侯王碑铭、行状多出其手"（王伯恭《中国百科大辞典》"权德舆条"1999），但其文学成就，在著述议论、策问上的表现也可相比肩，甚或更高。

权德舆所作大量集序文，反映了大历、贞元时期的一些文学活动、创作风貌与理论观点，其中《秦征君校书与刘随州唱和集序》《唐使君盛山唱和集序》《韦宾客宅宴集诗序》等作品，体现了儒家诗教观指导下的言志与缘情并重理念，既反映了唐代士人诗歌唱和的基本情况，也在理论上对唱和这一形式进行了探讨。（杜光熙《权德舆三篇唱和集序文的创作背景与诗学思想》2017）

在赠序文的演进历程中，权德舆的写作占有极为醒目的位置。权氏因长期辗转于幕府、台阁，为中朝风雅主持，遂成为第一位大量写作赠序的作家。他的创作表明，赠序写作首先与职务密切相关。其赠序在话语和文体两方面都显示出对文体功能的自觉和文章结构的成熟，标志着赠序的定型，从唐代散文史的角度考察有着多方面的意义。（蒋寅《权德舆与唐代赠序文体之确立》2010）如《送灵澈上人庐山回归沃洲序》，揭示心与境的关系，认为心是主，境是从，体现了佛教的文艺观。（张培锋《佛教美文集》2017）

议论文"尚气尚理，有简有通"，如《醉说》表述如何写好文章，认为"气"与"理"不可偏废，若一味鼓其气（气势），置"理"（内容合理）于不顾，内容粗浅或不尽合理，则将流为叫嚣鼓怒，也即说文之气势应服从于理，但若言理而不以气行之，则文章也会孱弱无力，不能动人。其为文理念明显受道家理论影响，在其为人与其所说确有一致方面，亦可见其吸收道家思想之自觉。（黄霖、蒋凡《中国历代文论选新编（先秦至唐五代卷）》2007）再如很有影响的《两汉辨亡论》，讨论两汉之亡，对保位持禄、尸位素餐的大臣极其不满，而对原始察终以追求事物发展的根本原因，其法可取，主张有关国之兴衰的大事，更应未雨绸缪，做长远的规划。（梅显懋《中国古代史论精华注评》2010）权德舆眼界宏阔，能突破一时一论之限去推溯史事时政，将汉代灭亡置于积久的历史因缘中考察，令人赞叹。可惜他把历史变革归罪于个别人物之上，亦不免表现出儒者的迂腐。（岳立松《拨开历史的迷雾：史论》2010）文章立论新颖，叙议结合，论述透彻，笔端饱含激情，写

得义正词严，给人雄辩滔滔的感觉。（金振华、陈桂声《文史合璧》（隋唐五代卷）2016）

他的碑铭行状属于应用文，王侯将相碑铭行状多出其手，其写作成绩也主要在这一类。因见重于当世"时人以为宗匠"（《旧唐书》本传），但他终生身居要职而少变故，对人生和时代缺乏深沉的感受，以富贵人为文辞，自然儒雅温润，行文没有摆脱旧的格局，也缺乏深刻的思想内涵，鲜有较强的现实意义。（林非《中国散文大辞典》1997）墓志碑铭等文章，往往写得周详备至，气势宏敞。如为杜佑写的碑铭（序），详述了这位"盛德相三朝"的封建政治家的家世祖德，为人品行功勋业绩，笔调端庄雅正，洋洋洒洒，可谓"多而不烦"。

他的策问，饱含着深刻的哲学思想。因其身居要职，或为宰执，或镇外藩，虽非应举入仕，却能凭借才能、文名而仕宦显达，在唐代重视进士出身的政治环境中极为少见。儒学思想是权德舆出处仕进的根基，他能书善文，为政公正，兼有政声和文名。经世致用是他的人生理想，其一生称得上是正道直行、文质彬彬的君子正儒；但他又不泥古，识通变，深知儒学思想缺失之弊，因而他周流于儒释道三家，强调三者同源一体，可资政、济人、宏化，具有以儒为主，以释、道匡儒，圆融调合三教的倾向。权德舆策问从改革科举考试的内容入手，以"通理""辩惑"作为选拔人才的标准，这在实质上极大地推进了古文在现实生活中的使用，提高了古文在现实政治和生活中的地位，从而有力推进了古文运动的开展。他信奉道家思想，提倡无为，把虚静与淡泊作为得道的要领，承继道家知止知足的思想，认为知止知足，甘于寂寞，才最安全（冯克正、傅庆升《诸子百家大辞典》121）。柳宗元认为权德舆"力学挹文，时侪称雄。子亟拜之，足以发扬"（《上权德舆补阙温卷决进退启》），而《唐才子传》称德舆善辩论，开陈古今，觉悟人主；为辅相，尚宽，不甚察察；虽动止无外饰，其酝藉风流，自然可慕。可以成为我们认识其策问思想内容的另一视角。值得注意的是，权德舆的策问牢笼今古，对散文文体的发展有不小贡献。

考察权德舆全部近五百篇文章，碑志、赠序、策问、表状、表、祭文、集序、状等实用文就占去了绝大部分（蒋寅《权德舆作品系》2007），其中虽不乏新颖、生动、准确的富有表现力的作品，但终究未能创造出富有个性色彩的、崭新的散文佳构。比较而言具有文学性的记、议论、书等则相对较少，由于他只认识到"善用常而为雅，善用故而为新"（《醉说》），且观念固化，竟至对于从丰富的现实生活中汲取素材、提炼生动新颖的文学主题之重要意义缺乏明确认识，以致散文作品引起后人的关注度不够，影响就当然很有限了。古文家皇甫湜的评论是极有客观性的比照："（权文）如朱门大第，而气势宏敞。廊庑廩厩，户牖悉周，然而不能有新规胜概，令人竦观。"（《皇甫持正文集》卷一《谕业》）这个比喻，颇为形象，不失公允、客观之处。

以上是我对于权德舆及其诗文创作粗浅的认识，难免存在偏颇之处。之所以不厌其烦地絮叨出来，是因为想给人们在了解《权德舆策问思想内容研究》一书时提供些许鉴资。也因权德舆系陇籍作家甚至天水文脉之翘楚，自20世纪90年代以来我对其生平和著述多有关注甚至有所喜爱，但研究乏善可陈。故陈江英君著书成，仲秋嘱作序文，我颇感踌躇，资历尚欠，恐贻笑大方，多有延宕。在数读《权德舆策问思想内容研究》书稿后，获益匪浅，感受良多，畏葸稍减，仅就自己所识，写下这篇文字，词不达意，或勉强为不失陈君雅望云尔。

学者无须传记，学术为他立传。我的同事陈江英君，甘肃天水人，系同乡。十年前她在西北师大读研，因学术活动我们认识。其时，她就提到关注权德舆文学研究，特别是读霍旭东师《权德舆文集》（甘肃人民出版社1999版）颇有心得。果不其然，经秦丙坤、伏俊琏两位先生指导，2011年她以硕士学位论文《权德舆策问思想内容论析》通过答辩毕业。之后，在陇南师专工作的数年间，面对家事冗杂和课业重负，她对权德舆文学研究却并未停止，甚至可以说稳扎稳打、成绩突出：她从权德舆策问探讨其安民君政思想（《从两道策问看权德舆轻徭薄赋生人安民的君政思想》2014），从权德舆诗文创作探讨其儒释道哲学思想观念（《权德舆的儒释道观》2015），从权德舆策问探讨其倡导君子德行（《权德舆对中唐士人品行的评骘及对君子德行的倡导——以权德舆的策问为中心》2015），从权德舆策问探讨其对中唐科举教育制度的主张（《从策问看权德舆对中唐科举教育制度的评骘与主张》2016），从权德舆策问探讨其重树儒学新风的治学态度（《质疑经典，以学干政，重树儒学新风的治学态度——权德舆〈春秋〉策问研究》2017），从权德舆策问探讨其文论主张(《"本于行而遗其文"与"言而蕴道"——从策问看权德舆的文论主张》载徐治堂、马悦宁主编《甘肃古代文学与陇东文化研究》2017),从权德舆策问探讨其忧患意识和宗经复古主张(《论权德舆的忧患意识和宗经复古主张——以权德舆〈周易〉策问为中心》2018),从权德舆策问探讨其对中唐科举制度流弊的思考(《权德舆对中唐教育、科举制度流弊的评骘与思考》2018)……可以看出,她对权德舆策问的研究是持续的、深入的。在前面近十年专题研究的基础上,经过积累和思考她撰成《权德舆策问思想内容研究》一书。学术也需要激情和想象力,为了这本书的框架、章节,甚至是引文格式的使用,对原文解释的反复推敲,也甚至是段落和标点符号,我们都有深切的学术讨论和相互的批判、反思。这个过程的曾经存在,只在证明:这本书终能付梓,源自必然。

就《权德舆策问思想内容研究》所处的实际情况看,它处于学界一个填补空白的位置。如蒋寅先生所论,学界整体对权德舆诗文的研究尚且处于"重新发现阶段",如果说对其诗歌的研究还欠深入的话,那么对其散文(文章)的研究还笼罩在冷僻之中。严国荣指出"权德舆各体文章现存400余篇,但因种种原因,长期以来,国内很少有人专门研究。"(严国荣《权德舆研究》陕西师范大学2004博士学位论文,中国知网)更遑论去深入研究权德舆散文中占数量较少、文学性尚存争议的"策问"了。好在罗婷新出硕士学位论文《权德舆散文研究》(青岛大学2017)在"对于权德舆散文理论和散文文体创作实践的分析还比较缺乏"的背景下,分赠序类、碑志类、祭文类对其散文艺术成就、与古文运动的关系、散文理论及文体贡献等方面进行较为系统的研究,以期明确权德舆散文在唐代文学史乃至中国古典散文发展史上的地位,这个学术成绩无疑是显著的。而且该文兼顾到了权德舆策问的研究,作者把其"散体作策问,对国家政治的进步和古文运动的发展"作为一个特别视角,创新意义是很突出的。文章对权德舆与科举考试的文体文风改革,特别是对策问的改革"注重考察经义和时务,使贞元年间的科考由注重诗赋取士转变为以对策取士",进而影响到贞元后期文坛文风不尚浮艳、积极尚实等诸方面的研究颇有亮点。比较而言,《权德舆策问思想内容研究》在面上的研究有限,只是因为背景需要,对唐代科举与策问、策问与儒家经典的关系做了梳理和阐发，而研究主体就紧扣贞元十年（794）权德舆奉诏主考制科，贞元十三年（797）任进士策试官，贞元十八年（802）、十九年（803）和二十一年（805）连续三次主持贡举的50道策问文之思想内容展开研究，其深入程度到：提倡儒学、尊崇儒学传承的思想，忧患意识和思变创新思想，对品行节操及道德修养的思考，有隐无讳的质疑、批判精神，对礼乐文教之功的思考，群经之首、大道之源，修身养性、顺应自然规律的评骘与主张，轻徭薄赋、生人安民的为君为政思想，民本思想和治国方略，对边疆战事的关心与思考，有关科举、教育制度的思考，策问的文论主张等等，总计十二个方面。这种深入研究的体系性如何，研究整体性的内在逻辑系统如何，尚待观察，但就这种很有深度的关于权德舆策问的专门关照，就已经前无他人了。作为对权德舆策问的整体研究，此著还对其文体特点、写作特点以及认识价值、文化价值、史料价值和现实意义做了卓有新见的研究，这些工作也是以前学界没有人做过的。

学术的一个收获期过后便是挥之不去的倦怠。倦怠期的长短，确定了是不是有一个及时与否的重新出发。而这命中注定的每个新出发，在必然性上就区别了真正的学者和仅仅有才的教书匠。我希望陈江英君在此书出版后，能够有一个新的出发。是为序。

2018 年冬至日定稿于陇南师专

目　录

绪论 …………………………………………………………………………（1）
第一章　唐代的科举与策问 ……………………………………………（9）
　第一节　唐代的科举 …………………………………………………（9）
　第二节　策问 …………………………………………………………（11）
　第三节　策问与儒家经典 ……………………………………………（13）
第二章　权德舆策问思想内容研究（上）……………………………（17）
　第一节　提倡儒学、尊崇儒学传承的思想 …………………………（18）
　第二节　忧患意识和思变创新思想
　　　　　——《春秋》策问思想内容研究 ……………………………（23）
　　一　以史为鉴的忧患意识和重振国威的爱国思想 ………………（23）
　　二　弃传求经、思变创新的思想 ……………………………………（28）
　　三　质疑经典、以学干政、重树儒学新风的治学态度 ………（32）
　第三节　对品行节操及道德修养的思考
　　　　　——《论语》策问思想内容研究 ……………………………（43）
　　一　对品行节操和君子风范的看重与推崇 …………………………（44）
　　二　对孔门"四科"及其弟子品行的探讨 …………………………（53）
　　三　对孔门弟子"仁""礼"品质的探讨 …………………………（58）
　第四节　有隐无讳的质疑、批判精神
　　　　　——《诗经》策问思想内容研究 ……………………………（63）
　第五节　对礼乐文教之功的思考
　　　　　——"三礼"策问思想内容研究 ……………………………（74）
　　一　对礼教不足的批评与思考 ………………………………………（75）
　　二　对礼的看法与认识 ………………………………………………（80）

三　对礼乐的提倡与推崇 …………………………………（84）
　第六节　群经之首、大道之源
　　　　——《周易》策问思想内容研究 …………………………（91）
　　一　浓郁的忧患意识和宗经复古、重树经学权威的主张 ……（93）
　　二　洁净精微、惩忿窒欲的品德修养 ……………………（101）

第三章　权德舆策问思想内容研究（下） ……………………（115）
　第一节　修身养性、顺应自然规律的评骘与主张
　　　　——道教典籍策问思想内容研究 …………………（115）
　　一　修身养性、顺应自然规律的主张 ……………………（115）
　　二　不忘初心、仁人不死的人生修养 ……………………（121）
　　三　不断内省、尽善尽美的至高境界 ……………………（130）
　第二节　轻徭薄赋、生人安民的为君为政思想 ………………（137）
　第三节　权德舆的民本思想和治国方略 ………………………（144）
　　一　"人为邦本、民以食为天"的民本思想 ………………（144）
　　二　"允恭克让、光被四表"的治国方略 …………………（147）
　第四节　对边疆战事的关心与思考 ……………………………（152）
　第五节　有关科举、教育制度的思考 …………………………（156）
　　一　对科举制度和选贤予能的思考 ………………………（156）
　　二　对迷失学习要旨的批评与启发 ………………………（159）
　　三　对选举流弊的思考 ……………………………………（162）
　　四　对中唐教育体制的思考与评骘 ………………………（167）
　　五　唐代科举取士的疏漏及弊端 …………………………（171）
　　六　求贤选能之方的探索 …………………………………（175）
　　七　重视人才的儒家情怀 …………………………………（179）
　第六节　权德舆策问的文论主张 ………………………………（182）
　　一　文以述志 ………………………………………………（182）
　　二　言而蕴道、尚气、尚理、有简、有通 ………………（185）

第四章　权德舆策问的特点 ………………………………………（190）
　第一节　文体特点 ………………………………………………（190）
　第二节　写作特点 ………………………………………………（193）
　　一　广征博引、立意高远 …………………………………（193）

二　骈散结合、平易自然 …………………………………（194）
　三　章法得体、结构井然 …………………………………（194）
第五章　权德舆策问的价值 ……………………………………（196）
　一　认识价值 ………………………………………………（196）
　二　文化价值 ………………………………………………（198）
　三　史料价值 ………………………………………………（202）
　四　现实意义 ………………………………………………（207）
结语 ………………………………………………………………（211）
附录 ………………………………………………………………（213）
参考文献 …………………………………………………………（216）
后记 ………………………………………………………………（222）

绪 论

权德舆（759—818），字载之，天水略阳（今甘肃秦安）人，中唐著名的政治家、文学家。他一生经历了唐肃宗、代宗、德宗、顺宗、宪宗五代，先后出任大理评事、摄监察御史、太常博士、起居舍人、中书舍人、礼部侍郎、兵部礼部侍郎、礼部尚书，后至平章事，与李藩同为宰相。政治上，权德舆一生秉公持正，励精图治，官至宰相；文学上，权德舆著述丰厚，有《权载之文集》50卷传世，其文弘博雅正，温润周详，时人誉之为"文坛宗师""一代宗匠"。因此，无论政治上还是文学上，权德舆都是一位颇具影响力的人物。

有关权德舆的生平资料主要保存在两《唐书》中。《新唐书》卷165、《旧唐书》卷148有传。此外，《唐才子传》《全唐文》中也保留了权德舆的一些生平资料。据两《唐书》所载，权德舆少年早慧，经、史、子、集无不谙熟于心。三岁知变四声，四岁能属诗文；七岁居父丧，以孝闻；十五岁为文数百篇，编为《童蒙集》10卷；由于家族氛围的影响，再加上自身的聪慧与勤奋，权德舆小小年纪就以文章著称诸儒间，以文名知于天下。

权德舆出生于清廉传统的仕宦之家。他的祖先曾长期为历代王朝著名的官吏。祖父权倕，据权德舆自叙，为右羽林军参军，"王父，右羽林录事府君，与席文公建侯友善，又与苏司业源明、包著作融为文章之友，唱酬往复各有文集"。① 父亲权皋，字士繇，天宝间名士，曾为著作郎，《新唐书》有传。进士及第后做过临清县尉，以雅名著称。为躲避蓄谋叛乱的安禄山的征表，权皋携母逃于临淮，后举家徙居润州丹徒

---

① 权德舆著，霍旭东点校：《权德舆诗集》卷3《伏蒙十六叔寄示庆感怀》，甘肃人民出版社1994年版。

(今江苏镇江），与当时的知名人士李华、颜真卿、韩洄交好。依据严国荣先生考证，权皋卒于丹徒后，年幼的权德舆在姑姑、舅母的帮助下，移居润州丹阳（今江苏丹阳）。① 由此，丹阳便成了权德舆读书、游学、成长之地。

凭着自身的聪慧及家族名望的影响，权德舆的仕途一帆风顺。20岁左右就被淮南黜陟使韩洄辟为从事，担任秘书省校书郎。不久又改入江淮水陆运使杜佑幕府为右金吾卫兵曹参军。德宗建中三年（783），受江淮盐铁使、太常少卿包佶征辟为从事。德宗贞元元年（785）三月，包佶被德宗由汴东水陆盐铁使召为刑部侍郎，权德舆罢府职，回丹阳闲居躬耕，度过了一两年幽静闲适的生活，其间有大量诗文创作问世。

贞元元年（785）与宰相崔造女完婚。贞元七年（791）秋，受杜佑、裴胄的表荐，德宗"闻其才，诏为太常博士，改左补阙"。② 从此，德舆的仕宦生涯青云直上。贞元八年（792）抵京任太常博士，同年六月迁左补阙，贞元十年（794）擢起居舍人，兼知制诰。贞元十五年（799）除中书舍人，成为起草诏书的主要负责人。贞元十八年（802）拜吏部侍郎。

贞元十七年（801）冬，权德舆以中书舍人的身份知贡举，并在贞元十八年（802）、十九年（803）、二十一年（805）（二十年诏停）三掌贡举，擢进士"七十有二"，著名的政治家、文学家杨嗣复、白居易、元稹、柳宗元等都先后出其门下，其所擢进士中有七人后官至宰相。权德舆培养了大批的人才精英，为中唐网罗人才、奖励贤俊做出了积极的贡献，颇受时人的仰慕与推崇。

"永贞革新"时期，权德舆未卷入革新运动。于唐宪宗元和元年（806）冬，又转为兵部侍郎。之后又先后担任过吏部侍郎、太长卿等高级官职。元和五年（810）九月，权德舆以太常卿拜为礼部尚书、同中书门下平章事，与李藩同为宰相。先后封为武襄县开国侯、扶风郡开国公，仕宦显达，是他仕途中的鼎盛时期。可惜的是，由于议政时和李吉甫、李绛等政见不同而"从容不敢有所轻重"，于元和八年（813）

---

① 严国荣：《权德舆研究》，中国社会科学出版社2006年版，第32页。
② 欧阳修、宋祁等：《新唐书·权德舆传》卷165，中华书局1975年版，第5076页。

正月罢相，仅守礼部尚书一职。《新唐书》本传有记载。元和九年（814），复拜太常卿。元和十年（815），改任刑部尚书。

元和十一年（816）冬，权德舆检校吏部尚书、兼兴元尹、充山南西道节度使。元和十三年（818）八月，德舆因病乞还，宪宗诏许。归途中，于八月二十七日卒于洋洲白草，终年60岁，同年葬于东都万安山北原其父墓五里，赠尚书左仆射，谥文公。

权德舆生活于"安史之乱"后的社会恢复时期，宦官专权，藩镇割据，边陲不宁，各种矛盾和统治阶级内部的种种矛盾日益尖锐。在矛盾百出、斗争复杂以及险恶的政治形势面前，他秉公持正，不畏邪恶，对唐王朝的政治做出了有益的贡献。首先他关心人民疾苦，主张轻赋税，节开支，认为"伏以人为邦本，食为人天，务求便安，以去冗费"。[①] 其次，他善于选拔贤良，"不以其人布衣不用"，在选拔人才上任人为贤，"不以员拘"，"擢进士七十有二，登辅相之位者前后十人"。[②] 权德舆身逢乱世，但一生为官清廉，备受时人爱戴。他不仅是刚直持正的官吏，还是位诸体皆备的文学家，他"自始学至老，未曾一日去书不观"。[③] 在从政同时，始终坚持诗文创作，其文"雅正而弘博，王侯将相泊当时文人薨没，以铭记为请者什八九，时人以为宗匠"；[④] 其诗"词致精深，华彩巨丽，言必合雅，情皆中节"，[⑤] 严羽的《沧浪诗话·诗评》也称"却有绝盛唐者"。今存《权载之文集》50卷，就是他诗文创作成就的具体体现。

权德舆的著述，本传著录50卷。今存诗10卷，337题397首，见《全唐诗》卷320至卷329；存文40卷，428篇，见《全唐文》卷483至卷509；其中策问50道，收录在《全唐文》卷483。《权载之文集》50卷，今存最完整的版本是无锡孙毓修小绿天所藏清嘉庆十一年（1806）朱珪的翻宋本，收录在《四部丛刊初编》里。今人整理本有霍旭东先生点校本《权德舆文集》《权德舆诗集》；郭广伟先生点校本《权德舆诗文集》上、下册。无论就其作品的数量或体裁种类的多样化

---

① 权德舆著，霍旭东校点：《权德舆文集》卷37，甘肃人民出版社1999年版，第597页。
② 杨嗣复：《权德舆文集序》，见《全唐文》卷611，中华书局1983年版，第6176页。
③ 欧阳修、宋祁等：《新唐书·权德舆传》卷165，中华书局1975年版，第5076页。
④ 刘昫等：《旧唐书·权德舆传》卷148，中华书局1975年版，第4001页。
⑤ 张荐：《答权载之书》，见《全唐文》卷455，中华书局1983年版，第4644页。

而言，权德舆均取得了令时人和后人钦慕的成就。从他传世的50卷诗文集来看，其内容涉及社会生活的方方面面，丰富而翔实，为我们研究中唐社会的政治面貌、经济状况、文化背景、伦理道德、社会生活等各方面都提供了极为宝贵的资料。

贞元十八年（802）、贞元十九年（803）、贞元二十一年（805），权德舆三掌贡举，所作五十道策问，是他议论文中的精华，是体现他的政治思想、文学思想、经学思想最集中、最具代表性的篇章。这些策问骈散结合、气盛言宜，反映出深广的社会政治生活。本书通过所选取的四十几篇策问的解析，阐释权德舆的儒学思想、忧患意识以及求贤予能、生人安民的为政、为人之道。虽说策问是代表封建统治阶级选拔人才所出的试题，但在一定程度上，也是权德舆自己思想的体现和反映。这些策问大都以儒家经典为内容，广泛涉猎了政治、经济、文化、礼仪、军事等领域，在考核经典的基础上，主要考查举子分析问题、解决问题的能力，从而为国家选拔人才。由策问可知，权德舆博览群书，兼采众长。他对《诗经》《论语》《春秋》及其"三传""三礼"、《尚书》《易经》等儒家经典和《老子》《庄子》《文子》等道家典籍均有深入研究。他一生尊崇儒学，秉持中庸思想，儒学渊源深厚，释道思想并存。

权德舆在策问中提出了明确的文学革新理论，认为文章是"述志之作"，主张为文要遵循"尚气、尚理、有简、有通"的原则，提倡"文达理举、文从字顺"的文风。这些理论的提出，为韩、柳古文运动提供了依据。为纠正中唐以诗赋取士的弊端，权德舆大胆改革科举考试，增加了经义的内容和分量，要求考生在更高的层次上通达、明理、识义。他善于奖励后进，选拔贤良，为朝廷选拔了一大批政治文化精英，在中唐文坛、政坛权倾一时，声名显赫。

客观来说，由于受当时社会生活条件的影响，权德舆的诗文创作有很大的局限性。题材狭窄，大都是碑赞、应酬、唱和、送别之作，反映社会现实的深度远远不足。尤其是对于中唐社会的种种矛盾和人民生活的艰难和痛苦，相对来说在诗文中的反映都还不够充分。但从另一个角度来看，可侧面反映出当时士大夫群体的思想风貌及时代风尚，有一定的文献价值和史料价值。

唐代以降，权德舆及其文学创作几近被人淡忘。20世纪末以来，对权德舆的关注和研究逐渐增多。对其家世、交游、诗文的研究成果主要有蒋寅的《大历诗人研究》，严国荣的《权德舆研究》，王红霞的《权德舆研究》等。诗歌方面的研究主要有南京大学王相飞的硕士学位论文《权德舆诗歌研究》，湖南大学熊英的硕士学位论文《权德舆诗歌创作与马祖洪州禅》，付丽娟的硕士学位论文《权德舆诗文用韵研究》，湖南大学徐敏的硕士学位论文《权德舆亲情诗研究》。散文方面的研究主要有东北师范大学王硕的硕士学位论文《权德舆与古文运动》，内蒙古师范大学王芳的硕士学位论文《试论权德舆的散文理论和散文实践》等。对其"策问"部分的集中研究只有本人的硕士学位论文《权德舆策问思想内容论析》。

单篇的论文主要有霍旭东的《权德舆和他的诗歌创作》[1]；王红霞的《权德舆先世及行事系谱》[2]；蒋寅的《权德舆与唐代的赠内诗》[3]；雷恩海的《走向贞元文坛宗主地位的阶梯——权德舆的家世背景及学术渊源考察》[4]；蒋寅的《权德舆与唐代赠序文体之确立》[5]；段承校的《诗论皎然诗学对权德舆诗论及诗作的影响》[6] 以及《论权德舆的墓志文创作》[7]；王红霞的《试论权德舆的诗歌创作》[8] 以及《论权德舆的儒释道观》[9]；严国荣的《权德舆诗歌中"承中有变"的历史功绩》[10]；

---

[1] 霍旭东：《权德舆和他的诗歌创作》，《社科纵横》1994年第2期。

[2] 王红霞：《权德舆先世及行事系谱》，《四川师范大学学报》（社会科学版）1996年第3期。

[3] 蒋寅：《权德舆与唐代的赠内诗》，《山西大学师范学院学报》1999年第1期。

[4] 雷恩海：《走向贞元文坛宗主地位的阶梯——权德舆的家世背景及学术渊源考察》，《西北大学报》2002年第4期。

[5] 蒋寅：《权德舆与唐代赠序文体之确立》，《北京大学学报》（哲学社会科学版）2010年第2期。

[6] 段承校：《诗论皎然诗学对权德舆诗论及诗作的影响》，《南京师范大学学报》（社会科学版）2000年第5期。

[7] 段承校、李升兴：《论权德舆的墓志文创作》，《碑林集刊》2001年6月。

[8] 王红霞：《试论权德舆的诗歌创作》，《西南民族学院学报》（哲学社会科学版）2002年第2期。

[9] 王红霞：《论权德舆的儒释道观》，《四川师范大学学报》（社会科学版）2002年第2期。

[10] 严国荣：《权德舆诗歌中"承中有变"的历史功绩》，《北京大学学报》（哲学社会科学版）2003年第1期。

强昱的《儒学在中唐时期的新动向：权德舆的问题与李翱的答案》①；李芊的《权德舆婚姻问题辨正——兼与王辉斌先生商榷》②；赖瑞和的《唐后期三大类词臣的升迁与地位——以白居易、元稹、权德舆、李德裕为例》③；本人的拙作《权德舆的儒释道观》④；陆双祖、马海音的《论权德舆的"全美"文质观》⑤；杨萍的《论权德舆铭文序之资料价值和文法意义》⑥；本人的拙作《质疑经典，以学干政，重树儒学新风的治学态度——权德舆〈春秋〉策问研究》⑦等。可谓是百家争鸣，各领风骚。尽管对权德舆的研究与日俱增，纵观近年来对权德舆的研究成果，基本上都集中在对其家世、交游、生平、诗文方面的研究上，对其策问部分的研究除了本人的硕士学位论文之外，只是散见于部分学者的作品中。傅璇琮在《唐代科举与文学》第五章第118页讲明经考试的特点时曾提到《权载之文集》40卷中《明经诸经策问七道》；查屏球在《唐学与唐诗》第84页讲《春秋》学派对科场文化的影响时以权德舆贞元二十一年进士策问为例。陈飞的《唐代明经试策体制考论》⑧中以权德舆明经策问为例。扬寄林、宋大川等主编的《中华状元卷》中《大唐状元卷》仅有十五篇权德舆策问的翻译，再无进一步的分析说明。

总体而言，近年来对权德舆的研究，主要集中在诗文方面。比较而言，诗歌的研究较多，而文的研究较少，对其策问部分的研究寥若晨星。也就是说，策问部分是权德舆研究中的薄弱点。针对这种现状，笔

---

① 强昱：《儒学在中唐时期的新动向：权德舆的问题与李翱的答案》，《哲学动态》2007年第8期。
② 李芊：《权德舆婚姻问题辨正——兼与王辉斌先生商榷》，《天水师范学院学报》2010年第3期。
③ 赖瑞和：《唐后期三大类词臣的升迁与地位——以白居易、元稹、权德舆、李德裕为例》，《学术月刊》2014年第9期。
④ 陈江英：《权德舆的儒释道观》，《佳木斯大学学报》（社会科学版）2015年第3期。
⑤ 陆双祖、马海音：《论权德舆的"全美"文质观》，《兰州交通大学学报》2016年第5期。
⑥ 杨萍：《论权德舆铭文序之资料价值和文法意义》，《天水师范学院学报》2015年第4期。
⑦ 陈江英：《质疑经典，以学干政，重树儒学新风的治学态度——权德舆〈春秋〉策问研究》，《宁夏师范学院学报》2017年第4期。
⑧ 陈飞：《唐代明经试策体制考论》，《人文杂志》2006年第6期。

者试图在仅有的研究基础上对部分策问文尽量作详细、系统的解读、评析与阐释，以期能够抛砖引玉，引起学界对权德舆其人、其文，尤其是对其策问文的关注和重视。

本书思路方法，侧重对文本进行具体解读、重点分析。在力所能及的前提下，对文本中的典故、内容尽量作具体的分析与阐释，从文本的解读出发，将权德舆及其策问置身于中唐社会文化大背景下，揭示出权德舆策问思想内容的实质。

本书绪论部分，对权德舆的生平、著述及策问思想进行概述，对权德舆诗文中策问的基本情况、研究现状进行回顾。

绪论之外，共分五章。

第一章介绍唐代的科举与策问。简单梳理科举的起源及流变过程，策问的源流、儒家经典与唐代科举考试的关系。众所周知，科举以经学为重心，而策问内容大都与经学相关，这三者相互渗透、相互包容。这一章主要系统阐述三者的关系，为下文论述权德舆策问的思想内容作导入和铺垫。

第二章、第三章主要研究分析权德舆策问的思想内容，也是本书的核心和重点部分。由于权德舆策问思想内容涉及面较多，因此，本书将明确以儒家经典命名的策问列为思想内容上，将道家典籍以及未明确以儒家经典命名的策问列为思想内容下。

尽管儒家经典之间、儒家经典和道家典籍之间，权德舆体现出的思想或多或少都有重复的地方。比如，权德舆的疑经、质疑思想，在《春秋》策问和《诗经》策问中均有鲜明的反映；权德舆的忧患意识既反映在《春秋》策问中，也于《周易》策问有明显的体现；权德舆强调的君子品行节操、道德修养问题，在《论语》策问和《庄子》策问中都有清晰的体现。但为了对不同经典中的策问加以区别，并没有将不同典籍中具有相同思想的内容进行合并。已有的研究成果中，关于权德舆策问的思想内容，大都是在介绍权德舆其人和诗文时简单涉及，并没有从策问文本出发作系统的研究和论析。因此，这两章主要从解读权德舆的策问文本出发，在回顾大历、贞元间思想界整体变化局势的基础上，结合对儒家经典的研究去归纳分析权德舆策问中体现出的为政、为人、为文的思想渊源，从而对权德舆的策问思想风貌作了比较全面、完整和客观的描述。

第四章主要探讨权德舆策问的写作特点。在总结阐述策问所共有的文体特点外，力图探寻权德舆策问的写作特点。他典贡举期间所作的五十道策问，是唐代策问中的典型代表。

第五章探讨权德舆策问的价值。该章主要从权德舆策问的认识价值、文化价值、史料价值及现实意义入手，结合适当的策问文本，对权德舆策问的价值进行分析总结。

第一章

唐代的科举与策问

第一节 唐代的科举

科举源于汉代的察举考试,到魏晋南北朝时期发展演变为九品中正制,直至隋朝科举制度才真正产生。这期间,考试制度经历了一个漫长的发展演变过程,无论其利弊,都为我国古代的政治、经济文化的蓬勃发展起到了有益的促进作用。唐承隋制,设立分科选拔国家各级高级管理人才的制度。《新唐书》卷44《选举志上》载:"唐制,取士之科,多因隋旧,然其大要有三。由学馆者曰生徒,由州县者曰乡贡,皆升于有司而进退之。其科之目,有秀才,有明经,有俊士,有进士,有明法,有明字,有明算,有一史,有三史,有开元礼,有道举,有童子。而明经之别,有五经,有三经,有二经,有学究一经,有三礼,有三传,有史科。此岁举之常选也。其天子自诏者曰制举,所以待非常之才焉。"[①] 生徒式、乡贡式、制举式是唐代以科取士的三种方式。

"常科"和"制举"是唐代科举的两大系统。"常科"又分为"明经""进士"两个主要系列,明经又分为"常明经""准明经"和"类明经"三大类;进士又分为"常进士"和"类进士",然后才是具体的科目。常科考试时间基本确定,为一年一次。常科的考试先归吏部考功员外郎主管,开元二十四年(736)后始归礼部管辖;而制举是由天子制诏举选。因为天子诏选的制科与礼部所试之常科有不同的特点,因此,制科也被称为"特科"。关于这一点,傅璇琮在《唐代科举与文学》第六章"制举"中有极为详细的论述。[②]

---

① 欧阳修、宋祁等:《新唐书·选举志》,中华书局1975年版,第1169页。
② 傅璇琮:《唐代科举与文学》,陕西人民出版社2003年版,第134—159页。

由上所知，唐代科举包括常科和制举两种，科目繁多，但以进士科和明经科为主。我们通常所说的唐代科举项目，主要是指明经、进士和制举而言。明经就是"明了经典，通达经义"的意思，这里的"经"主要指的是儒家经典，也就是说，明经科主要是通过考试儒家经典来选拔人才，当然也不排除一些非儒家经典的内容。除《诗》《书》《礼》《易》《春秋》《论语》等，《老子》《庄子》也常常是科考的内容。明经科一般招生规模大，录取分数也相应要低，因而没有进士及第尊贵。一般有志气的读书人都以考中进士为追求。

进士科是唐代取士的另一主干，所谓"五十少进士，三十老明经"，唐代的进士科，历来为人所称道，即"国家取士，远法前代，进士之科，得人为盛"。[①] 和明经科相较而言，进士科主要以考诗赋和政论为主，难度较大。进士出身既容易当官，又在社会上有声望，是为官的捷径。其名额又十分有限，能考上进士，实属不易。进士一般试三场，即帖经、杂文、策问。帖经就是考核对儒家经典的熟悉程度；杂文主要是考核不同体式的文章或诗赋各一篇，答卷要求华实兼举，洞识文理的为合格；策问主要考核对儒家经典的掌握程度、运用经典义理来分析判断事理的政治见识和政治才能。策问的范围相当广泛，大到赋税、吏治，小到救灾、除弊等，每场去定留。唐代的进士、明经，无论等第高下、名次先后，他们在及第后只是取得出身而不能立即授官，须经吏部试，合格后方能"释褐"，即脱去麻衣进入仕途。

制举是唐人取士授官的重要形式，也是唐代士子入仕便捷的重要渠道。制举在唐代科举中与常科并峙鼎立，自成系统。唐代制举仅一个试项，即试策，可以说是最具完全意义的"以策取士"。[②] 关于制举的释义，《新唐书·选举志》有详细的记载："所谓制举者，其来远矣。自汉以来，天子常称制诏道其所欲问而亲策之。唐兴，世崇儒学，虽其时君贤愚好恶不同，而乐善求贤之意未始稍怠，故自京师外至州县，有司常选之士，以时而举，而天子又自诏四方德行、才能、文学之士……其为名目，随其人主临时所欲，而列为定科者，如贤良方正直言极谏、博

[①] 大和九年十二月中书门下奏：《请更定三考奏改并及第人数奏》，见《全唐文》卷966，中华书局1983年版，第10038页。

[②] 详情请参见陈飞《唐代试策考述》，中华书局2002年版。

通坟典达于教化、军谋宏远堪任将率、详明政术可以理人之类，其名最著。"① 制举即制诏举人，由天子亲自下诏举行；相对于常选的"以时而选"，制举具有不固定性。

可以说，进士、明经和制科代表了唐代科举制的主要项目，也是唐代高级官员入仕的重要途径。

第二节　策问

"策"，最初的意思是"竹制的马鞭子"。许慎在《说文解字》中曰："策，从竹束声，马箠也。马檛（马棰）曰策，以策击马曰敕。"② 经传多假"策"为"册"。

从汉代起，皇帝为选拔人才举行考试，事先把问题写在竹简上，叫"策"。侯吉永在《古代殿试策问发论刍议》一文中也说："策问之'策'，本为竹（木）简，将考试试题书之于策，提问应试者，故称策问。"③《汉书·公孙弘传》："上策诏诸儒。"即皇帝提出问题诏问儒生。从汉代开始，在原始意义的基础上给"策"赋予了新的含义。因此，"策"一般常与"问"相连，构成了一种文体，即"策问"。通俗来说，"策问"就是我国古代考试制度的一种文体，所出试题叫"策问"，所答试卷叫"对策"。王勋成定义为："策论之试题叫策问，根据策问所答，叫策对。"④ 即策问是命题者提出问题，对策是考生回答问题。有时提出问题比回答问题更困难，有时提出问题本身就接近于找到答案，而如何提出问题也往往体现了出题者的思想水平和文学功底。一般来说，中央一级考试的策问命题有时是皇帝本人，但更多的时候是才思敏捷的要员。因此，发问者的水平要比对策者的水平更高。吴承学在《中国古代文体形态研究》中认为，策问本身也是文章，策问不仅发"问"，往往是以"论"带"问"，甚至是以"论"为主，篇末见

---

① 欧阳修、宋祁等：《新唐书》卷44《选举志上》，中华书局1975年版，第1169页。
② 许慎著，段玉裁注：《说文解字》，上海古籍出版社2006年版，第196页。
③ 侯吉永：《古代殿试策问发论刍议》，《河南师范大学学报》（哲学社会科学版）2009年第4期。
④ 王勋成：《唐代铨选与文学》，中华书局2001年版，第243页。

"问"，其论的本身也是一篇短小的论文。①

陈蔚松在《汉代考选制度》中说："对策类似今天的命题考试，射策类似抽签考试。对策多用于特科察举之后的皇帝亲临考问，射策多用于太学考试。"② 对策是一种重要的考试方法，即所谓"受策察问，咸以书对"。《汉书·晁错传》载有文帝策问的诏书和晁错的对策，这是我国最早的一篇完整的策题。

文帝的策题和晁错的对策开我国两千多年来所沿袭的考试制度之先河，是中国考试制度的起源。自文帝以后，对策成为诏举贤良方正及其他特科必需的一项内容，并随着选举科目的发展逐渐形成制度。

隋代确立科举制度，承袭汉以来的考试选拔形式，经过唐日臻完善，到了唐中期已更趋成熟。和汉代"先选而后加策"不同的是，唐代的试策主要是"试才"，即策试的目的主要是"以考试取士"，为国家选拔出有贤德的人才。这就要求举子在对策中有较高的分析问题、解决问题的能力。由于唐代科举主要"以策取人"，无论哪一科目的考试，策问都是必考的内容。因此，策（包括策问、对策）在唐代科举中占有相当重要的地位。③ 吴承学指出："可以说，试策是中国古代历时最长，地位最稳固的考试文体，大致可以说，历代选拔人才的考试，都离不开对策。"④ 对于策问在唐代科考中的地位，陈飞在《唐代试策考述》中亦有精辟的阐述："在（唐代）这三十八种文体中，'策'，几乎可以说是唯一专用于科举考试的文体……而且在科举考试诸文体中，策的使用频率最高，覆盖范围最大，所居地位也最为重要。"⑤ 他还说："在唐代科举考试诸试项中，试策才是最重要的试项：科举取士各科目几乎无不试策；在各科目考试中，几乎都把试策置于最重要的位置；有很多科目、在很多时候试策甚至是唯一的试项；在考试办法及朝廷的人才选拔等方面，往往也优于其他试项；因而试策也是承担唐代科举精神实质及其职责功能最为得力的试项。因此，与其说唐代科举是'以诗取

---

① 吴承学：《中国古代文体形态研究》，中山大学出版社2000年版，第49页。
② 陈蔚松：《汉代考选制度》，湖北辞书出版社2000年版，第153页。
③ 详情请参见陈飞《唐代试策考述》，中华书局2002年版。
④ 吴承学：《中国古代文体形态研究》，中山大学出版社2000年版，第47页。
⑤ 陈飞：《唐代试策考述》，中华书局2002年版，第3页。

士',倒不如说是'以策取士',更符合实际情况。"① 唐代的各科目考试,试策都是必不可少的试项,位置非常重要,有的科目就仅考试策一项。因此,唐代的科考,主要考的是"策",是以"策"的水平高低来选拔人才。

总之,唐代"以文取士",其文主要为"策"。唐代科举考试科目,几乎无不试策。"策"在唐初时期和制举中几乎是唯一的试项。因此,策问作为考试的一种文体,与科举考试休戚相关,是科举考试的具体反映及灵魂,二者相辅相成,你中有我、我中有你,缺一不可。陈飞先生在《唐代试策的表达体式——策问部分考查》中说:"试策作为一种特殊的考试行为和考试文体,即是考与试双方共同完成的提问和解答的一致性活动,又是双方共同完成的策问文与对策文的统一体(当然还包括策题)。"② 即科举是一种考试选官制度,而策问是这种考试的具体方式。

一般来说,策问由"策头—策项—策尾"三部分构成,具备相对完整的内容、独立的形式和一定的表达体式。策问不仅要求对策解答问题,同时还对对策有一定的引导和指挥作用。策问一般都结构严谨,短小精悍,蕴含丰富。侯吉永说:"几乎每篇策问都具备相对完整的内容,独立的形式和精心的经营,体制严谨,规模可观。"③ 唐代制举试策多集中于时务,都是与现实政治生活密切相关的内容,或对国家打算实施的某些举措来征询举子的意见,或针对国家的政治制度、选举制度、赋税制度、文化礼仪制度等关系到民生社稷的重要问题要士子来分析存在的利弊,提出解决的办法,这是古代统治者惯用的一种广开言路、选举人才的办法。

第三节 策问与儒家经典

一般来说,策问多以儒家经典为发问依据,以经史为思路。所谓的儒家经典,是指以孔子为宗师的儒家所著书籍的通称,这些书籍自西汉

---

① 陈飞:《唐代试策考述》,中华书局2002年版,第3页。
② 陈飞:《唐代试策的表达体式——策问部分考查》,《文学遗产》2008年第1期。
③ 侯吉永:《古代殿试策问发论刍议》,《河南师范大学学报》(哲学社会科学版)2009年第4期。

中期起成为历代封建政府"法定"的"经典"。也就是说，汉武帝"罢黜百家，表章六经"，立"五经博士"，从而《诗》《书》《礼》《易》《春秋》"五经"就被政府法定下来。汉代宣传封建宗法思想，利用血缘作为政治团结的工具，讲究"以孝治天下"，于是《论语》《孝经》"升格"，称为"七经"。到了唐代，太宗崇尚儒学，提倡经学，令孔颖达等编撰《五经正义》作为科举取士的标准书；又在明经科中设"三礼""三传"，和《易》《诗》《书》合称"九经"。

"九经"与唐代科举取士密切相关，是当时科考法定的"正经"。唐初，承隋旧制，进士、明经两科一样，只考策问。调露二年（680），主考官刘思立上书奏请两科皆加帖经，进士加考杂文。具体地说，明经科主要以儒家经典为考试内容，进士科在考儒家经典的同时还要加考诗赋。《新唐书·选举制》云："凡《礼记》《春秋左氏传》为大经；《诗》《周礼》《仪礼》为中经；《易》《尚书》《春秋公羊传》《穀梁传》为小经。通二经者，大经、小经各一，若中经二。通三经者，大经、中经、小经各一。通五经者，大经皆通，余经各一。《孝经》《论语》皆兼通之。"①《新唐书·选举制》按照字数多寡，将《礼记》《春秋左氏传》叫大经；《毛诗》《周礼》《仪礼》叫中经；《周易》《尚书》《春秋公羊传》《春秋穀梁传》叫小经。明经科中通二经者，通大经一部并小经一部，或中经二部；通三经者，大、中、小经各一部；通五经者，大经、小经并通。具体的经书由考生自选。另外，除正经以外，《孝经》《论语》是进士、明经共同的必考科目。"九经"设科取士制度不知始于何时，而大、中、小经之分的具体时间目前也无定论，据清皮锡瑞在《经学历史》中说，"大、中、小经之分是以经文多少而分出的，以为'取士之法不得不然'"。另据许道勋、徐洪兴在《中国经学史》中考证认为，大、中、小经的区分标准主要不在经文多寡，而与时人对儒家经典的重视程度有关。文中说："《左氏传》文字确实比《公羊传》《穀梁传》多，但《礼记》文字却比《周礼》少。看来，区分的标准主要不在经文多寡，而是唐朝士人重视的程度以及爱好风尚的不同。唐初尤重《礼记》，如魏征任侍中（宰相之一）时，曾将《礼记》

---

① 欧阳修、宋祁等：《新唐书》卷44《选举志上》，中华书局1975年版，第1160页。

以类相从。采先儒训注，择善而从，数年而成《类礼》二十卷。唐太宗览而称善……编撰'五经'定本与正义，选取《礼记》而弃《周礼》《仪礼》，也说明对《礼记》的偏好。《左传》不以'空言'说经，其文采华丽，史事生动，很有可读性。所以，置《礼记》为首，与《左传》合称'大经'，是有道理的。"① 大、中、小经的区分标准究竟是按字数的多寡，还是依据唐代士人对儒家经典重视的程度有关，还有待于进一步商榷。

以儒家经典为考试内容，一方面，这主要是受儒家传统文化思想的影响。在中国传统文化的渊薮里，儒家文化占主导地位，它崇尚人伦道德，主张举贤予能，注重品德修养，因此，儒家经典对政治统治极为有用。儒家经典为其统治提供理论上的依据，并通过经典来进行思想统治。另一方面，主要用经典对民众进行文化教育，通过经典培养和选拔封建统治所需人才。即政府以经学作为教育的内容和选拔官员的依据，经学与选拔人才紧密相连。许道勋、徐洪兴在《中国经学史》中说："汉代的选拔官员制度虽然不多，如举贤良方正、举孝廉、举秀才、明经科、童子科等，但自汉武帝以后无不以通晓儒经作为其重要的条件。"② 也就是说，无论汉代的选拔制度还是隋唐以来的科举制度，经学已经成为必需的条件。《唐六典》云："诸明经试两经，进士一经，每经十帖。《孝经》二帖，《论语》八帖。每帖三言。通六已上，然后试策：《周礼》《左氏》《礼记》各四条，余经各三条，《孝经》《论语》共三条。皆录经文及注意为问。其答者须辨明义理，然后为通。通十为上上，通八为上中，通七为上下，通六为中上。其通三经者，全通为上上，通十为上中，通九为上下，通八为中上，通七及二经通五为不第。"③《通典》中亦有相关的记载："自是士族所趣乡，唯明经进士二科而已。其初，止试策，贞观八年，诏加进士试读经史一部。至调露二年，考功员外郎刘思立奏二科并加帖经，其后，又加《老子》《孝经》，使兼通之。……其明经中有明五经以上，试无不通者，进士。中兼有精通一史，能试策十条，得六以上者，奏听进止。……天宝元年，明经停

---

① 许道勋、徐洪兴：《中国经学史》，上海人民出版社2006年版，第172页。
② 同上书，第409页。
③ 陈仲夫校点：《唐六典》卷2《尚书吏部》注文，中华书局2008年版，第45页。

《老子》，加习《尔雅》。十一载，礼部侍郎杨浚始，开为三行。明经所试，一大经及孝经、论语、尔雅，帖各有差。既通，而口问之。一经问十义，得六者为通，问通，而后试策，凡三条三试皆通者为第。进士所试，一大经及尔雅，帖既通，而后试文试赋各一篇。'"① 这两则材料足以说明，儒家经典在科举考试中占有极其重要的地位。

---

① 杜佑：《通典》卷15《选举三》，商务印书馆1935年版，第83页。

第二章

权德舆策问思想内容研究（上）

贞元十七年（801），权德舆以中书舍人典贡士，贞元十八年，拜尚书礼部侍郎。《登科记考》："贞元十八年，权德舆以中书舍人知举，放进士二十三人，尉迟汾、侯云长、韦纾、沈杞、李翊登第。"① 徐松《登科记考》卷15考知者尚有崔璪、樊阳源、许康佐、冯定，试《风动万年枝》诗。

权德舆文集中所录策问文共五十道，大部分作于贞元十八年、贞元十九年、贞元二十一年三典贡举期间。这五十道策问，都是试策题，涉及"九经"及《老子》《庄子》的部分内容，主要以阐释"九经"的要义为核心，来考查考生对儒家经典的理解程度以及结合时务来分析问题、解决问题的能力。

其中，贞元十八年（802）作有《进士策问五道》《明经诸经策问七道》《道举策问三道》；其中，《明经诸经策问七道》中包括"《春秋》第一问，《礼记》第二问，《周易》第三问，《尚书》第四问，《毛诗》第五问，《穀梁传》第六问，《论语》第七问"，总共七道。

贞元十九年（803）作有《宏文、崇文生策问二道》《礼部策问进士五道》《策问明经八道》《道举策问二道》《宏文生问一道》；其中，《策问明经八道》中包括"《左氏传》问，《礼记》问，明经《周礼》问，《周易》问，《尚书》问，《毛诗》问，《穀梁传》问，《论语》问"八道。

贞元二十一年（805）作有《礼部策问五道》《明经策问七道》；其中，《明经策问七道》中包括"《左氏传》《礼记》《周易》《尚书》

---

① （清）徐松撰，赵守俨校点：《登科记考》卷15，中华书局1984年版，第553页。

《毛氏诗》《穀梁传》《论语》"共七道。

贞元十三年（797），礼部侍郎吕渭知贡举，权德舆时任驾部员外郎，或充进士试策官，作《中书试进士策问两道》；元和元年（806）秋冬之际，权德舆迁吏部侍郎，科举常科及第者，再经吏部选试，作有《吏部试上书人策问三道》。

权德舆的五十道策问，明确以《春秋》经传命题有六道；明确以《诗经》命题有三道；明确以《论语》命题有三道；明确以"三礼"命题有四道；明确以《周易》命题有三道；明确以《尚书》命题有三道；以《庄子》内容命题有三道；以《文子》命题一道；总论六经、提倡儒学传承思想的一道；论仁、义、忠、信品行节操二道；论国家财政赋税的一道；论为政之道四篇；论求贤选能、培育人才、科举考试流弊的七道；论文风三篇；论边塞军备二道；其他四篇。

中唐是经学衰微时期，为了促进儒学的兴盛，权德舆改革科举考试内容，不仅加大了经义的分量，也加重了经义的难度，将以往重经义背诵改为重经义的分析和阐释。其所出五十道策问题，内容庞博，广征博引，涉及中唐社会的方方面面。这些策问，广泛深入地反映了中唐社会、政治、生活面貌，并展现了他提倡儒学、忧虑国事、思变求新及重整政治、伦理秩序的思想。

第一节　提倡儒学、尊崇儒学传承的思想

众所周知，制举试策多集中于时务，策问与现实生活密切相关，往往都是针对现实生活中的问题进行发问，要举子提出问题、分析原因，并提出解决的办法。应试者也以现实生活中存在的问题为关注的焦点，通过对策表达其对社会政治生活的看法，征古绍今，以史为鉴，借古劝诫，或提出施仁政、兴王权的建议，或指出求大治、化风俗的良策，或建议选贤能、用人才的方略。当然，对策的内容、性质常常取决于科举"待非常之才"的根本目的。也就是说，社会对博古通今、谙熟政治和治理国家之道的贤才的渴望，在一定程度上决定了策问的方向。因此，应试举子必须熟悉现实政治和生活中的热点问题。安史之乱后的中唐，儒学不振，民心浮动，为了社会的稳定，一批有远见卓识的大儒将目光

投向了颇具凝聚力的儒学，希望用儒学的经义来团结民众，以达到国泰民安的繁荣局面。严国荣在《权德舆研究》中写道："而善于在传统中寻找理论支持的习惯使他们把目光投向传统渊源和历史文化深处时，儒学思想再一次聚拢了他们的关注。重新思考儒学的使命、对传统经学作出新的阐释已成为时代的需要。"① 朝廷上下出现了一片反佛崇儒的呼声。提倡儒学、用儒学来加强封建统治已经是士人的共识，因此，提倡儒学就是中唐社会的一个现实热点问题。以儒学为根底的权德舆自然是这种思潮的提倡者和号召者，他一生崇尚儒学，提倡儒学。他有感于儒学衰微的现实，思谋用儒学经典的感召力再一次凝聚民心，加强统治，于是利用科场重臣的特殊身份和地位，将这一观点很自然引入了万人瞩目的科举考试之中。

贞元十八年（802）进士策问五道第一问，就是权德舆针对中唐儒风衰微的问题，分析原因并提出倡儒复汉的策略，由此鼓励士子们各抒己见，畅所欲言。

> 问：六经之后，百氏塞路，微言大义，浸以乖绝。使昧者耗日力以灭天理，去夷道而趣曲学。利诱于内，不能自还。汉庭用经术以都贵位，专古义以决疑狱，诚为理之本也。今有司或欲举建中制书，置五经博士，条定员品，列于国庠。诸生讨论，岁课能否。然后删非圣之书，使旧章不乱。则经有师道，学皆巅门。以为如何？当有其说。至于九流六家，论著利弊，有可以辅经术而施教化者，皆为别白书之。

这是一道关乎倡儒复汉、尊崇儒学传承的策问。权德舆向举子提出如何恢复儒学正宗地位的问题以及能否再复汉儒之学、如何处理儒学与近代后起其他子学关系等问题，考查他们分析、解决问题的能力，从而为国家选拔出真正的贤才。

"六经之后，百氏塞路，微言大义，浸以乖绝。使昧者耗日力以灭天理，去夷道而趣曲学。"《汉书·艺文志》云："昔仲尼没而微言绝，

---

① 严国荣：《权德舆研究》，中国社会科学出版社2006年版，第27页。

七十子丧而大义乖。故《春秋》分为五，《诗》分为四，《易》有数家之传。战国纵衡，真伪纷争，诸子之言纷然淆乱。至秦患之，乃燔灭文章，以愚黔首。汉兴，改秦之败，大收篇籍，广开献书之路。"① 汉代传承《春秋》学说的有左氏、公羊、穀梁、邹氏、夹氏五家；传承《诗》说的有毛、齐、鲁、韩四家；《易》经的传承就更加杂乱纷纭。六经衰微，诸子学说兴起，圣人的言论也慢慢走向衰落。愚昧之人不惜耗费精力来使儒家经义灭绝，远离儒家经义而热衷于邪说。

"汉庭用经术以都贵位。"《汉书·儒林传》载："汉兴，言《易》自淄川田生；言《书》自济南伏生；言《诗》，于鲁则申培公，于齐则辕固生，燕则韩太傅；言《礼》，则鲁高堂生；言《春秋》，于齐则胡毋生，于赵则董仲舒。及窦太后崩，武安君田蚡为丞相，黜黄老、刑名百家之言，延文学儒者以百数，而公孙弘以治《春秋》为丞相封侯，天下学士靡然乡风矣。"② 汉代统治者多喜好儒学，往往以学命官，"董仲舒子及孙皆以学至大官"。③ 公孙弘、董仲舒等人皆因精通儒家经典而官居要位。

"专古义以决疑狱"，也就是汉代的"引经决狱"，即以经义作为分析案情和认定犯罪的根据。用经义来解释和运用法律，可谓是汉代引礼入法在司法程序上的具体操作。由于汉代"引经决狱"主要是引用《春秋公羊传》的原则，因而这种决狱形式也被称为"《春秋》决狱"。《史记·儒林列传》载："吕步舒至长吏，持节使决淮南狱，于诸侯擅专断，不报，以《春秋》之义正之，天子皆以为是。"④ 汉代的"引经决狱"发端于汉武帝时期，之后被广泛应用于法律实践中。

援引经义断案的例子，《汉书·张汤传》亦载："是时，上方乡文学，汤决大狱，欲传古义，乃请博士弟子治《尚书》《春秋》，补廷尉史，平亭疑法。"⑤

"九流"，《汉书·艺文志》指"儒家、道家、阴阳家、法家、名家、墨家、纵横家、杂家、农家"这九家。班固认为"小说家者流，

---

① 班固撰，颜师古注：《汉书·艺文志》，中华书局1962年版，第1701页。
② 班固撰，颜师古注：《汉书·儒林传》，中华书局1962年版，第3593页。
③ 司马迁撰：《史记·儒林列传》，中华书局1982年版，第3129页。
④ 同上。
⑤ 班固撰，颜师古注：《汉书·张汤传》，中华书局1962年版，第2639页。

盖出于稗官。街谈巷说，道听途说之所造也"。因而认为"诸子十家，其可观者九家而已"。①

"六家"即"阴阳、儒、墨、名、法、道德"。司马谈在《论六家要旨》中专门有详细的说明。

这道策问的大意是说：六经以后，诸子言论兴起，圣人的言辞和义理被曲解并逐渐走向灭绝，使愚昧的人耗费精力来灭绝天理，离开儒家的经义而去追逐邪说。原因就是内心受利益的诱惑不能自拔。汉代人由于在儒家经典方面学问做得好而使职位得到升迁，他们用儒家经典的义理来处理判断各种政事，确实是治理的根本。现在主管部门援引建中年间的制书，主张置五经博士，逐级确定员额和品级，列入国家的最高学府。想让你们就每年是否要考核来进行讨论。然后删除诋毁圣贤的书籍，使儒典旧章不乱，那么，每部经典也就有各自的师承，学习的人也可以专精。你们认为这样怎么样？你们应当有自己的看法。至于各个学派论著的利弊，有能够辅助儒家经典学问又能有教化作用的，请你们都把它们分别写上来。②

权德舆的这道策问有三层意思值得注意：

第一，阐述了经学衰退的现实。权德舆指出，诸子异说不绝，致使六经在唐代逐渐衰微，儒家经典已丧失了汉代原有的独尊地位。经学不振，时局动荡，人们热衷于诸子学说，致使六经经义逐渐消亡。

第二，权德舆的崇儒复古思想。文中对汉代经学的繁盛极为仰慕，崇儒复古思想溢于言表。他的这一思想，是在中唐复古尊儒大思潮下繁衍出来的，尤其是他要根据对经典的掌握应运情况来选拔人才，因此，它也就成了强化这一思潮的有机组成部分。崇儒复古，就是要提倡儒学，发扬汉代儒学的优良传统，使儒家经典在中唐的政治、经济、文化各个领域发挥应有的作用。

第三，向举子提出了三个问题。其一，就国家打算设置五经博士，列入国家的最高学府，每年进行一次考核优秀的工作，来征求举子们的意见。其二，针对删除诋毁圣贤的书籍，保持旧有的章节，使每部经典都能有特定的传承门道一事，让众举子谈谈看法。其三，权德舆认为九

---

① 班固撰，颜师古注：《汉书·艺文志》，中华书局1962年版，第1745—1746页。
② 杨寄林等编：《中华状元卷·大唐状元卷》，山西教育出版社2001年版，第399页。

流六家的言论、著作中还有一些辅助经术、施行教化的内容，我们也应该汲取，希望举子运用所学经典知识逐条阐述。

权德舆这道策问的对策卷子我们无法看到，白居易诗文集第65卷有白居易于元和元年（806）参加制举考试前备考中的拟作习笔《黜子书》，针对的恰恰就是权德舆的这道策问文。虽然是模拟之作，白居易的创作态度却是极其严肃认真的。他对当代之事的揣摩是精深周备的，现摘录如下：

> 臣闻：仲尼没而微言绝，七十子丧而大义乖。大义乖，则小说兴；微言绝则异端起。于是乎歧分派别，而百氏之书作焉。然则六家之异同，马迁论之备矣；九流之得失，班固叙之详矣。是非取舍，较然可知。今陛下将欲抑诸子之殊途，遵圣人之要道：则莫若弘四术之正义，崇九经之格言。故正义著名，则六家之异见，不除而自退矣；格言具举，则九流之偏说，不禁而自隐矣。夫如是，则六家九流，尚为之隐退；况百氏之殊文诡制，得不藏匿而消荡乎？斯所谓排小说而扶大义，斥异端而阐微言，辨惑响方，化人成俗之要也。伏惟陛下必行之。

白居易认为，"大义乖，则小说兴，微言绝则异端起"。白居易也力主"弘四术之正义，崇九经之格言"。《礼记·王制》载："乐正崇四术，立四教，顺先王《诗》《书》《礼》《乐》以造士。春秋教以《礼》《乐》，冬夏教以《诗》《书》。"[①] 乐正，乐官之长，掌握对国子，即贵族子弟的教育。四术、四教，皆谓《诗》《书》《礼》《乐》。不难看出，白居易文中所提倡的恢复儒学以教人化民、提高世风建设的观点和权德舆是一致的。"乱世之中，人心思定，倡导帖读儒家经典，行故乡饮酒礼，其目的在于行兹盛事，克振儒风，以正风俗，安民。"[②]

"建中之乱"后，大历时代虚幻的浮华景象已被无情的战火彻底撕破。在这场动乱中，唐王室更清楚地认识到了自身的危机，其统治策略

---

① 李学勤主编：《十三经注疏·礼记正义》卷13，北京大学出版社1999年版，第404页。

② 陈秀宏：《唐宋科举制度研究》，北京师范大学出版社2012年版，第37页。

与文化导向也进一步转向务实。同时，在动乱中以儒学为根底的颜真卿、段秀实、陆贽的忠义不屈与非儒学的李希烈、李怀光的反复多变形成了鲜明的对比，更加凸显出儒家文化价值观的现实意义。政治的黑暗和经学的衰微是时局动荡、社会不安的根源。贞元八年进士及第的李观在《请修太学书》中尖锐地指出："夫学废则士亡，士亡则国虚，国虚则上下危，上下危则礼仪消，礼仪消则狂可奸圣，贼可凌德，圣德逶迤，不知其终。"[①] 重振儒学已经是众人的共识。于是颇具凝聚力和感召力的儒学再一次聚拢了文人士子的目光，因此，贞元之后的文化热点也转向了经学与以经学为根基的古文。针对现状，权德舆将这一思潮很自然引入科举考试当中。

第二节 忧患意识和思变创新思想
——《春秋》策问思想内容研究

一 以史为鉴的忧患意识和重振国威的爱国思想

我们不妨以权德舆贞元十八年"明经诸经策问七道"中《春秋》第一问为例，具体看看权德舆策问体现的忧患意识、劝诫作用及重振国威的思想。权德舆在《春秋》第一问中说：

> 孔圣属辞，丘明同耻，裁成义类，比事系年。居体元之前，已有先传；在获麟之后，尚列余经。岂脱简之难征，复绝笔之云误？子产遗爱也，而赂伯石；叔向遗直也，而戮叔鱼。吴季札附子臧而吴衰，宋宣公舍与夷而宋乱。阵为鹅鹳，战岂捷于鱼丽；诅以犬鸡，信宁优于牛耳。子之所习，为予言之。

这道以《春秋》命名的策问，权德舆除了以儒家经典来考查举子之外，还隐含着权德舆以史为鉴的忧患意识和重振国家秩序的思想。首先，告诫士子们通过《春秋》经传的研习，学习子产不毁乡校、叔向不徇私情的品质；其次，通过吴季札辞位而吴衰、宋宣公舍与夷而致使

[①] 李观：《请修太学书》，见《全唐文》卷532，中华书局1983年版，第5401页。

国家灾祸不断的事例，认识到仁臣处理国家大事的方式对于当时社会、王室王位之间关系的借鉴作用，即隐含权德舆尊王权，削藩镇，重振国家秩序的思想。策问通过一治一乱的史实对比，表明权德舆对国家诸多问题的思考。尤其是其中"吴季札附子臧而吴衰"，可以看出权德舆关于王权问题与社会治乱关系的认识及对中唐中央与藩镇权力之争的深深忧虑。

"孔圣属辞，丘明同耻，裁成义类，比事系年"，见《论语·公冶长》："子曰：'巧言、令色、足恭，左丘明耻之，丘亦耻之。匿怨而友其人，左丘明耻之，丘亦耻之。'"即花言巧语、伪善的容貌、十足的恭顺态度，左丘明认为可耻，孔子也认为可耻；内心藏着怨恨，表面上同他友善的行为，左丘明认为可耻，孔子也认为可耻。即做人要明是非、辨善恶。

"居体元之前，已有先传；在获麟之后，尚列余经。岂脱简之难征，复绝笔之云误？"，"居体元"即"体元居正"，多指帝王即位，见《春秋·隐公元年》"元年，春，王正月，公即位"。① 晋杜预注："隐公之始年，周王之正月也。凡人君即位，欲其体元以居正，故不言一年一月也。"意思是说人君以天地之元气为本，常居正道以施政教。《左传》记事起于惠公，见《春秋左传》卷一："惠公元妃孟子，孟子卒，继室以声子，生隐公。"也就是说，《左传》记事，起于隐公继位以前，早于《春秋》经。"获麟之后，尚列余经。岂脱简之难征，复绝笔之云误？"见《春秋·哀公十四年》："十有四年，春，西狩获麟。"② 杜预注："麟者，仁兽，圣王之嘉瑞也。时无明王，出而遇获，仲尼伤周道之不兴，感嘉瑞之无应，故因《鲁春秋》而修中兴之教。绝笔于'获麟'之一句，所感而作，故所以为终也。"《公羊传》曰："麟，有王者则至，无王者在则不至。"相传鲁哀公十四年（前481），西狩获麟，孔子深感"吾道穷矣"，有感于自己的道义不行于天下，于是作《春秋》以明志。因此，《春秋》是孔子感无帝王之命而作的绝笔之书。太史公

---

① 李学勤主编：《十三经注疏·春秋左传正义》卷41，北京大学出版社1999年版，第1137页。

② 李学勤主编：《十三经注疏·春秋左传正义》卷59，北京大学出版社1999年版。第1673页。

曰："夫周室衰而《关雎》作，幽厉微而礼乐坏，诸侯恣行，政由疆国。故孔子闵王路废而邪道兴，于是编次诗书，修起礼乐。……西狩获麟，曰：'吾道穷矣。'故因史记作《春秋》，以当王法，以辞微而指博，后世学者多录焉。"① 是年代久远致使文献流传发生偏差，还是其"绝笔"之说有误？而《左传》所引《春秋》经文，在鲁哀公十四年"获麟"之后，仍有编年纪事，所引经文，直至鲁哀公十六年的"夏四月乙丑，孔丘卒"。针对这种传世典籍和前代记载不统一的现象，权德舆发出疑问。

"子产遗爱也，而赂伯石"，见《左传·襄公三十年》："子产为政，有事伯石，赂与之邑。子大叔曰：'国皆其国也，奚独贿焉？'子产曰：'无欲实难，皆得其欲，以从其事，而要其成。非我有成，其在人乎？何爱于邑，邑将焉往？'子大叔曰：'若四国何？'子产曰：'非相违也，而相从也，四国何尤焉？郑书有之曰："安定国家，必大焉先。"姑先安大，以待其所归。'"② 子产，春秋时郑国名大夫，他"不毁乡校"，执政为民，是善于教化引导百姓的政治家。执政期间，为了安内，首先安抚公族。他认为安定国家，必须先安大族。贿赂伯石（公孙段）采邑（封地）就是他安抚大族的具体表现之一。

"叔向遗直也，而戮叔鱼"，见《左传·昭公十四年》："仲尼曰：'叔向，古之遗直也。治国制刑，不隐于亲。三数叔鱼之恶，不为薄减，曰义也夫，可谓直矣！平丘之会，数其贿也，以宽卫国，晋不为暴。归鲁季孙，称其诈也，以宽鲁国，晋不为虐。邢侯之狱，言其贪也，以正邢书，晋不为颇。三言而除三恶，加三利。杀亲益荣，犹义也夫！'"③ 叔向（羊舌肸）、叔鱼（羊舌鲋）皆为春秋时晋国人，是同父异母的兄弟。叔向治国不徇私情，谏韩宣子将贪赃枉法的弟弟叔鱼暴尸于市，是古代大义灭亲的典范。孔子赞叔向之直，有古人遗风。

"吴季札辞子臧而吴衰"，具体事迹见《左传·襄公十四年》："吴子诸樊既除丧，将立季札。季札辞曰：'曹宣公之卒也，诸侯与曹人不

---

① 司马迁：《史记·儒林列传》，中华书局1982年版，第3115页。
② 李学勤主编：《十三经注疏·春秋左传正义》卷40，北京大学出版社1999年版，第1122页。
③ 李学勤主编：《十三经注疏·春秋左传正义》卷47，北京大学出版社1999年版，第1338页。

义曹君，将立子臧。子臧去之，遂弗为也，以成曹君。君子曰："能守节。"君，义嗣也，谁敢奸君？有国，非吾节也。札虽不才，愿附于子臧，以无失节。'固立之，弃其室而耕，乃舍之。"① 说的是吴季札辞王位使吴国衰败一事。吴季札，春秋时吴王寿梦第四子，效法子臧不继承王位，为辞让王位曾两度出走，后吴国大乱。子臧，曹成公负刍庶兄，后诸侯伐曹，俘虏负刍，欲立子臧，子臧以自己不合适做国君为借口，逃往宋国。

"宋宣公舍与夷而宋乱"，见《左传·隐公三年》孔颖达《春秋左传正义》载："宋穆公疾，召大司马孔父而属殇公焉，曰：'先君舍与夷而立寡人，寡人弗敢忘。'杜预注曰：《史记·宋世家》云：'武公卒，子宣公力立。宣公有太子与夷。十九年，宣公病，让其弟和，曰："父死子继，兄死弟及，天下通义也。我其立和！"和亦三让而受之。宣公卒，弟和立，是为穆公。'"② 宋宣公，是宋武公之子、宋穆公之兄，与夷为宣公之子。宣公不传位于子与夷而传给弟弟子和（穆公），从而引发国家祸患不断。

鹅鹳，古代战阵（陈）名称，鹅鹳，见《左传·昭公二十一年》："丙戌，与华氏战于赭丘。郑翩愿为鹳，其御愿为鹅。"③ 杜注："郑翩，华氏党。鹳鹅皆阵名。"注曰：宋陆佃《埤雅·释鸟》云："鹅自然有行列，故聘礼曰'出如舒鹅'。古者兵有鹳鹅之阵也。"旧说江淮谓群鹳旋飞为鹳井，则鹳善旋飞，盘薄霄汉，与鹅之成列正异，故古之阵法或愿为鹳也。

鱼丽，古代战阵（陈）名。见《左传·桓公五年》："曼伯为右拒，祭仲足为左拒，原繁、高渠弥，以中军奉公。为鱼丽之陈。陈即阵字。先偏后五，伍承弥缝。"《司马法》："车战二十五乘为偏，以车居前，

---

① 李学勤主编：《十三经注疏·春秋左传正义》卷32，北京大学出版社1999年版，第919页。

② 李学勤主编：《十三经注疏·春秋左传正义》卷3，北京大学出版社1999年版，第77页。

③ 李学勤主编：《十三经注疏·春秋左传正义》卷50，北京大学出版社1999年版，第1417页。

以伍次之，承偏之隙而弥缝阙漏也。五人为伍。此盖鱼丽阵法。"① 即郑国的军队一军五偏，一偏五队，一队五车，五偏五方为一方阵。以偏师居前，让五队后随，相互弥缝缺隙。

"诅以犬鸡，信宁优于牛耳"，鸡、犬、牛耳同为祭祀的贡品。牛耳，见《左传·哀公十七年》："公会齐侯，盟于蒙，孟武伯相。齐侯稽首，公拜。齐人怒，武伯曰：'非天子，寡君无所稽首。'武伯问于高柴曰：'诸侯盟，谁执牛耳？'"② 执牛耳，尸盟者。《左传·襄公二十七年》载："且诸侯盟，小国固必有尸盟者。"尸盟，即主盟。后以牛耳泛指居某方面的权威。

这道策问的大意是说：孔圣人不喜欢花言巧语、伪善的举动，丘明也和孔子一样不喜欢。《春秋》按时间顺序编排历史事件，在隐公元年之前，左氏已有传。相传《春秋》是孔子绝笔之作，但西狩获麟之后，《春秋》还有编年纪事内容，是由于脱简造成的史实难以考证，还是获麟绝笔之说有误呢？郑国大夫子产治理国家，为了安内而贿赂伯石（公孙段）采邑（封地）；叔向治理国家不徇私情，谏韩宣子将贪赃枉法的弟弟叔鱼暴尸于市。吴季札有贤德，但为了不引起兄弟间的矛盾，效仿子臧而坚辞王位致使吴国衰败，宋宣公没有将王位传于儿子舍与而引起宋国大乱。打仗用鹅鹳的战阵，难道会比用鱼丽的战阵更迅速吗？用鸡狗来祭祀，难道诚恳的程度比用牛耳更好吗？请用你们所学的儒家经典知识，来给我说一说。

这道策问的第一层意思讲了《春秋》经传的传承及经传之间的不统一。

第二层意思，权德舆给考生提了几个问题：通过"子产遗爱赂伯石；叔向遗直戮叔鱼；吴季札附子臧而吴衰；宋宣公舍与夷而宋乱"的历史典故，让举子们结合经典分析策问中历史典故的现实意义。

权德舆在这里写子产、叔向，是因为他们都有"贤"德，子产有"护国"之贤，叔向有"大义灭亲"之贤；写宋宣公、季札，有反思的

---

① 李学勤主编：《十三经注疏·春秋左传正义》卷6，北京大学出版社1999年版，第165—166页。

② 李学勤主编：《十三经注疏·春秋左传正义》卷60，北京大学出版社1999年版，第1699页。

意味。对于季札,权德舆有自己的评价:"以吴之存,而季子亡之;以让之废,而季子全之……贪以之廉,暴以之仁。"(《志过》)① 这正是此道策问中所谓的"吴季札附子臧而吴衰"的最好评价。

权德舆有感于安史之乱后地方割据势力日益膨胀,唐中央权威削弱以及河朔、淮西、边陲诸侯各自为政、混战不止的严峻现实,借策问表达出反对藩镇割据和重振国威的思想。对于朝廷任人唯亲、姑息养奸的政策也进行了隐隐的讽刺。他的这种关心国家政治的历史责任感和忧患意识也体现在他的诗文中,比如"吾嘉徙薪智,祸乱何由生……有力则宗楚,何人复尊周"(《读穀梁传二首》);"吕叟年八十,幡然持钓钩。意在静天下,岂惟食营丘!师臣有家法,小白犹尊周;日暮驻征骖,爱兹清渭流"(《渭水》)。② 在慨叹周王朝"有力则宗楚,何人复尊周"悲剧的同时,对君权旁落、政权摇摇欲坠的历史现象赋予现实意义。不难看出,权德舆维护王权统治,反对藩镇割据的立场始终如一。权德舆重振国威、加强中央集权的思想在他的策问中多有体现,比如,贞元十八年明经诸经策问七道《毛诗序》第五问,"列国斯众,何限于十四?陈诗固多,岂止于三百?"权德舆一改平常十五国风的说法,将"王风"和十四列国区别对待,不是他的笔误,而是蕴含着权德舆加强中央集权、重振国家秩序的思想在内。

如果说孔子作《春秋》是褒贬当朝君臣,那么权德舆的这道策问则是在此基础上更深层次的引申与阐发,他一生秉承中庸思想,虽然无有褒贬,但忧患意识、以史为鉴、重振国威的精神洋溢在字里行间。权德舆一生喜好《春秋》,借《春秋》的忧患意识来抒发对国家前途的担忧,充分体现了权德舆作为政治家和文学家的远见卓识。

二 弃传求经、思变创新的思想

弃传求经、思变创新的思想在权德舆的策问中有明确的反映,如贞元二十一年明经策问七道《左氏传》:

---

① 权德舆著,霍旭东点校:《权德舆文集》卷20,甘肃人民出版社1999年版,第279页。
② 权德舆著,霍旭东点校:《权德舆诗集》卷1、卷6,甘肃人民出版社1994年版,第9、82页。

《春秋》者，以仲尼明周公之志而修经，丘明受仲尼之经而为传，元凯悦丘明之传而为注。然则夫子感获麟之无应，因绝笔以寄词。作为褒贬，使有劝惧。是则圣人无位者之为政也，其于笔削义例，岂皆用周法耶？左氏有无经之传，杜氏又错传分经，诚多艳富，虑失根本。既学于是，颇尝思乎？

这些取自《春秋》或《左传》的策题，都是针对经、传中某些不统一的问题以论带问，让举子们通过对经典的重新研读，在经、传之间的比较当中探索到经典的本来意旨。这样不仅能够鼓励举子们舍传求经，思变创新，还可以此来考查考生们分析问题、解决问题的能力。查屏球先生在《唐学与唐诗》中说："这皆是论《左传》与《春秋》不统一的问题，其中所云多是啖、赵否定《左传》的主要论据……两相比较，则可见出权氏题中体现了啖、赵《春秋》学的弃传求经的学术倾向。"① 弃传求经，就是要认真研读原典，而不以传乱经。

"《春秋》者，以仲尼明周公之志而修经，丘明受仲尼之经而为传，元凯悦丘明之传而为注。"杜预，字元凯，西晋著名的政治家、军事家和学者，主要致力于《春秋》经传的研究，主要著作有《春秋左氏经传集解》及《春秋释例》等。这几句主要讲了《春秋》经传的传承过程。《春秋左传正义》卷1《春秋序》："盖周公之志，仲尼从而明之。左丘明受经于仲尼，以为经者不刊之书也，故传或先经以始事，或后经以终义，或依经以辨理，或错经以合异，随义而发。"正义曰："左丘明为经作传，故言受经于仲尼，未必面亲授受使之作传也。非传所能乱之。假使传有先后，不畏经固错乱，故传或先经为文以始后经之事，或后经为文以终前经之义，或依经之言以辨此经之理，或错经为文以合此经之异，皆随义所在而为之发。传期于释尽经意而已，是故立文不同也。"② 对于左丘明传先经为文或后经为文的原因进行了说明。《汉书·司马迁传》亦记载："及孔子因鲁史记而作《春秋》，而左丘明论辑其

---

① 查屏球：《唐学与唐诗》，商务印书馆2000年版，第36页。
② 李学勤主编：《十三经注疏·春秋左传正义》卷1，北京大学出版社1999年版，第12页。

本事以为之传,又撰异同为《国语》。"①

"然则夫子感获麟之无应,因绝笔以寄词",见上篇策问解读。

"作为褒贬,使有劝惧",见孟子说:"世衰道微,邪说暴行又作,臣弑其君者有之,子弑其父者有之。孔子惧,作《春秋》。《春秋》,天子之事也。是故孔子曰:'知我者其惟《春秋》乎!罪我者其惟《春秋》乎!'"《孟子注疏》中引赵歧注曰:"世衰道微,周衰之时也。孔子惧正道遂灭,故作《春秋》,因鲁史记,设素王之法,谓天子之事也。知我者谓我正纲纪也,罪我者谓时人见弹贬者。言孔子以《春秋》拨乱也。"②即《春秋》一书蕴含着孔子褒贬善恶、辩证是非、纲纪天下的义理。

"是则圣人无位者之为政也,其于笔削义例,岂皆用周法耶?"《史记》卷47《孔子世家》说孔子"为《春秋》笔则笔,削则削,子夏之徒不能赞一辞。弟子受《春秋》,孔子曰:'后世知丘者以《春秋》,而罪丘者亦以《春秋》'"。③笔,即指《春秋》据实而书,讥贬之意自见;削,指的是孔子修《春秋》时"去其烦重",删掉一些无关紧要的内容。是说孔子有德无位,在"笔""削"之间都有大道理存在,即所谓的"春秋笔法",即存在"一字褒贬",有"微言大义"。这些《春秋》笔法不一定都要尊崇周代的礼仪之法。

"左氏有无经之传,杜氏又错传分经,诚多艳富,虑失根本。"古书体例,经则为经,传则为传,经与传的文字未合于一体,杜预将它们合在一起编为《春秋经传集解》,专取《左氏传》来阐释孔子《春秋》经,以《左传》来注解《春秋》,将"经文"与"传文"合编,以"传"释"经",有"强经就传""弃经信传"的倾向。《左传》《公羊传》与《穀梁传》虽同为解释《春秋》的著述,三传却有很大的差异,这种差异不仅表现在思想上,也表现在对史实的记述上。《左传》常有无经之传及经传相异的地方,因而被认为"自是一家书"(《晋书·王接传》)。宋代叶梦得在《春秋传序》中说:"《左传》传事不传经,

---

① 班固撰,颜师古注:《汉书·司马迁传》,中华书局1962年版,第2737页。
② 李学勤主编:《十三经注疏·孟子注疏·藤文公下》卷6下,北京大学出版社1999年版,第178页。
③ 司马迁撰:《史记·孔子世家》,中华书局1982年版,第1944页。

是以详于史而事未必实；《公羊》传义不传事，是以详于经而义未必当。"三家解经各有特色，所以古人认为对《春秋》，信者传信，疑者传疑，因此在经与传之间、传于传之间，都没有统一的标准。皮锡瑞在《经学历史》中说："案自汉后，《公羊》废搁，《左氏》孤行，人皆以《左氏》为圣经，甚且执杜解为传义。不但《春秋》一经，汩乱已久；而《左氏》之传，受诬亦多。孔疏于经传不合者，不云传误，反云经误。……皆由不知《春秋》是经，《左传》是史。"① 对于《春秋》经、传的区别及流传中的错误，皮锡瑞讲得很清楚。正是由于《春秋》及其"三传"传承过程中出现的偏失，使《春秋》失掉了原有的本意。

  这道策问的大意是说：《春秋》一书，是孔子为明周公之志而作，左丘明依据孔子《春秋》经而作传。杜预又在左丘明传的基础上作注。但是孔子有感于乱世获麟，嘉瑞现于明王的说法未能应验，绝笔于此时来发寄托。书中以一字寓褒贬，其微言大义对人有劝惧作用。这是有德无位的圣人以经典著述的方式参与政事。这种著述义例难道都是要遵循周朝的礼法吗？左丘明《左传》中存在无经有传的情况（《左传》记事起于隐公元年，止于哀公二十七年，有无经之传十六年），杜预又将经文与传文合编，的确是修饰过多，我很忧虑失掉了《春秋》的根本意义。你们既然对于儒家经典有研究，是否对这些问题进行过思考呢？

  这道策问主要有三层意思，第一，讲了《春秋》成书及其经传的传承、经传之间的不统一。第二，孔子作《春秋》的"笔""削"义例及一字寓褒贬的精神。针对《春秋》经、传存在的问题，鼓励考生守经弃传，去求本溯源。在经学的研习上，抛开注、疏的限制去思变创新，才能重新获取合理、正确的答案。第三，就以上提出的问题要考生思考、对策。

  唐人的经学讲究"章句训诂""疏不破注"，导致唐代经学弃经背义、不重经义的局面。为了扭转这种学风，及早跳出固有思想的束缚，一批颇具远见卓识的大儒啖助、赵匡、陆质、施士匄、仲子陵等，皆自名其学。他们提倡舍传求经，抛开传注的限制去追本溯源。"这批儒学学者在传承儒学经典时，与汉儒大为不同，他们不仅要发扬先秦儒学的

---

① 皮锡瑞著，周予同注释：《经学历史》，中华书局2004年版，第154页。

内在精神，而且要'以学干政'，对经学的解读要面向现实政治，发挥对现实政治的参与意识和批判精神，不再是'疏不破注'、墨守章句，而是依经立义、务实变通，甚至是'我注六经'、发挥己意，表现出求实、创新的学术意识和文化精神。"[①] 因此，在三掌贡举期间，权德舆首先从考试内容上进行改革，以纠正考生只讲背诵、不重经义的偏失，主张选士得人，应以通达经义为主。所出策问卷子，无论是进士、明经策问，还是宏文、崇文及道举诸试题均出自《春秋》《三礼》《诗》《书》《易》《论语》等儒家经典。其目的就是要求追本溯源，守经破传，思变求新。他的策问试题要求士子站在更高的层次上去通达、明理、识义，在通经致用的基础上来分析、解决现实生活中存在的问题。

三　质疑经典、以学干政、重树儒学新风的治学态度

权德舆是"新春秋学派"的倡导者，他在治学方面一贯坚守研习原典、守经破传、以学干政、重树儒学新风的治学态度。

>策问明经八道《左氏传》问
>
>问：鲁史之文，先师用明于王道。汉武之代，左氏不列于学官。诚义例之可征，终谇艳而多失。凤凰启兆，陈氏不得不昌；鸜鹆成谣，季氏不得不叛。既未然以前进，于立教而谓何？同耻释经，岂其如是！夏五之阙，虽系月何嫌？艮八之占，于兼山为何象？因生因谥，未详命氏之殊；德命类命，请数制名之义。亦既充赋，无辞说经。

这是一道对《左传》释《春秋》经进行大胆质疑的策问，目的是要"守经破传""弃传求经"，从而达到"以学干政"、重树儒学新风的目的。策问要求举子们通过对元典的重新研读，在经、传之间的比较当中探索经典的本来意旨。这样不仅能够鼓励举子们守经破传，舍传求经，还可以思变创新，以此来考查考生们分析问题、解决问题的能力。

权德舆这种求本溯源的治学态度和思想是在中唐复古崇儒思潮的激

---

① 严国荣：《权德舆研究》，中国社会科学出版社2006年版，第28页。

荡下催生出来的，当然也就成为这一思潮的组成部分。某种程度上来说，权德舆的思想直接来源于啖、陆、赵的《春秋》学派。而事实上，中唐学风的新变也是从啖、陆、赵的《春秋》学开始的。"自贞元后期以来，以《春秋》学派为代表的新经学形成了一个鲜明的文化导向，这就是将学术政治化，要求对进行的解读能面对现实政治，要求习经者能依经取义发挥儒家诗教对现实政治的干预作用。"① 权德舆在策问明经八道《左氏传》问中强调守经破传，力求从原典出发的治学态度，与上述《春秋》学的文化精神是一脉相承的。

以安史之乱为界，唐代文人对《左传》的态度由于经学思潮的发展变化，有一个明显的变化。

唐代初年，统治者确立了以儒家思想治理天下的策略，并沿袭隋朝以来的科举取仕选拔人才。为了使扭转儒家经典流传杂乱不堪的情况，唐太宗在贞观十二年命孔颖达等编著《五经正义》，并将其颁行天下，作为科举考试必需的科目之一。而且在编纂《春秋正义》时，他们于三传中独取《左传》释《春秋》，而且凡经传不合者均以传文为准，几乎以《左传》取代了《春秋》，受到官方无比推崇，因此，人们将《左传》奉为至理名言，动辄引"传曰"，这一时期，《左传》超越《春秋》经，一度独占鳌头。

唐代后期，由于"新春秋学派"的出现，《左传》在有些文章中不再是真理至言，而成了作者针砭时弊的载体，人们在继承批判的基础上，表现出对以传解经大胆的质疑精神。《新唐书》记曰："啖助在唐，名治《春秋》，摭讪三家，不本所承，自用名学，凭私臆决，尊之曰'孔子意也'，赵、陆从而唱之，遂显于时。"《左传》的经典地位因此发生动摇。在这种思潮影响下，权德舆亦无例外地对《左传》解经进行质疑。执掌贡举期间，很自然地把这种对"以传解经"的质疑精神引入到了科举考试当中。就经传之间存在的问题进行发问，考查举子们对经学的理解，让举子们畅所欲言，各抒己见。

"鲁史之文，先师用明于王道。"杜预《春秋左传序》曰："仲尼因鲁史策书成文，考其真伪，而志其典礼，上以遵周公之遗制，下以明将

---

① 查屏球：《唐学与唐诗》，商务印书馆 2000 年版，第 69 页。

来之法。其教之所存，文治所害，则刊而正之，以示劝诫。""鲁史之文"指孔子在"鲁春秋"基础上修订而成的儒家经典之一《春秋》，"春秋"作为出于"忠"之初衷而写成的史书，其本身就包含着善恶以及是非的观念和原则，因此受到君臣高度的重视。尤其是孔子修订时加入了"微言"，在不彰显言辞里感受其精深微妙的意蕴。孔子用《春秋》来教化百姓，用其义法来治理天下。《左传·成公十四年》："君子曰：'《春秋》之称，微而显，志而晦，婉而成章，尽而不汙，惩恶而劝善'。"① 用词缜密而意思通达，记史俱实而含蓄深远，文笔婉转而顺理成章，意蕴穷尽而无所歪曲，惩罚邪恶而褒奖善良，这五例是春秋史书重要的书写原则，后被称为"春秋五例"。

"汉武之代，左氏不列于学官。"汉代建元五年（公元前136），武帝采纳大儒董仲舒的建议，罢黜百家、独尊儒术，专立五经博士。于是，除儒家经学以外的百家之学失去了学官中的合法地位，《诗》《书》《礼》《易》《春秋》作为五经博士成为独占学官的权威。而作为解释《春秋》的《左氏传》也被排除在学官之外。关于《左氏传》在汉代不列入学官的原因，皮锡瑞认为："……春秋是经，左氏是传，离之双美，合之两伤，经本不待传而明，故汉代春秋立学者，止有公羊，并无左氏，而春秋经未尝不明，其后左氏盛行，又专用杜预集解，学者遂执左氏之说，为春秋之义，且据杜氏之说，为左氏之义，而春秋可废矣。"②

这几句主要讲《左氏传》的重要性及其流传。

"诚义例之可征，终诬艳而多失"，范宁在《穀梁传集解序》曰："《左氏》艳而富，其失也巫；《穀梁传》清而婉，其失也短；《公羊》辩而裁，其失也俗。若能富而不巫、清而不短、裁而不俗，则深于其道者也。"③ 他认为《左传》文辞华美且材料丰富，但缺点是多述鬼神、预言祸福；《穀梁传》辞清义通且含蓄委婉，但缺点是资料匮乏不足；《公羊传》叙事分明且善于裁断，但缺点是流于粗疏。范宁对"三传"文风长短的总结和评价，其所得所失，一目了然。

---

① 李学勤主编：《十三经注疏·春秋左传正义》卷27，北京大学出版社1999年版，第765页。
② 皮锡瑞著，周予同注：《经学历史》，中华书局2004年版，第48页。
③ 李学勤主编：《十三经注疏·春秋穀梁传注疏》，北京大学出版社1999年版，第11页。

事实上,《左传》传《春秋》,其特点是文字简明扼要,直接阐发《春秋》义法。尤其是《左传》文辞优美生动,在文学性方面较之《春秋》有很大增强,不仅富有生动传神的情节展示,还塑造了丰满鲜明的人物形象,是文史并茂的历史、文学名著,对后世文学史学都有很大影响。司马迁继承发扬《左传》的传统,为世人留下了亦史亦文的巨著《史记》,司马光著《资治通鉴》,其体裁、手法均深受《左传》影响。刘知几在《史通》中称赞说:"其言简而要,其事详而博。"①

"凤凰启兆,陈氏不得不昌。"见《左传·庄公二十二年》:"初,懿氏(陈国大夫),卜妻敬仲,其妻占之曰'吉',是谓:'凤凰于飞',和鸣锵锵。有妫之后,将育于姜。五世其昌,并于正卿。八世之后,莫之于京。"②陈国大夫懿氏要把女儿嫁给敬仲,事前占卜吉凶时,他的夫人得了"凤凰于飞"的吉卦,卦辞大意是说凤凰相偕而飞,比喻夫妻和睦恩爱。

"鸜鹆(qu yu)成谣,季氏不得不叛"。见《左传·昭公二十五年》:"有鸜鹆来巢,书所无也。师己曰:'异哉!吾闻文、武之世,童谣有之',曰:'鸜之鹆之,公出辱之,鸜鹆之羽,公在外野,往馈之马,鸜鹆跦跦(zhu zhu),公在乾侯,徵褰与襦,鸜鹆之巢,远哉遥遥,稠父丧劳,宋父以骄,鸜鹆鸜鹆,往歌来哭',童谣有是。今鸜鹆来巢,其将及乎?"③鸜鹆,又名鸲鹆,俗名八哥。公,指鲁昭公。杜预注曰:"言鸜鹆来,则公出辱也。"季氏反叛,鲁昭公死,定公继位。

"夏五之阙,虽系月何嫌?"见《左传·桓公十四年》:"十有四年春正月,公会郑伯于曹。无冰。夏五,郑伯使其弟语盟。"《春秋》一书中,"夏五"后缺"月"字,"郭公"下未记事。比喻文字脱漏。据《春秋左传正义》载:"《春秋》者,鲁史记之名也。记事者,以事系月,以日系月,以月系时,以时系年,所以记远近、别同异也。"④

---

① 刘知己:《史通》,上海古籍出版社2015年版,第12页。
② 李学勤主编:《十三经注疏·春秋左传正义》卷9,北京大学出版社1999年版,第269页。
③ 李学勤主编:《十三经注疏·春秋左传正义》卷51,北京大学出版社1999年版,第1456页。
④ 李学勤主编:《十三经注疏·春秋左传正义》卷1,北京大学出版社1999年版,第3页。

一般情况，《春秋》记事应事、日、月、时、年五者具备，《春秋序》孔颖达疏云："史之所记，皆应具文，而《春秋》之经文多不具，或时而不月，月而不日，亦有日不系月、月而无时者。"① 从以上序文来看，《春秋》在传抄过程中，尤其是经过秦火的劫难，文字出现脱落或错简现象也是存在的。刘知几在《史通》中说："……观《左传》之释经也，言见经文而事详传内，或《传》无而《经》有，或《经》阙而《传》存。其言简而要，其事详而博……"② 台湾大学阮芝生教授认为："《左传》与《春秋》经对比，内容不相称，时有阙文。"③ 权德舆在这里指出中唐儒学存在的一个问题，即"以传解经"存在的缺失。事实上，正如郑杰文、傅永军等所说："《左传》解释《春秋》'不书'的原因，实质上也是在阐发《春秋》的一种'书法'，其所补记，是自觉地专对《春秋》所做的补充。"④ 权德舆提出以传解经的缺失，鼓励、要求士子们运用所学经典知识予以辩驳。

　　"艮八之占，于兼山为何象？"见《易·艮》："《象》曰：兼山艮，君子以思不出其位。孔颖达疏：'两山重叠，止义弥大，故曰兼山，艮也……止之为义，各止其所，故君子於此之时，思虑所及不出其己位也。'"宋人王应麟《困学纪闻》卷六"春秋"："权载之问《左氏》云'夏五之阙'、'艮八之占'，名对也。"

　　在易学中，艮是八卦之一，代表山，通常是叫八运。
　　"充赋"即被官吏举荐给朝廷的谦辞。
　　这道策问的大意是说：《春秋》经，孔子以此来教化君主治理天下。汉武帝之时，《左氏传》不被列入国家学府。《左氏传》文辞华美且材料丰富，但缺点是预言祸福、巫风过盛。"凤凰于飞"的吉祥征兆预示了陈国大夫家族的兴盛；"鸜鹆成谣"出现的凶兆，也预示了季氏日后的反叛。既然还没有出现就可预知后面的事情，那么这种方法在树立教化、教导百姓方面又起到什么作用？我们都认为用《左传》诠释《春秋》经是一种羞耻的事，但哪里想会到了这种歪曲的地步！《春秋》

---

① 李学勤主编：《十三经注疏·春秋左传正义》卷1，北京大学出版社1999年版，第3页。
② 刘知己：《史通》，上海古籍出版社2015年版，第12页。
③ 阮芝生：《从〈公羊学〉论春秋的性质》，华夏出版社2013年版，第10页。
④ 郑杰文、傅永军主编：《经学十二讲》，中华书局2007年版，第209页。

经中"夏五"后面即使缺失的是一个"月"字,又有什么影响呢?而传却是补全的。"艮八之占"两山重叠的兼山取象又是什么?为何而生为何而封谥号,没有详细的说明;以德还是以类而分,希望能阐述它的取名要义。既然已经要举荐给朝廷加以任命,就不要推辞来谈谈对经典的看法。

这道策问的第一层意思讲了《春秋》的编订及依据。

第二层意思指出《左传》解释《春秋》经含有过多巫艳成分。其中多述鬼神、预言祸福,谶纬成分浓郁,以至于破坏了经文原有的义旨。并用"凤凰于飞""鹳鹆成谣"的例证来进行说明。

第三层意思指出以传释经的诸多不当。权德舆在这里给考生提了几个问题,《春秋》经中的缺漏,有何影响;兼山取象的意义以及以德还是以类命名的要义。要求举子们根据所学,结合当时的社会现实进行深入探析,从而考查举子们分析问题以及解决问题的能力,进而为唐王朝选拔经世治国的贤才。

安史之乱后的中唐,经济萧条,政治混乱,儒学不振,百废待兴。面对王权衰微、动荡不安的社会现实,以"新春秋学派"为典型代表的经学家尝试从经学入手探索救世之路。啖助、赵匡、陆淳(质)他们视《春秋》为救治乱世的良药,于是大力宣扬《春秋》义理,借《春秋》为名而发表政治见解,经世致用,表达自己新的政治要求。"他们通过对君臣、君民、华夷等关系的再认识和新阐释,将思想的锋芒直接指向现实政治,尊王削藩,重民薄赋,肃纲变法,呼吁重建国家权威和纲纪秩序。"[①] 为了摒弃《左传》在推行他们理论思想方面的阻碍,他们对《左传》进行大胆的质疑和贬抑。作为新春秋学派倡导者的权德舆,贞元十八、贞元十九、贞元二十一年三掌贡举,将新春秋学的思想很自然地引入科考当中。不仅对《左传》的作者进行怀疑,还对《左传》所记内容以及"依周礼"评判是非的标准进行质疑和否定。权德舆的疑经和否定,无疑在新春秋学派思想的传播方面,起到了推波助澜的作用。毫无疑问,守经破传,以学干政,树立儒学新风已经是中唐社会的一个大潮流。

---

① 严国荣:《权德舆研究》,中国社会科学出版社2006年版,第28—29页。

"……啖、赵《春秋》之学,在此时,它几乎成为当世显学,直接影响着当时的政治活动。因为其怀疑经典、批判现实、突破传统的开放学风,而被视为异端。"①啖、赵后学吕温也潜心研习陆质《春秋》,说经凭己意发挥,以学干政,突破传统束缚的倾向更加明显。"这些儒学学者根据现实需要而治经,依经驳传,突破'疏不破注'的束缚,以己意说经,这是一种新的思想和学风,而且在当时具有普遍性。"②科举考试,正是传播宣扬这种思潮的最好途径。安史之乱极大削弱了唐王朝的统治,而传统的经学也被仅仅用来应付考试的教条背诵和记忆所代替,而新儒学的出现,在一定程度上重振社会、政治、经济、文化,同时改变着学问的作风和世风、文风的建设。权德舆执掌贡举期间,大胆调整科考思路,将教条的背诵和记忆改为深层次的辨析。不再迷信死板的背诵,在背诵的基础上学会经典的现实意义,要把经典意旨和政治现实结合起来。质疑经典,否定以传解经,力求跳出唐人"疏不破注"的旧习,主张守经破传,以学干政,再创儒学新风。他的这种治学态度开启了中唐儒学的新风尚,引导了科场新潮流,推动了中唐儒学的大发展。

权德舆质疑经典、以学干政、重树儒学新风尚的治学态度,在其他一些策问文中亦有鲜明的反映。

明经策问七道

《穀梁传》问:《穀梁》名经,兴于鲁学;刘向博习,称于汉朝。或贬绝过深,或象类无据。非立异姓,乃以莒灭成文;同乎他人,岂谓齐侯之子?异端颇甚,后学难从。讳亲讳贤,当举其例。耳治目治,幸数其言。何词所谓近于情?何义所谓失于短?凡厥师授,为予明之。

这道策问的主要意思还是对《穀梁传》以传解经进行大胆的质疑。目的是要打破唐人"疏不破注"的儒学传统,力求依经立意,树立儒学新风。权德舆不仅陈述了《穀梁传》的传承,还进一步指出《穀梁

---

① 严国荣:《权德舆研究》,中国社会科学出版社2006年版,第29页。
② 同上书,第30页。

传》解释《春秋》经的偏失。"或贬绝过深,或象类无据""异端颇甚,后学难从"等问题,从而对经典质疑,不仅质疑治学态度,也对以传解经这种传统进行了批判,这也和中唐新春秋学派的思想一脉相承。

　　对传统经典的怀疑,可以追溯到很早。孔子、子夏就有这方面的言论。孟子更是典型,他认为孔子有些言论是"齐东野人之语也",并提出"不以文害辞,不以辞害志,以意逆志,是为得之"的为文为学原则。孟子巧妙地将时代思想引入到治学中去,为唐代的疑经提供了思路,这也是唐代对经典进行质疑的一个重要原因。权德舆等一大批学者正是在此为学基础上的进一步深入。这种思想是以打破经典内容的僵化和思想束缚来适应中唐时代的发展,包含谋求思想新变和树立儒学新风的意味。"疑经逐渐演变成一种具有自己独特领域和系统、内涵和规律的学术,至少是形成一种特定领域的有连贯性的学术思路和传统,并因不同时期和社会而有不同的表现。"① 到了唐代,疑古思想最突出的要数刘知几。他认为今传的古文《尚书·舜典》为姚方兴取自《尧典》伪作而成。② 安史之乱后的中唐,经学、学术的发展都出现新气象。伴随儒学复兴首先出现的是以啖助、赵匡、陆淳为代表的新春秋学派的诞生。他们对《春秋》经及其"三传"都发表过颇有影响的怀疑言论,不仅怀疑三传的作者,还否定三传对《春秋》的某些解释,进而怀疑《春秋》经文在流传过程中有衍脱讹误和错简现象。"同乎他人,岂谓齐侯之子?""讳亲讳贤""耳治目治","何词所谓近于情?何义所谓失于短?"尤其是作为文坛盟主和朝廷重臣的权德舆,更是认为三传释经不仅存在脱文衍文,还对三传释经的异文提出了自己的见解。

　　"《穀梁》名经,兴于鲁学",《春秋穀梁传》为儒家经典之一。与《左传》《公羊传》同为解《春秋》的三传之一。是春秋三传书中成书最晚的一部书。其学说大抵出于鲁儒,注重传扬经义,处处谨守《春秋》笔法,阐明义例。但在记载史料方面,不及《左传》详尽,且间有不明史实而以臆断来自抒己见的地方。

　　据《汉书·艺文志》,汉以前,解释《春秋》的有五家,除《左

---

① 杨新勋:《宋代疑经研究》,中华书局2007年版,第47页。
② 刘知几:《史通》卷12《古今正史·说尚书》,上海古籍出版社2015年版,第300页。

传》《公羊》《穀梁》外，还有《邹氏传》和《夹氏传》。到汉初，《邹氏传》因为没有人把它传下来，《夹氏传》又没有文字记载，这两家就失传了。而《公羊》与《穀梁》则用汉时流行的隶书记录成书，称为今文，立于学官，即在中央国立大学设立课程，宣帝时，为之立博士，即专门备有博士加以传授。

关于春秋三传，郑玄《六艺论》称："左氏善于礼，公羊善于谶，穀梁善于经。"《左传》通过解释经文来强调礼，礼是《左传》思想内容的主线；《公羊》通过解释经文以明天理，《公羊传》的重要写作纲领就是天人关系；为了明理、明天人之意，《公羊》不得不铺张文字，难免会离经而为言；《穀梁传》释经，则以阐明经义为目的，很少离经作文，故其文字简约。因此，《左氏》之长在于明理，《公羊》之长在于讲天人，《穀梁》之长在于明经义。总之，《左传》释经重事，《公羊》《穀梁》释经重义。换言之，《左传》的文章优美而且材料多，但缺点是多述鬼神、预言祸福；《穀梁传》辞清义通而且明净畅朗，但缺点是资料短缺不足；《公羊传》叙事分明而且善于裁断，但缺点是流于粗疏。

刘向，西汉著名经学家、目录学家、文学家、史学家。宣帝"善《穀梁》说"，将《穀梁》学者蔡千秋提拔为谏大夫给事中，"复求能为《穀梁》者"，还派刘向等十多人从江博士和周庆、丁姓习《穀梁》。由是《穀梁》之学大盛。可以看出，在整个西汉时期，《穀梁》学实际上是从中期以后才开始流行，直到西汉末年，才逐渐流传广泛。《穀梁传》主张"著以传著，疑以传疑"，指出史家应遵从忠实记载史实的原则，并能够将这一原则贯彻到自己的著作之中。

从重民的思想出发，《穀梁传》力主仁德之治。它明确指出，"民者，君之本也"。同《公羊传》相比较，《穀梁传》的一个突出特点是它强调礼乐教化，力主仁德之治，而这恰恰适应了西汉后期统治阶级的政治需要。《穀梁传》在汉代一度兴盛的原因，除了《穀梁》学的兴盛有利于当时的封建统治、适应社会政治的需要外，还可以用来缓统治阶级内部特别是刘汉宗室内部的矛盾。到汉武帝时独尊儒术，群臣多赞同《穀梁》，而宣帝亦喜欢《穀梁传》的解释，设立谷梁《春秋》博士，由是《穀梁传》大盛。西汉后期《穀梁》之学大盛，影响了当时社会政治的各个方面。

汉武帝死后，随着战争机制的解体和人民要求安居乐业的呼声高涨，与《公羊》有密切关系的刑名法术之士遭到朝野上下的普遍反对和斥责。昭帝时，议盐铁而罢榷酤，轻徭薄赋，与民休息，生产得到迅速恢复，社会矛盾趋于缓和。宣帝即位后，要求"稽古礼文"，实行礼乐教化和仁德之治，已经成为社会各界的共同心态，成了大夫众口一词的呼声和为政治民的准则。《穀梁传》宣扬的儒家思想在稳定封建统治的长远利益方面起到很大作用，因而受到统治阶级的极大重视。

"或贬绝过深，或象类无据"谓贬抑至极点。《公羊传·昭公元年》："《春秋》不待贬绝而罪恶见者，不贬绝以见罪恶也；贬绝然后罪恶见者，贬绝以见罪恶也。"《春秋·隐公三年》："夏，四月，辛卯，尹氏卒。"《传》云："尹氏者何？天子之大夫也。其称尹氏何？贬。何为贬？讥世卿。世卿，非礼也。"又《春秋·桓公六年》："蔡人杀陈佗。"《传》云："陈佗者何？陈君也。陈君则何为谓之陈佗？绝也。何为绝之？贱也。其贱奈何？外淫也。恶乎淫，淫乎蔡，蔡人杀之。"①梁启超的《中国专制政治进化史论》："《春秋》於大夫主权之举，无不贬绝。"权德舆在质疑经典、推动中唐儒学发展过程中认为，《穀梁传》解经有的贬绝过甚，有的比拟想象缺少可以佐证的依据。

"讳亲讳贤"，《穀梁传》曰："为尊者讳耻，为贤者讳过，为亲者讳疾。"凡是尊者的耻辱、贤者的过失、亲者的疾病、不足，都最好少说或者不说。对那些有失三者体面的事，知道的人越少越好。孔子在《论语》中有相同的论述，他积极主张"父为子隐""子为父隐"。

"耳治目治"见《穀梁传》："先陨而后石何也？陨而后石也。于宋，四竟之内曰宋。后数，散辞也，耳治也。是月也，决不日而月也。六鹢退飞过宋都，先数，聚辞也，目治也。"杨士勋疏："耳治也者，谓陨石先以耳闻。"《春秋》有"五石六鹢"的典故，《春秋·僖公十六年》："陨石于宋五，六鹢退飞过宋都。"讲的是五块陨石落在宋国，六只鹢鸟倒飞着经过宋国都城。《穀梁传》从"听觉"（耳治）与"视觉"（目治）的习惯解释"先陨而后石"以及"六鹢退飞"，而后发出

---

① 李学勤主编：《十三经注疏·春秋左氏传正义》卷6，北京大学出版社1999年版，第172页。

石与鸟且"犹尽其辞,而况于人"的感慨,这段文字将经文中的"五石六鸟"与"王道不亢"做了互文性演绎,其发掘微言大义的功夫,由此可见一斑。这就是刘勰所说的"春秋辨理,一字见义"①。

"五石六鹢"后用以比喻记述准确或为学缜密有序。

这道策问的大意是说:《穀梁传》是儒家经典之一,鲁国人穀梁赤在口耳相传的基础上将它写成书记录下来,刘向等受命于汉宣帝广为研习传播,因此在汉宣帝时期《穀梁传》之学大盛。但《穀梁传》解经有的贬决过深,有的想象、比拟缺乏根据。和一般人没有两样,怎么能称作齐侯之子?《穀梁传》传承之人、学说非常之多,以至于后来的人都不知道该如何着手学习。凡是尊者的耻辱、贤者的过失、亲者的疾病、不足,要尽量少说或不说,关于这一点应当举例说明。与"五石六鹢"成语相关,记述准确或为学缜密有序的方法,希望你们各抒己见、畅所欲言。对于《春秋》及其三传,各自的所长所短是什么?凡是你们所研习的,请为我一一辨明。

这道策问的第一层意思主要讲《穀梁传》的成书及在汉代的兴盛;第二层质疑经典,指出《穀梁传》解经存在的缺失,目的是要打破唐人"疏不破注"的儒学传统,力求依经立意,树立儒学新风。第一,贬绝过深,比拟、想象缺少依据;第二,认为《穀梁传》之学学说众多,异端颇甚,致使后学无所适从,难以研习。这道策问的第三层意思是说凡是尊者的耻辱、贤者的过失、亲者的疾病、不足,要尽量少说或者不说。第四层意思建议举子们应该好好研习"五石六鹢"成语及其含义,不要一味停留在成语的表面,要学会由表及里的创新思维,养成缜密、有序的治学方法。最后权德舆对考生提出了要求,要求考生们尽其所学对《春秋》及其三传进行评价,包括它们各自的特点、优劣都要一一进行列举。

唐人的经学讲究"章句训诂""疏不破注",导致了唐代经学弃经背义、不重经义的局面。面对中唐政治黑暗、经学衰微的现实,权德舆以《春秋》内容为策问试题,其目的是利用啖助、赵匡《春秋》学派的新风,依经立意,以学干政,劝诫当朝统治阶级要以史为鉴,提倡通

---

① 刘勰撰,王运熙、周锋译注:《文心雕龙·宗经》,上海古籍出版社2012年版,第13页。

变、创新的精神，从而树立中唐儒学新风。而中唐学术活动的一种新思潮新观念就算以《春秋》为名发表自己的政治见解，表达自己新的政治要求。权德舆利用自己特殊的身份，将这一观点引入科举考试当中，主张举子质疑经典，以学干政，树立儒学新风尚。他的策问试题要求士子站在更高的层次上去通达、明理、识义，在通经致用的基础上来分析、解决现实生活中存在的问题。

对于"以学干政"这种文学的补察时政作用，权德舆曾在《唐故银青光禄大夫守中书侍郎同平章事赠太傅常山文贞公崔公集序》中说："是惟无作，作则有补于时，以至于修事功、断国论，导致通理，照明易直。"① 这与白居易提出的"文章合为时而著，歌诗合为事而作"的观点没有两样，实际上，权德舆提出此观点显然要早于白居易。如果说孔子目睹王室衰微，要力挽狂澜，采取修《春秋》的方式，以褒贬为手段，明是非、辨善恶，从而使社会秩序恢复到"天下有道"的局面，那么，权德舆在这里阐释《春秋》"微言大义"及其义理，提倡大胆疑经、以学干政，是为了达到树立中唐儒学新风之目的。

第三节 对品行节操及道德修养的思考
——《论语》策问思想内容研究

《汉书·艺文志》曰："《论语》者，孔子应答弟子时人及弟子相与言而接闻于夫子之语也。当时弟子各有所记。夫子既卒，门人相与辑而论纂，故谓之《论语》。"② 即《论语》是孔子门人对孔子言行的记录，是先秦礼乐德治思想最集中的体现。表达了孔子对现实热切的关怀，它所昭示的儒家思想成为中国传统文化的基石。

《论语》集中反映了孔子的思想体系。自汉代被尊为经以来，受到历代统治者的推崇，成为言行是非的标准，甚至有"半部《论语》治天下"之赞誉。

孔子崇尚高尚的理想和道德节操，他的"志于道，据于德，依于仁"的人生最高追求与境界成为伦理形态、道德修养的典范。因此，蕴

---

① 霍旭东点校：《权德舆文集》，甘肃人民出版社 1999 年版，第 310 页。
② 班固撰，颜师古注：《汉书·艺文志》，中华书局 1962 年版，第 1717 页。

含儒学经义核心（忠孝仁义）的《论语》，在铸造中唐士人的道德、文化、心理的过程中，起到了巨大的作用。

一 对品行节操和君子风范的看重与推崇

在贞元十八年（802）进士策问五道第二问中，权德舆对道德节操问题进行了深沉的思考。比如：

> 问：《易》曰："君子夕惕若厉。"语曰："君子坦荡荡。"《礼》之言綱衣，则曰："恶其文之著也。"《儒行》则曰："多文以为富。"或全归以为孝，或杀身以成仁；或玉色以山立，或毁方以瓦合，皆若相戾，未能尽通。颜回"三月不违仁"，孟轲"四十不动心"，何者为优？下惠"三黜而不去"，子文"三已而无愠"，何者为愈？召忽死子纠，管仲相小白，棠君赴楚召，子胥为吴行人，何者为是？析疑体要，思有所闻。

这是一道对君子道德节操和品行修养进行探讨的策问。

"安史之乱"后，社会水平普遍下降。社会经济发展的不平衡，导致社会文化发展也不平衡，中央朝廷的文教礼法制度在中央权力能够达到的地方尚且能勉强维系与推行，但在各藩镇自专下的地区就不一而足了。这种情势下，士人形成了消极、回避现实的苟安心理。社会水平的下降反映在思想上就是士人道德节操的下降，儒学不兴，礼教不振，严重影响着君子的道德节操，甚至可以说，直接影响着中唐世风的建立。严国荣在《权德舆研究》中写道："经学的衰微、礼制的损坏、学风的浸污，是忠孝仁义不行、乱臣贼子蜂起、社会动乱的根源，应该从思想观念和制度建设上重树经学权威，并且应该从由经义之学代替文辞之学开始。"① 提高君子道德品行修养，已成为必然的局势。

"君子夕惕若厉"见《易经》乾卦，九三爻"君子终日乾乾，夕惕若厉，无咎"。② 意思是说品德高尚的人应该整日自强不息，夜晚小心谨慎就好像如临危境，不能松懈，这样就没有灾难了。

---

① 严国荣：《权德舆研究》，中国社会科学出版社2006年版，第32页。
② 李学勤主编：《十三经注疏·周易正义》卷1，北京大学出版社1999年版，第4页。

"君子坦荡荡"见《论语·述而》"君子坦荡荡,小人长戚戚"。君子心地平坦宽广,小人却经常局促忧愁。《荀子·子道篇》曰:"子路问于孔子曰:'君子亦有忧乎?'孔子曰:'君子,其未得也,则乐其意;即已得之,又乐其治。是以有终身之乐,无一日之忧。小人者,其未得也,则忧不得;即已得之,又恐失之。是以有终身之忧,无一日之乐也。'"①

"恶其文之著也"见《礼记·中庸》五十一:"《诗》曰'衣锦尚絅',恶其文之著也。故君子之道,暗然而日章;小人之道,的然而日亡。君子之道,淡而不厌,简而文,温而理,知远之近,知风之自,知微之显,可与入德矣。"郑玄注曰:"言君子深远难知,小人浅近易知。锦衣之美而君子以絅表之,为其文章露见,似小人也。"②君子之道,不能像仅有华丽的服饰那样务其名而虚其实,要踏踏实实从自身做起。

"多文以为富"见《礼记·儒行》四十一:"儒有不宝金玉,而忠信以为宝;不祈土地,立义以为土地;不祈多积,多文以为富;难得而易禄也,易禄而难畜也。"③君子不期望多积财富,而把忠心与多学得文化知识当作财富,这才是真正的君子风范。

"或全归以为孝,或杀身以成仁;或玉色以山立,或毁方以瓦合"。"杀身以成仁",《论语·卫灵公》载:"子曰:'志士仁人,无求生以害仁,有杀身以成仁。'"④孔子说志士仁人,不贪生怕死损害仁德,而是勇于牺牲来成全仁德。"或玉色以山立",见《礼记·玉藻》:"戎容暨暨,言容詻詻,色容厉肃,视容清明。立容辨卑,毋。头颈必中。山立,时行,盛气颠实扬休,玉色。"正义曰:"此一节明戎容之体。即果毅刚强,教令严明,体恤士兵,观时而行,军纪严肃振奋。山立者,如山之固,不动摇也。玉色者,军尚严肃,故色不变动,常使如玉

---

① 荀子著,张诗同注:《荀子·子道》,上海人民出版社1974年版,第327页。
② 李学勤主编:《十三经注疏·礼记正义·中庸》卷53,北京大学出版社1999年版,第1461页。
③ 李学勤主编:《十三经注疏·礼记正义·儒行》卷59,北京大学出版社1999年版,第1578页。
④ 杨伯峻译注:《论语译注》,中华书局1980年版,第163页。

也。"① 军纪严明如大山般稳固，军令严肃如玉色一样不动容，这就是儒家赞扬的君子之容。"或毁方以瓦合"，见《礼记·儒行》："儒有博学而不穷，笃行而不倦；幽居而不淫，上通而不困；礼之以和为贵，忠信之美，优游之法；举贤而容众，毁方而瓦合。其宽裕有如此者。"②"毁方而瓦合"者，方，谓物之方正有圭角锋芒也。瓦合，谓瓦器破而相合也。言儒者身虽方正，毁曲己之方正，下同凡众。

"颜回'三月不违仁'"，见《论语·雍也》："子曰：'回也，其心三月不违仁。其余则日月至焉而已矣。'"③ 孔子感叹颜回的心长久地不离开仁德，而别的学生，只是短时期偶尔想起一下罢了。《史记·仲尼弟子列传》："颜回者，鲁人也，字子渊。少孔子三十岁。颜渊问仁，孔子曰：'贤哉回也！一箪食，一瓢饮，在陋巷，人不堪其忧，回也不改其乐。回也如愚，退而省其私，亦足以发，回也不愚。用之则行，舍之则藏，唯我与尔有是夫！'"④《史记集解》引孔安国曰："颜回乐道，虽箪食在陋巷，不改其所乐也。"说明颜回坚持道义、仁德之心坚不可摧。

"孟轲'四十不动心'"，见《孟子·公孙丑上》："公孙丑问曰：'夫子加齐之卿相，得行道焉，虽由此霸王，不异矣。如此，则动心否乎？'孟子曰：'否！我四十不动心。'曰：'若是，则夫子过孟贲远矣。'曰：'是不难，告子先我不动心。'"⑤"四十"即四十岁，"不动心"即无所畏惧的意思，也有无疑惑之意。

"下惠'三黜而不去'"，见《论语·微子》篇："柳下惠为士师，三黜。人曰：'子未可以去乎？'曰：'直道而事人，焉往而不三黜？枉道而事人，何必去父母之邦？'"⑥ 柳下惠在鲁国为法官时，被撤职了多次但仍然不离开祖国，并且始终坚持正直地工作，表明其气度的豁达

---

① 李学勤主编：《十三经注疏·礼记正义·玉藻》卷30，北京大学出版社1999年版，第926—927页。
② 李学勤主编：《十三经注疏·礼记正义·儒行》卷59，北京大学出版社1999年版，第1585页。
③ 杨伯峻译注：《论语译注·雍也》，中华书局1980年版，第57页。
④ 司马迁撰：《史记·仲尼弟子列传》，中华书局1982年版，第2187页。
⑤ 李学勤主编：《十三经注疏·孟子注疏·公孙丑上》卷3上，北京大学出版社1999年版，第73页。
⑥ 杨伯峻译注：《论语译注·微子》，中华书局1980年版，第192页。

与大度。

"子文'三已而无愠'",见《论语·公冶长》:"令尹子文三仕为令尹,无喜色;三已之,无愠色。旧令尹之政,必以告新令尹。何如?子曰:'忠矣。'曰:'仁矣乎?'曰:'未知;焉得仁?'"① 楚国令尹子文多次做令尹的官没有喜形于色,多次被罢免也没有怨恨的颜色。讲君子的修养、处世的态度,得意时不狂妄,失意时不气馁,为人处世要达到"不以物喜,不以己悲"的崇高境界。

"召忽死子纠,管仲相小白。"召忽和管仲都是春秋时齐国公子纠的谋士,齐襄公十二年(686)齐国内乱,公子小白(齐桓公)与公子纠争夺王位,小白即位后不计前嫌启用管仲为谋士,从而成就了千秋大业。而召忽却因公子纠被杀而自杀身亡。召忽虽然为主人尽忠了,但死得毫无意义。

"棠君赴楚召,子胥为吴行人。"《史记·伍子胥列传》载:"及吴兵入郢,伍子胥求昭王。既不得,乃掘楚平王墓,出其尸,鞭之三百,然后已。"②《左传·昭公二十年》记载:"费无忌言于楚子曰:'建与伍奢将以方城之外叛,自以为犹宋、郑也,齐、晋又交辅之,将以害楚,其事集矣。'王信之,问伍奢。伍奢对曰:'君一过多矣,何信于谗?'王执伍奢,使城父司马奋扬杀太子。……棠君尚谓其弟员曰:'尔适吴,我将归死。吾知不逮,我能死,尔能报。武尚归。……楚人皆杀之。'"③ 棠君伍尚与伍子胥皆为楚平王太傅伍奢之子。时大夫费无忌诬陷太子建与伍奢叛乱,楚平王遂囚禁奢为人质,诱其二子。又假封伍尚为洪都侯、子胥为盖侯诱其与父相见。子胥知道有诈,但伍尚廉慈仁孝,不听劝阻,赴楚都,后与父同为楚王所杀。子胥奔吴,成为吴国宰相。后子胥大破楚国郢都,挖坟鞭平王尸为父兄报仇。

有的人把身躯保全到最后作为孝顺;有的人献出生命去成全仁义;有的人行为举止庄重,遇事稳重从容不迫;有的人毁去棱角,放弃原则去迎合世俗之人。这些看起来好像是相互矛盾无法完全讲通的举动,闪

---

① 杨伯峻译注:《论语译注·公冶长》,中华书局1980年版,第49页。
② 司马迁撰:《史记·伍子胥列传》,中华书局1982年版,第2176页。
③ 李学勤主编:《十三经注疏·春秋左传正义》卷49,北京大学出版社1999年版,第1388页。

烁着自强不息、尚德、重义、成仁的高尚节操。以孔子为代表的儒家思想，在历代统治者总结历史经验、调整封建关系时起着重要的指导作用。

这道策问的大意是说：《易》经曰："君子整日自强不息，夜晚小心谨慎如临危境。"《论语》曰："君子心地平坦宽广。"《礼记》中所说的穿漂亮衣服要外加粗麻单衣，就是说"厌恶衣服的色彩太耀眼"。《礼记·儒行》则说："多学的文化才艺当做是财富。"有的人把身躯保全到最后作为孝顺；有的人献出生命去成全仁义；有的人行为举止庄重，稳重如山，遇事容色保持娴雅而不变；有的人毁去棱角，放弃原则去迎合世俗之人。这些看起来好像都是相互矛盾无法完全讲通的举动。颜回长久地不违背仁德，孟轲四十岁不动心，二者谁更优秀呢？春秋时鲁国的柳下惠多次被降官都不离开；楚国的子文多次被免职却不感到愤怒，二者何者更胜？春秋时齐国的召忽为公子纠自杀，管仲却成了公子小白的国相，棠君伍尚听从楚平王的宣召，他的弟弟伍子胥却做了吴国的行人官，他们哪一个做得正确呢？分析疑问，体味要点，急切地想听听你们的观点。①

这道策问的第一层意思，讲的是真正的君子终日勤勉自强不息，不以奢华的生活和华丽的外表为人生的追求，他们注重的是博学多才和内在的修养。

策问的第二层意思主要是讲儒家的"忠、孝、仁、义"，这也是孔子《论语》的核心与要义，是君子品行节操的内涵。《论语·雍也》篇说："夫仁者，己欲立而立人，己欲达而达人。能近取譬，可谓仁之方也已。"② 这里不仅说明了"仁"的内涵中忠的一面，还说明了行仁的方法在于就近从自身体察，然后推及于人。颜回、孟轲、柳下惠、子文、召忽、管仲、棠君、子胥，他们都是古代的先贤，权德舆的用意不在于此，还要让举子对上述先贤们的不同做法进行辨析。

权德舆对君子品行节操、道德修养的探讨在"策问明经八道"中亦有鲜明的反映。

---

① 详情请参见杨寄林等编《中华状元卷·大唐状元卷》，山西教育出版社2001年版，第399页。

② 杨伯峻译注：《论语译注·雍也》，中华书局1980年版，第65页。

《论语》问①

问：子曰："君子无终日之间违仁。"又曰："仁远乎哉！"则子文之忠，文子之清，由也之果，求也之艺，皆曰"不知其仁"，岂尽非君子耶？胡为乎登夫子之门而称齐楚之贤大夫也？其愚如愚，宁武子与颜生孰愈？三思三省，季文子与曾子孰优？虞仲隐居以放言，下惠辱身以降志，颇殊趣捨，皆曰逸贤。探索精微，当有师说。

这道策问权德舆对君子的道德修养、品质节操进行了进一步的探讨。

"君子无终日之间违仁"见《论语·里仁》篇："君子无终日之间违仁，造次必于是，颠沛必于是。"这句话的意思是说君子在吃一顿饭的时间都不会违背仁德，即使是在最紧迫的时刻也必须按仁德去做，即使是在流离困顿的时候也必须按仁德去做。

"仁远乎哉"语出《论语·述而篇》："仁远乎哉？我欲仁，斯仁至矣。"仁难道离我们很远吗？只要我想达到仁的境界，仁就会来。仁是人天生的本性，因此为仁就必须依靠自身的努力，不仅靠道德的自觉，还要坚持不懈的努力，就有可能达到仁。这里，孔子所强调的人在道德修养方面的主观能动性，对于礼教不举的中唐社会有重要意义。

"子文"，又称斗子文、斗谷於菟，春秋时代楚国令尹，是楚国历史上治国安邦之雄才，有文韬武略之奇谋，而且为官廉洁，处事公平，不徇私情，族中有人犯法，即责有司依法处理。其母为鄀国国君之女，子文出生后被弃于云梦草泽中，传说由虎喂乳，后由鄀君收养。对楚国的强大和北上争霸，做出了杰出的贡献。在这二十八年中多次被罢免又被任命。

子张问曰："令尹子文三仕为令尹，无喜色。三已之，无愠色。旧令尹之政，必以告新令尹。何如？"子曰："忠矣！"曰："仁矣乎？"子曰："未知。焉得仁？"（《论语·公冶长》）

---

① 文中所引《论语》言论，皆出自李学勤主编《十三经注疏·论语注疏》，北京大学出版社1999年版。

"文子",字计然,是老子的弟子,著有《文子》一书。《汉书·艺文志》记载:"文子九篇。注:老子弟子,与孔子并时,而称周平王问,似依托者也。"[①]《文子》主要解说老子之言,阐发老子思想,继承和发扬道家"道"的学说。"老子曰:……神者智之渊也,神清则智明,智者心之府也,智公则心平,人莫鉴于流潦而鉴于澄水,以其清且静也,故神清意平乃能形物之情,故用之者必假于不用也。夫鉴明者则尘垢不污也,神清者嗜欲不误也,故心有所至,则神慨然在之,反之于虚,则消躁藏息矣,此圣人之游。故治天下者,必达性命之情而后可。他还也。"(文子《通玄经·九守第三》)

"由也之果,求也之艺",仲由、冉求,孔门十哲政事科的大贤者。仲由,字子路,孔门四科十哲(政事科)之一。因他曾为季氏的家臣,又被称作季路,春秋末期鲁国人。仲由出身微贱,家境贫寒。他生性豪爽,为人耿直,有勇力才艺,好勇力,事亲至孝,能虚心接受不同意见。孔子对他评价很高,说他有才能,千辆兵车的诸侯国,可以让他掌理军政大事。仲由做过鲁国的季氏宰;做过卫国大夫孔悝的邑宰。

冉求,字子有,亦称冉有。孔门四科十哲(政事科)之一。春秋末年鲁国人。孔门七十二贤之一,是孔子的得意门生。子有多才多艺,性谦逊,长于政事,尤其善于理财,曾任季氏宰。深受孔子称赞,孔子称赞其才可于千户大邑,百乘兵马之家,胜任总管职务。孔子晚年归隐鲁国,受到子有很多的照顾。

宰予,字子我,鲁国人,口才极好。孔丘貌似不喜欢这位巧舌如簧的门生,每拿话来训他。因为白天打瞌睡,被孔子骂作"朽木不可雕,粪土之墙不可圬"。但宰予能言善辩,天赋极高,被孔子许为其"言语"科的高才生,排名在子贡前面。曾从孔子周游列国,游历期间常受孔子派遣,使于齐国、楚国,后宰予在齐国混了个临淄大夫的官,孔子耻之。

宰予思想活跃,好学深思,善于提问,是孔门弟子中唯一敢正面对孔子学说提出异议的人。他指出孔子的"三年之丧"的制度不可取,说:"三年之丧,期已久矣。君子三年不为礼,礼必坏;三年不为乐,

---

[①] 班固撰,颜师古注:《汉书·艺文志》,中华书局 1962 年版,第 1729 页。

乐必崩",因此认为可改为"一年之丧",被孔子批评为"不仁"(见《论语·阳货》)向孔子提出了一个两难的问题,他假设这么一种情况:如果告诉一个仁者,另一个仁者掉进井里了,他应该跳下去救还是不应该跳下去救?因为如跳下去则也是死,如不跳下去就是见死不救。孔子认为宰予提的问题不好,说:"何为其然也?君子可逝也,不可陷;可欺也,不可罔也。"(《论语·雍也》)认为宰予这是在愚弄人。宰予昼寝,被孔子骂作"朽木"和"粪土之墙"。孔子认为宰予言行不一,说自己"以言取人,失之宰予",并且从宰予那里改变了自己以往的不足,说:"始吾于人也,听其言而信其行;今吾于人也,听其言而观其行。于予与改是。"(《论语·公冶长》)

"宁武子",宁武子是春秋时期卫国的大夫,名俞,武是他的谥号。他生长在一个礼崩乐坏的时代,卫懿公好鹤误国,北狄攻占了卫国的朝歌城,宁武子及家人随逃难的人群一路东奔。后来卫文公在齐桓公的帮助下复国,宁武子遂开始出仕,并得到了卫文公重用。其后,宁武子经历卫文公和卫成公两朝,成为春秋时期有名的贤大夫。孔子评价宁武子说:"宁武子,邦有道则智,邦无道则愚。其智可及也,其愚不可及也。"(《论语·公冶长》)宁武子这人,国家太平时,就聪明,国家混乱时,就装作愚笨。他的聪明可以赶得上,他的愚笨别人赶不上。

"颜生"即颜回,是"孔门四科"中德行科的代表人物。颜回以德行修养而著称,深得孔子赞赏。"季文子"季文子从公元前601年至前568年共在季文子鲁国执国政33年,辅佐鲁宣公、鲁成公、鲁襄公三代君主。为稳定鲁国政局,曾驱逐公孙归父出境。他执掌着鲁国朝政和财富,大权在握,一心安社稷,忠贞守节,克勤于邦,克俭于家。《史记·鲁世家》载,季文子当政时,"家无衣帛之妾,厩无食粟之马,府无金玉"。

"三思三省"见《论语·学而》,曾子曰:"吾日三省吾身——为人谋而不忠乎?与朋友交而不信乎?传不习乎?""曾子"名参,字子舆,春秋末年鲁国人。是中国著名的思想家,孔子早期弟子之一,与其父曾点同师孔子,是儒家学派的重要代表人物。坚持以孝恕忠信为核心的儒家思想,主张修齐治平的政治观和内省、慎独的修养观、以孝为本的孝道观。曾子参与编制了《论语》,著写了《大学》《孝经》《曾子十篇》

等作品。

孔子曾说:"吾与回言,终日不违,如愚。退而省其私,亦足以发,回也不愚。"颜回轻易不会发表自己的看法,也不反对孔子的意见,看起来似乎很愚笨,殊不知,这正是颜回虚心受教的优点。

"虞仲",周太王次子、吴太伯之弟,名仲雍,是商末所建吴国的第二任君主。《史记·周本纪》载:"古公有长子曰太伯,次曰虞仲。太姜生少子季历,季历娶太任,皆贤妇人,生昌,有圣瑞。古公曰:'我世当有兴者,其在昌乎?'长子太伯、虞仲知古公欲立季历以传昌,乃二人亡如荆蛮,文身断发,以让季历。"知道古公有意传位于贤明的小儿子季历之子姬昌,同样敦厚、贤达的长子大伯、次子仲雍两人为了让位,逃亡到荆蛮,依照当地风俗文身、短发,表示不再继承王位,从而使季历顺利继位,后传位于昌(姬昌,即文王)。《左传·哀公七年》:"大伯端委以治周礼,仲雍嗣之,断发文身,赢以为饰,岂礼也哉?"

"下惠辱身以降志",下惠即柳下惠。柳下惠生性耿直,不事逢迎,接连三次受到黜免,很不得志。一百多年后的孔子在谈到这事时还十分气愤,说"臧文仲其窃位者与?知柳下惠之贤而不与立也!"(《论语·卫灵公》)柳下惠虽然屡受打击排挤,仕途蹭蹬,但是他的道德学问却名满天下,各国诸侯都争着以高官厚禄礼聘他,但都被他一一拒绝。见《论语·微子》:"直道而事人,焉往而不三黜?枉道而事人,何必去父母之邦?"柳下惠说,自己在鲁国之所以屡被黜免,是因为坚持了做人的原则。如果一直坚持下去,到了哪里也难免遭遇被黜免的结果;如果放弃做人的原则,在鲁也可以得到高官厚禄。那又何必离开生我养我的故乡呢?《论语·微子》:"柳下惠、少连,降志辱身矣。"指降低自己的意志,屈辱自己的身份。这里主要指与世俗同流合污。"颇殊趣捨",取舍不同。

这道策问的大意是说:孔子说:真正的君子在吃一顿饭那么短的时间都不会违背仁德。又说,仁德真的离我们很遥远啊!那么春秋时代楚国令尹子文的为官廉洁、处事公平、不徇私情;文子的品行刚直、酷爱山水、才冠当世;子路的刚直豪爽、有勇有谋、事亲至孝,子有的多才多艺、性格谦逊、长于政事。他们两个在品行道德修养方面都有很高的造诣，但都说还不知道怎么做才能达到"仁"的境界，难道他们都非真正的正人君子吗？为什么宰予是孔门弟子却做了齐国、楚国的贤大夫？说到愚笨，宁武子在国家太平时的聪明，国家混乱时就装作愚笨。颜回轻易不会发表自己的看法，也不反对孔子的意见，看起来似乎很愚笨。比较来说，这两人谁更愚笨？曾子善于审视自身，进行自我批评，季文子的忠贞守节，克勤于邦、克俭于家，他们比起来哪一个更优秀？虞仲为了让位给弟弟季历，不惜刺文身剪头发而游离于荆蛮之地；柳下惠，生性耿直，不事逢迎，接连三次受到黜免，降低自己的意志，屈辱自己的身份。他们的做法虽然取舍不同，但都被认为是历史上有名的隐遁不仕的贤才。你们有很精到的研究，应该陈述你们的见解。

经过八年的艰苦挣扎，唐王朝虽勉强保住了社稷，可是肃宗的软弱、代宗的平庸、德宗的猜忌，既无力挽狂澜的魄力，亦无整治朝纲的才能，于是现实留给人们的只是失望、迷茫和对社会人生的冷漠。文人士子们陷入了空虚而失望的现实里，他们厌倦官场生活、渴望归隐故园又不忍心丢掉爵禄，他们的内心充满了矛盾与彷徨。与此同时，所谓的君子品行节操以及儒家的"忠、孝、仁、义"都失去了往日的色彩。作为朝廷重臣的权德舆不无例外地陷入"仕"与"隐"的矛盾中，入世与出世的思想斗争一直纠缠在他的心灵深处，他既热衷于与达官贵人的亲密交往，又乐于与山僧道人们促膝谈心，思想斗争的矛盾和对官场应酬的厌倦使他本人对儒家所谓的"忠、孝、仁、义"节操修养也较以往疏忽了许多。但他毕竟是封建统治的代表，使唐王朝重振国威、重现往日的辉煌，是他义不容辞的职责。因此，于苦闷失落中醒来，他第一件要做的事就是替唐王朝整治朝纲，培养君子风范，提高世人的道德品质修养。于是，以"忠、孝、仁、义、礼"为要义的儒学经典《论语》就很自然地吸引了权德舆的目光，让文人举子对这些儒家核心概念进行清晰的分辨，这也是他出《论语》策问的目的所在。

二 对孔门"四科"及其弟子品行的探讨

贞元十八年（802）明经诸经策问七道《论语》第七问：

> 问：孔门达者，列在四科。颜子不幸，伯牛恶疾，命之所赋，

诚不可问。至若攻冉求疑鸣鼓,比宰我于朽木,言语政事,何补于斯?七年可以即戎,百年可以去杀,固弛张之有异,曷迟速之相悬?为仁由己,无信不立。拜阳货则时其亡也,辞孺悲则歌使闻之。圣人之心,固当有为。鄙则不达,子其辨数。

这道策问从孔门"四科",即德行、言语、政事、文学起首,列举了道德修养的代表颜回、伯牛,言语的代表宰我,政事的代表冉有、季路等,从而对孔门四科弟子品行修养进行了探讨。

"颜子不幸,伯牛恶疾",颜回是德行的代表,也是孔子所喜爱的最聪慧、最有修养的一个弟子,他追求仁德,安贫乐道,悟性很高,深得孔子之传,从不违孔子之教,甚至从不表示不同意见,以致孔子怀疑他有些愚笨。《论语·先进》篇载:"季康子问:'弟子孰为好学?'孔子对曰:'有颜回者好学,不幸短命死矣,今也则亡。'"《论语·雍也》篇载:"哀公问:'弟子孰为好学?'孔子对曰:'有颜回者好学,不迁怒,不贰过。不幸短命死矣,今也则亡,未闻好学者也。'"依《史记·仲尼弟子列传》,颜回少孔子三十岁,则死时年仅四十一岁。对于修养很好弟子的离世,孔子既惋惜又伤心。孔子对颜渊之死的伤心和惋惜在《论语》中多有体现,《论语·先进》篇载:"颜渊死。子曰:'天丧予!天丧予!'颜渊死,子哭之恸。从者曰:'子恸矣!'曰:'有恸乎?非夫人之为恸而谁为?'"伯牛也是孔子认为有贤德的弟子。《史记·仲尼弟子列传》:"冄耕字伯牛。孔子以为有德行。伯牛有恶疾,孔子往问之,自牖执其手,曰:'命也夫!斯人也而有斯疾,命也夫!'"① 孔子"罕言命",但对颜渊、伯牛的态度上,可以看出,孔子还是信天命的。杨伯峻先生在《论语译注》中说:"孔子不是宿命论者,但也讲天命。"② 遗憾的是颜渊早亡,伯牛染疾。权德舆对他们二人的遭遇认为"命之所赋,诚不可问"。这里,权德舆的思想中明显表现出宿命论的观点。这与他"不信天命"的思想有些矛盾,但也很好地说明了权德舆思想儒、释、道并存的复杂性。罗宗强先生在《隋唐五代文学思想史》中说:"李华晚年好佛……权德舆也是兼信佛道的。这

---

① 司马迁撰:《史记·仲尼弟子列传》,中华书局1982年版,第2189页。
② 杨伯峻译注:《论语译注》,中华书局2008年版,第13页注释④。

些理论家受到佛老思想的影响,是无可辩驳的事实。"① 说明权德舆思想既有唯物观又存在释老观。

"至若攻冉求疑鸣鼓,比宰我于朽木。"冉有被"鸣鼓而击之",实际上是因为道德败坏被逐出师门。《史记·仲尼弟子列传》:"冄求字子有,少孔子二十九岁。为季氏宰。季康子问孔子曰:'冄求仁乎?'曰:'千室之邑,百乘之家,求也可使治其赋。仁则吾不知也。'"②《论语·先进》:"季氏富于周公,而求也为之聚敛而附益之。子曰:'非吾徒也。小子鸣鼓而攻之,可也。'"季氏很富有了,但冉求却还替他搜刮更多的财富。孔子很生气,就令弟子们大张旗鼓地来攻击他。宰予是语言上的巨人、行动上的矮子,十分怠惰,忽视道德修养,白天睡大觉,使孔子很寒心,因而慨叹"朽木不可雕也,粪土之墙不可圬也"。《史记·仲尼弟子列传》:"宰予字子我。利口辩辞。即受业,问:'三年之丧不已久乎?君子三年不为礼,礼必坏;三年不为乐,乐必崩。旧谷既没,新谷既升,钻燧改火,期可已矣。'子曰:'与汝安乎?'曰:'安。''汝安则为之。君子居丧,食旨不甘,闻乐不乐,故弗为也。'宰我出,子曰:'予之不仁也!子生三年然后免于父母之怀。夫三年之丧,天下之通义也。'宰予昼寝。子曰:'朽木不可雕也,粪土之墙不可圬也。'宰我问五帝之德,子曰:'予非其人也。'宰我为临菑大夫,与田常作乱,以夷其族,孔子耻之。"③ 孔子认为宰我无仁无德,他的品德和修养远远不足以明五帝之德。

"七年可以即戎,百年可以去杀,固弛张之有异,曷迟速之相悬?"见《论语·子路》:"善人教民七年,亦可以即戎矣。善人为邦百年,亦可以胜残去杀矣。"是说善人教导训练人民七年,也能够让他们作战了;善人治理国家达百年之久,就可以克服残暴、远离杀戮了。孔子是想通过"七年即戎,百年去杀"的事例说明"善人"治国治民的功绩,但实际上,治国和教民所需的时间相差悬殊。

"为仁由己,无信不立",见《论语·颜渊》:"颜渊问仁。子曰:'克己复礼为仁。一日克己复礼,天下归仁焉。为仁由己,而由人乎哉?

---

① 罗宗强:《隋唐五代文学思想史》,中华书局1999年版,第199页。
② 司马迁撰:《史记·仲尼弟子列传》,中华书局1982年版,第2190页。
③ 同上书,第2195页。

非礼勿视，非礼勿听，非礼勿言，非礼勿动。'子贡问政。子曰：'足食，足兵，民信之矣。'子贡曰：'必不得已而去，于斯三者何先？……必不得已而去，于斯二者何先？曰：'去兵……去食。'自古皆有死，民无信不立。"颜渊问仁，孔子认为，抑制自己，凡事都合乎礼，就是仁。即通过自己的道德修养自觉地遵守礼的规范就是仁。实践仁德，得靠自己，不能靠别人。要想天下人都称赞你的仁德，就必须做到：不看不合理的事，不听不合理的话，不说不合理的话，不做不合理的事。即要用"礼"治国。对于子贡问如何去治理政事，孔子也有他的看法，他认为，国家要有足够的粮食、充足的军备，百姓才能对政府有信心；在万不得已的情况下，在粮食、军备和人民的信心三者中要去掉一项，也只能先去军备；在粮食和人民信心中要去掉一项，也只能去掉粮食。孔子在这里通过对颜渊、子贡的问答，强调仁德和礼的重要性。"仁""礼"是孔子思想的核心内容，贯穿《论语》始终。

"拜阳货则时其亡也，辞孺悲则歌使闻之。""拜阳货则时其亡也"见《论语·阳货》："阳货欲见孔子，孔子不见，归孔子豚，孔子时其亡也而往拜之。"孔子说过"道不同，不相与谋"，孔子不见阳货，是因为阳货与自己思想观点不同。"辞孺悲则歌使闻之"见《论语·阳货》："孺悲欲见孔子，孔子辞以疾。将命者出户，取瑟而歌，使之闻之。"孺悲，鲁国人，孺悲欲拜见孔子，孔子托言有病，拒绝接待。传命的人刚一出门，孔子便取瑟而歌，故意让孺悲听到。孔子为什么又不见孺悲，《孟子·告子下》曰："教亦多术矣，予不屑之教诲也者，是亦教诲之而已矣。"① 那么孔子故意不接见孺悲，并且使他知道，是否也是这个道理呢？《论语集释》引《仪礼·士相见礼》疏："孺悲欲见孔子，不由介绍，故孔子辞以疾。"同书引《潘氏集笺》："古人始见必因介绍，悲为弟子，疑亦无待介绍者。孔子之辞以疾，或别有故欤？若谓其始见，则悲奉君命来学，夫子当亦不得责其无介绍者，疑贾疏因此节有将命者云云，望文生义，实非定解。盖其所以见拒于孔子之故，与《史记·弟子传》之不列其名，皆不可考也。"同书载《四书典故辩证》："此孺悲未学礼时事也。既学礼，则为弟子，弟子见师，何用介

---

① 李学勤主编：《十三经注疏·孟子注疏·告子下》卷12下，北京大学出版社1999年版，第348页。

绍？其在未学礼时可知。"《论语集解》曰："孺悲，鲁人也。孔子不见，故辞以疾。为其将命者不知已，故歌令将命者悟，所以令孺悲思也。"同书载《刘氏正义》："此欲见是始来见，尚未受学时也。《仪礼·士相见礼》疏谓孺悲不由介绍，故孔子辞以疾。此义当出郑注。《御览》四百二引《韩诗外传》云：'子路曰："闻之于夫子，士不中间而见，女无媒而嫁者，非君子之行也。"'"① 由《论语集释》可知孔子不见阳货的原因众说纷纭，无有定论，但总之都与礼有关。《礼记·杂记下》云："恤由之丧，哀公使孺悲之孔子学士丧礼，士丧礼于是乎书。"② 因为恤由的丧事，鲁哀公派孺悲到孔子那里学习有关士的丧礼，士丧礼于是得以记载下来。孔子不见阳货、不见孺悲，反映了孔子思想中是非分明的道德价值观。

这道策问的大意是说：孔门弟子中，学问好的都列在德行、言语、政事、文学四科。可惜的是颜回早亡，伯牛染上了恶疾，这都是命中注定的，确实没有必要追究。至于孔子让弟子大张旗鼓地攻击冉有，将宰予比作朽木，言语政事的修养怎么能够弥补他们的这些过错啊？善人教导训练人民七年，也能够让他们作战了；善人治理国家达百年之久，就可以克服残暴、远离杀戮了。一张一弛之间本来就有差异，为什么快慢之间的悬殊是如此之大？注重仁德，靠的是自己，没有诚信，就什么都干不好。孔子在阳货不在家时才去拜见，辞绝不见孺悲却故意让他听见自己的歌声。孔圣人的心，本应当有所用意。我学识浅陋不能理解，你们来辩论辩论吧。

权德舆在这里引用孔子及其弟子在品行道德修养方面的差异，强调礼、仁等修养的重要性，目的是想告诉人们一定要有好的道德品行和修养，否则就会遭人唾弃。事实上，在权德舆的为人为政中，"仁"是占很大成分的，他也一直主张"仁"。在《答问三篇》中，认为所谓"君子"者，是"乐为仁由己，而推道于天下者"。他主张"大德、大仁"，像张禹、胡广那样"以假道儒术，得申其邪心"就是"务小忠而立细

---

① 程树德撰：《论语集释》，中华书局1997年版，第1230页。
② 李学勤主编：《十三经注疏·礼记正义·杂记》卷43，北京大学出版社1999年版，第1222页。

行"似仁实奸（《两汉辨亡论》）。①

三 对孔门弟子"仁""礼"品质的探讨

贞元二十一年（805）明经策问七道《论语》问中，权德舆专门就孔门弟子修养中的"仁""礼"品质进行了评价探讨：

> 明经策问七道《论语》
> 问：夫子以天纵之圣，畏匡厄陈。行合神明，固久于丘祷；将行理道，奚矢于天厌？对社栗之问，宰我强通；叹山梁之时，仲由未达。季氏旅岱，冉求莫救；皆见称于达者，或才比于具臣。尝肆善言，顾多滞义。末卷载游、夏之事，终篇纪舜、禹之词。颇疑不伦，可以敷畅。

"权德舆认为，世风关乎天下治乱，而天下治乱，缘于士人是否公道正直。"②他在《答客问》中说："时风之理乱，在士行之厚薄。"他在《送台州崔录事二十三丈赴官序》中亦有注重"仁、礼"品行修养的观点，他称赞崔稚璋"修诚以慎独，居易以养正"。权德舆主张谨肃士风，自己也身体力行，每每以孔子的"仁"的思想来约束自己，能以身作则，言行一致，始终表里如一。这道策问就是他对孔门弟子"仁""礼"修养的评价与探讨。

"天纵之圣"指的是孔子。见《论语·子罕》："太宰问于子贡曰：'夫子圣者与？何其多能也？'子贡曰：'固天纵之将圣，又多能也。'子闻之，曰：'太宰知我乎？吾少也贱，故多能鄙事。君子多乎哉？不多也。'"

"畏匡厄陈"见《汉书·儒林传》："陵夷二百余年而孔子兴，衷圣德遭季世，知言之不用而道不行，乃叹曰：'凤鸟不至，河不出图，吾已矣夫！''文王既没，文不在兹乎？'于是应聘诸侯，以答礼行谊。西入周，南至楚，畏匡厄陈，奸七十余君。适齐闻《韶》，三月不知肉

---

① 权德舆著，霍旭东点校：《权德舆文集》卷20，甘肃人民出版社1999年版，第270、281页。
② 严国荣：《权德舆研究》，中国社会科学出版社2006年版，第84页。

味；自卫反鲁，然后乐正，《雅》《颂》各得其所。"说的是孔子为了推行自己的政治理想周游列国，向西入周，向南到楚，受惊于匡，断粮于陈，干谒七十多个国君的事迹。

"行合神明"指平时行为不违神灵，坦荡光明。

"久于丘祷"见《论语·述而》："子疾病，子路请祷。子曰：'有诸？'子路对曰：'有之。《诔》曰："祷尔于上下神祇。"'子曰：'丘之祷久矣。'"孔子染病，子路为之祈于神明。孔子自己说很久以来就在祈祷了。孔子曾经说过："死生有命，富贵在天。"他一贯不信鬼神，他对生死问题很坦荡，他也不会用祈祷的方式来延长自己的生命。这里的"祷"应该是敬鬼神的意思，是孔子为了表达自己对天地祖先的敬意，使自己更加谨慎小心地做事，而不是求鬼神保佑、偏袒自己。

孔子向来"敬鬼神而远之"，所以孔子说："祭如在，祭神如神在。"在孔子看来，祭鬼神，实际上是对自己虔诚之心的考验，是对自己人格、人品的检验。如果能够按照天道、地道、人道去思考、做事，就能无愧于心，就是对天地鬼神的最大敬意！这也正是"君子坦荡荡，小人长戚戚"所揭示的道理。孔子日常的言行举止无不达乎仁义，合于神明，故曰"丘之祷久矣"也。孔子既重视"仁"，又重视"礼"，但在仁与礼之间，孔子更看重的还是"仁"。"'礼'的思想是孔子对春秋贵族社会思想的继承，而'仁'则反映着春秋末期社会的变化，体现着古代的人本主义精神，这是孔子思想的本质。"① "将行理道"指道理，理法。

"矢于天厌"，见《论语·雍也》："子见南子，子路不说。夫子矢之曰：'予所否者，无厌之！天厌之！'"南子，卫灵公的夫人，当时掌握着卫国政权，行为放荡不检点。孔子去见南子，子路很不高兴，心想学养深厚、节操高尚的孔夫子怎么会去见这么一个人。孔子见南子是为了游说自己的政治主张，怕引起子路误会，孔子发誓说："如果我做什么不正当的事，让上天谴责我吧！让上天谴责我吧！"孔子在这里发誓赌咒，一再申明自己的品德节操。孔子对品行节操的看重和权德舆的思想是相契合的。在《答问三篇》中，权德舆也一再申明自己对孔子

---

① 唐晓敏：《中唐文学思想研究》，北京师范大学出版社2000年版，第52页。

"仁"的思想的看重与推崇。认为所谓的君子者，是"乐为仁由己，而推其道于天下者"。君子出处之道，在"行道"而非"趋道"，主张"坦夷中正，则道在己"。

"社栗之问"见《论语·八佾》："哀公问社于宰我。宰我对曰：'夏后氏以松，殷人以柏，周人以栗。'曰：'使民战栗。'子闻之曰：'成事不说，遂事不谏，既往不咎。'"古时立国都要建立祭土神的庙，选用宜于当地生长的树木做土地神的牌位。宰我回答鲁哀公说，周朝用栗木做社主是为了"使民战栗"，孔子就不高兴了，因为宰我在这里讥讽了周天子，所以就说了这一段话。

"宰我强通"，宰予，字宰我，孔门七十二贤人之一。《史记》称其"利口辩词"。宰予伶牙俐齿，以善辩著称。他还有一个最大的特点是好学深思，擅长论辩，敢于质疑、敢于提问。孔子虽然经常批评宰予，但批评过后又谆谆告诫，喜爱如常。一次，宰予问老师一个关于仁的问题：宰我问曰："仁者虽告之曰井有仁焉，其从之也？"子曰："何为其然也？君子可逝也，不可陷也；可欺也，不可罔也。"他问孔子，一个有仁德的人，假如有人告诉他有个有仁德的人掉井里了，他应不应该跳到井里去。孔子告诉他，一个君子，只能被引诱，但不可能被陷害，只能被欺骗，但不可能被愚弄。孔子说应该救人，但只要在井边寻找救人之法就可以了！这和孔子倡导的"见义不为非君子"的观点截然相反。孔子的回答也不算那么明晰。事实上，宰我的问题是比较尖锐的，牵扯到"真仁"和"假仁"的概念。权德舆在这里探究"仁"的本质，意在要考生们针对中唐存在的疏于礼仪，缺少真正"仁德"的问题发表意见和看法。

仲由见《史记·仲尼弟子列传》："仲由字子路，卞人也。少孔子九岁。子路性鄙，好勇力，志伉直，冠雄鸡，佩豭豚，陵暴孔子。孔子设礼稍诱子路，子路后儒服委质，因门人请为弟子。"司马贞《索隐》："服虔注左氏云：'古者始仕，必先书其名于策，委死之质于君，然后为臣，示必死节于其君也。'"① 仲由好勇，几近有勇无谋；冉有给叛臣季氏做宰相，也是没有仁德的体现。对于孔门弟子，太史公有中肯的

---

① 《史记》所载仲由事迹及司马贞《索隐》均见《史记·仲尼弟子列传》，中华书局1982年版，第2191页。

评价:"学者多称七十子之徒,誉者或过其实,毁者或损其真,钧之未覩厥容貌,则论言弟子籍,出孔氏古文近是。余以弟子名姓文字悉取论语弟子问并次为篇,疑者阙焉。"① 对于孔门弟子,赞美的人未免夸大其词,批评的人难免会言过其实,所以不同的人有不同的看法。

"叹山梁之时"见《论语·乡党》篇:"色斯举矣,翔而后集。曰:'山梁雌雉!时哉!时哉!'子路共之,三嗅而作。"言鸟见人颜色不善,或四围色势有异,即举身飞去。鸟之将集,必回翔审顾而后下。孔子见了赞叹梁上那雌雉也懂得时宜。孔子一生,车辙马迹环于诸侯国,行止久速,无不得乎时中,而终老死于阙里。其处乡党,言行卧起,饮食衣着,一切以礼自守,可谓谨慎之至,不苟且、不鲁莽之至。

"季氏旅岱"见《论语·八佾》:"季氏旅于泰山。子谓冉有曰:'女弗能救与?'对曰:'不能。'子曰:'呜呼!曾谓泰山不如林放乎?'"祭泰山,是天子诸侯之礼,季氏以陪臣而祭泰山,是不符合礼的。冉有是孔子的弟子,当时在季氏那里做官,孔子问冉有:"你能劝阻他吗?"冉有回答说:"不能。"孔子说:"啊呀,难道说泰山之神还不如林放(知礼)吗?"泰山之神,是不会接受非礼之祭的。

"具臣"有非凡才能的臣属。见《论语·先进》:"今由与求也,可谓具臣矣。"泛称为人臣者。朱熹集注:"具臣,谓备臣数而已,备位充数之臣。"

这道策问的大意是说:以天纵之圣闻名的孔子,为了推行自己的政治理想,周游列国长达十四年之久,向西入周,向南到楚,受惊于匡,断粮于陈,干谒七十多个国君。平日行为不违神灵,行为坦荡、光明磊落。孔子染病,子路为之祈于神明。将要推行大的道理,怎么会对见南子一事向子路发誓?对于选用宜于做土地神牌位的木材,宰我说的"周人以栗"是为了使民战栗,似乎未免牵强。孔子赞叹梁上懂得时宜的雌雉,仲由当时并没有领会孔子的心意。祭泰山,是天子诸侯之礼,季氏以陪臣而祭泰山,不符合礼仪规范,但身为家臣的冉有却无法阻止。他们或者是乐观、旷达之人,或者是非凡才识的臣属。尝试谏言,顾忌太多文意就不通达。末卷记载的是有关子游、子夏的逸事,结尾记载的又

---

① 司马迁撰:《史记·仲尼弟子列传》,中华书局1982年版,第2226页。

是舜、禹的言论。很怀疑它如此的不相类,你们可以畅所欲言。

这道策问权德舆通过对孔子日常言行举止达乎仁义、合于神明的描写,赞扬了孔子品德节操的高尚,继而引出对孔子弟子们品德修养的评价。宰我虽聪颖善辩,但难免懒惰;仲由是孔门七十二贤之一,以政事见称,为人耿直,跟随孔子周游列国,不离不弃,但有时候有勇无谋。冉求是孔子最得意的门生之一,他多才多艺,以政事见称,尤擅长理财,曾担任季氏宰臣,但过于聚敛钱财,在孔子的教导下才逐渐向仁德靠拢。但作为季氏的家臣,却不能阻止季氏以陪臣而祭泰山这种不符合礼的行为。

自安史乱起,社会动荡,城乡荒废,经济凋敝,大唐王朝已经到了举步维艰、危机四伏的境地。对这种状况,蒋寅写道:"每一个能正视现实的人都不能不对王朝的命运产生怀疑,对国家民族的前途感到忧虑。""由于对现实的失望,他们再也激发不起蓬勃的热情、豪迈的气概。积极进取和乐观自信的态度也随之丧失,热切的干世欲望转为消极隐遁之思。"① 世风衰微,社会动荡,礼教不举,儒家所谓的"仁""德"也逐渐淡出世人的思想、精神层面。正如蒋寅所说"长达八年的安史之乱不仅瓦解了大唐帝国的物质实体,也摧垮了整整一代人的精神结构"。② 面对千疮百孔的社会现实,一些大权在握的知名人士,于消沉迷茫中警醒,开始利用自己的身份、地位、影响拉开了恢复儒学、重视"仁""德"、重振礼教的序幕。因为他们都很清楚,"经学的衰微、礼教的损坏、学风的浸污,是忠孝仁义不行、乱臣贼子蜂起、社会动乱的根源"。③

权德舆身为文坛盟主、当朝宰相,一向推崇儒家的仁、德思想,关于"仁德""仁义"的提倡在权德舆的文章中随处可见。《唐陇西太傅董公神道碑铭》中赞扬董公:"惟公自筮仕至于捐馆,四十五年,无伐善,无违德……一人而已。范文子所谓'唯厚德者能享多福',惟公有之。"④《赠太子太傅卢公行状》中赞扬卢公曰:"公以仁为经,以义为

---

① 蒋寅:《大历诗人研究》,北京大学出版社 2007 年版,第 6、7 页。
② 同上书,第 6、239 页。
③ 严国荣:《权德舆研究》,中国社会科学出版社 2006 年版,第 32 页。
④ 权德舆著,霍旭东点校:《权德舆文集》卷五,甘肃人民出版社 1999 年版,第 57 页。

用，宗四教之根本，探六籍之菁华……仁恻之政，人到于今怀之。"《唐故相崔君墓志铭》评价崔适："君仁厚信实，方严清厉。"① 权德舆利用自己特殊的身份地位，尊儒兴学，在科举考试中引入儒家经典《论语》内容，通过对孔门弟子品行节操的评价，既有推崇儒家"仁""德"之美德选举人才的想法，更有倡导世人注重君子道德节操、提高君子品行修养之目的。

第四节 有隐无讳的质疑、批判精神
——《诗经》策问思想内容研究

《诗经》是我国第一部诗歌总集，原名《诗》或"诗三百"，共305篇，另有笙诗6篇，有目无辞，后世儒家学者尊其为经典，而称为《诗经》。汉代传习《诗经》的有鲁、齐、韩、毛四家，即后世所谓的"四家诗"。前三家西汉时已立于学官，《毛诗》东汉时立于学官，但后来居上，影响颇大。今本《诗经》，就是"毛诗"。"毛诗"于诗三百篇都有小序，首篇《关雎》小序后另有一段较长的文字，很像是一篇讲解《诗经》的总序，世称《诗大序》，又称《毛诗序》。

《毛诗序》解诗往往牵强附会，抱着浓厚的儒家成见，对许多优秀作品进行歪曲解释，以便迎合儒家的封建说教。权德舆以《诗经》命题，除了《诗经》为科考必考科目外，主要希望考生们不要完全死搬硬套汉儒望文生义的解释，而是以此为基础，对过于牵强附会的解释予以批判和否定。权德舆反对"祖习绮靡，过于雕虫"的学习方法，主张在"通理、辨惑"的基础上敢于对古人的注、疏进行质疑。

权德舆不仅继承了儒家美刺见事的诗教观，在继承的基础上用辩证的观点一分为二地去分析事物，肯定中有否定，批判中有继承。尤其对于《毛诗序》牵强的解释，权德舆有大胆的质疑和批评。

贞元十八年明经诸经策问七道《毛诗》第五问：

问：二《南》之化，六义之宗，以类声歌，以观风俗。列国斯

---

① 权德舆著，霍旭东点校：《权德舆文集》卷五，甘肃人民出版社1999年版，第169页。

众,何限于十四?陈诗固多,岂止于三百?颂编《鲁颂》,奚异于商、周?风有《王风》,何殊于《鄘》《卫》?颇疑倒置,未达指归。至若以句名篇,义例非一。瓜瓞取绵绵之状,《草虫》序喓喓之声,斯类则多,不能具举。既传师学,一为起予。企闻博依之喻,当纵解颐之辩。

这道策问的主旨就是针对《诗经》中的某些问题提出自己的观点和批评意见。

"以类声歌"见《左传·襄公十六年》:"晋侯与诸侯宴于温,使诸大夫舞,曰:'歌诗必类。'齐高厚之诗不类。荀偃怒,且曰:'诸侯有异志矣。'使诸大夫盟高厚,高厚逃归。于是叔孙豹、晋荀偃、宋向戌、卫甯殖、郑公孙虿、小邾之大夫盟,曰:'同讨不庭。'"① 古人舞必歌诗,既要与舞相配,又要注重表达本人的思想。要按类来歌,齐高厚由于歌诗不类,给人造成"有异志"的误会,几乎惹来杀身之祸。

"博依之喻"指《诗经》的比兴手法,广为比喻的意思。《礼记·学记》中记载:"学,不学操缦,不能安弦;不学博依,不能安诗;不学杂服,不能安礼;不兴其艺,不能乐学。"② 郑玄注曰:"博依,广譬喻也。"

"解颐之辩"指东汉文学家匡衡解《诗》高超的技艺。见《汉书·匡衡传》:"匡衡,字稚圭,东海承人也。父世农夫,至衡好学,家贫,庸作以供资用,尤精力过绝人。诸儒为之语曰:无说诗,匡鼎来;匡说诗,解人颐。"③ 匡衡,少时字鼎,长乃易字稚圭,汉代经学家,以说《诗》著称,解诗明白动听,常常使人笑逐颜开。《西京杂记》卷二"闻《诗》解颐"条载:"匡衡,字稚圭,勤学而无烛。邻居有烛而不逮,衡乃穿壁引其光,以书映光而读之。……主人感叹,资给以书,遂成大学。衡能说《诗》,时人为之语曰:'无说《诗》,匡鼎来;匡说《诗》,解人颐。'鼎,衡小名也。时人畏服之如是,闻者皆解颐欢笑。

---

① 李学勤主编:《十三经注疏·春秋左传正义》卷33,北京大学出版社1999年版,第939页。

② 李学勤主编:《十三经注疏·礼记正义·学记》卷36,北京大学出版社1999年版,第1057—1058页。

③ 班固撰,颜师古注:《汉书·匡衡传》,中华书局1962年版,第3331页。

衡邑人有言《诗》者，衡从之，与语质疑，邑人挫服，倒履而去，衡追之，曰：'先生留听，更理前论。'邑人曰：'穷矣。'遂去不返。"①匡衡说《诗》，人皆解颐，他高超的解说技巧，自然是他好学深思、持之以恒的结果。权德舆在此借用匡衡解《诗》的执着和深思精神，鼓励众举子也能像匡衡那样在经典的研习上能勤于思考，敢于质疑。权德舆对匡衡解《诗》是很推崇的，他的策问中多有匡衡解《诗》的典故。贞元二十一年明经策问中七道《毛氏诗》中有"解颐之言，斯有所望"，贞元十九年策问明经八道《毛诗》问中有"理或出于《郑笺》，言无悼于《匡说》"。这里说的都是匡衡解《诗》知识的广博和技巧的高超。

　　这道策问的大意是说：《周南》《召南》有教化作用，《诗经》"赋、比、兴"的表现手法和"风、雅、颂"的分类方式，统称六义，它们是《诗经》的根本。《诗经》的编排体制是以风、雅、颂三类不同的乐歌来分类的。② 即以类歌古诗，来观风化俗。当时的列国众多，为什么仅仅只有十四国的作品？原有的诗很多，难道仅有三百首吗？颂中的《鲁颂》和《商颂》《周颂》有什么差异？《王风》和《鄘风》《卫风》有何不同？对于《诗经》篇章的安排，我很怀疑不能体现其要旨。至于篇名用句子来命名的例子，在《诗经》中随处可见。比如"瓜瓞"有绵绵不断的意思，《草虫》就是表达一种虫子的叫声，像这样的例子不胜枚举。你们既然以师学传承儒家经典，就来辨析这些问题，以使我有所启发。不是听说过诗之比兴，广为比喻的说法吗？你们应该像匡衡说诗那样，展示解除疑问、使人开颜的辩才。

　　权德舆的这道策问主要有三个方面的意思：

　　其一，强调诗歌的社会功用。"二《南》之化，六义之宗，以类声歌，以观风俗。""二南"即《诗经·国风》中的《周南》《召南》二篇。对于二《南》两部分诗产生的地区及二《南》的具体含义，历来有不同的说法，至今仍未得到一致的结论。《毛诗序》曰："《周南》言化，《召南》言德者，变文耳。上亦云'《关雎》，后妃之德'，是其通也。诸侯之风，言先王之所以教；王者之风，不言文王之所以教者，二

---

① （晋）葛洪辑，成林、程章灿译注：《西京杂记全译》，贵州人民出版社1993年版。
② 夏传才：《诗经研究史概要》，清华大学出版社2007年版，第21页。

《南》皆文王之化，不嫌非文王也。但文王所行，兼行先王之道，感文王之化为《周南》，感先王之化为《召南》，不言先王之教，无以知其然，故特著之也。……《周南》《召南》，正始之道，王化之基。"① 诗歌的重要功用之一，便是"淳风俗、厚人伦、美教化、匡王政"。孔子曾言"《诗》，可以兴，可以观、可以群、可以怨"，就是指《诗经》的教化作用。

"六义"即《诗经》"风、雅、颂、赋、比、兴"的分类方式和艺术手法。程俊英先生认为："风、雅、颂都是乐调名，《诗经》的分类是以音乐为标准的。"②

其二，对十五国风的作品选编及风、雅、颂三者的编次进行质疑。"列国斯众，何限于十四？陈诗固多，岂止于三百？"权德舆认为列国斯众，不止于十四国，而流传于世的诗歌也绝不止仅仅三百！为什么《诗经》只选录十四国的诗歌，为什么只有三百首呢，这其中肯定有它的原因。一般都说十五国风，而权德舆在这里不统称十五国风，而将天子之风与其他十四国风区别对待，是有他自己的含义的。这里可见权德舆尊王室的倾向和加强中央集权的观念，在他的思想中，周天子是至高无上的，不能和列国相提并论。

关于"鲁颂""商颂""周颂"的异同以及为什么《诗经》以《周南》《召南》起首的问题，也是《诗经》学上颇有争论的话题。《诗经正义》曰："《周》《召》，风之正经，固当为首。"③《诗经》学会会长夏传才先生认为："由《诗论》可知，今本《诗经》的雅、颂部分的编排，经过后人改动。"④ 这个问题很复杂，众说纷纭，一直是《诗经》学上的公案之一。夏传才先生将"《商颂》的时代问题"与"孔子删诗问题""《毛诗序》作者问题""《国风》作者与民歌问题"，共列为《诗经》学史上的"四大公案"。⑤《王风》与《邶风》《鄘风》的编次问题，《诗经正义》曰："自卫以下，十有馀国，编次先后，旧无明说，难得而知。欲言先后为次，则齐哀先于卫顷，郑武后于桧国，而卫在齐

---

① 李学勤主编：《十三经注疏·毛诗正义》卷1，北京大学出版社1999年版，第20页。
② 程俊英：《〈诗经〉漫话》，上海文艺出版社1982年版，第7页。
③ 李学勤主编：《十三经注疏·毛诗正义》卷1，北京大学出版社1999年版，第3页。
④ 夏传才：《现代诗经学的发展与展望》，《文学遗产》1998年第107期。
⑤ 夏传才：《诗经学四大公案的现代进展》，《河北学刊》1998年第1期。

先，桧处郑后，是不由作之先后。欲以国之为序，则郑小于齐，魏狭于晋，而齐后于郑，魏先于唐，是不由国之大小也。欲以采得为次，则《鸡鸣》之作远在《缁衣》之前，郑国之风必处桧诗之后，何当后作先采，先作后采乎？是不由采得先后也。……盖迹其善否，参其诗之美恶，验其时政得失，详其国之大小，斟酌所宜，以为其次。邶、鄘、卫者，商纣畿内千里之地，《柏舟》之作，夷王之时，有康叔之馀烈，武公之颂德，资母弟之戚，成入相之勋，文公则灭而复兴，徙而能富，土地既广，诗又早作，故以为'变风'之首。既以卫国为首，邶、鄘则卫之所灭，风俗虽异，美刺相同，依其作之先后，故以《邶》《鄘》先卫也。周则平王东迁，政遂微弱，化之所被。才及郊畿，诗作后于卫顷，国之狭于千里，徒以天命未改，王爵仍存，不可过于后诸侯，故使次之于《卫》也。……"① 由《正义》可知，《诗经》的排序不是按作诗的先后顺序、国家的大小、采诗的先后来排，而是根据诗作的美否、时政的得失、国家的大小等几个方面的因素来确定的。权德舆就此一系列的问题大胆质疑。

其三，就《诗经》不同的篇名疑问并向举子发问。"至若以句名篇，义例非一。"《诗经》以句子来命名，这样的例子几乎通篇全是，也是《诗经》的一个特点。比如"瓜瓞"有连绵不断之意，《草虫》意味着一种声音，等等。《毛诗正义》孔颖达疏曰："然则篇名皆作者所自名，既言为诗，乃云名之，则先作诗，后为名也。名篇之例，义无定准，多不过五，少才取一。或偏举两字，或全取一句，偏举则或上或下，全取则或尽或馀。亦有舍其篇首，撮章中之一言。或复都遗见文，家外理以定称。《黄鸟》显绵蛮之状，《草虫》序喓喓之声，'瓜瓞'取绵绵之形，《瓠叶》舍番番之状，'夭夭'与桃名而俱举。……岂古人之无常，何立名之异与？以作非一人，故名无定目。"② 孔颖达指出，古人先作诗，后取名，再加上《诗经》中的诗歌非一人一时之作，故以句名篇的义例并不统一。权德舆仍然对此问题发出疑问，让举子思考。这道策问比较鲜明地反映了权德舆的疑经思想，可以说是宋代疑经思潮的先声。

---

① 李学勤主编：《十三经注疏·毛诗正义》卷1，北京大学出版社1999年版，第3页。
② 同上书，第1页。

权德舆大胆的疑经思想，在贞元二十一年明经策问七道《毛氏诗》中亦有明确的体现：

> 问：风化天下，形于咏歌，辨理代之音，厚人伦之道。邶、鄘褊小，尚列于篇；楚宋奥区，岂无其什？变风雅者，起于何代？动天地者，本自何诗？《南陔》《白华》，亡其辞而不获；《谷风》《黄鸟》，同其目而不刊。举毛郑之异同，辨齐鲁之传授。面墙而立，既非其徒；解颐之言，斯有所望。

对《诗经》篇章安排的疑义依然是这道策问的主旨。

"邶、鄘褊小，尚列于篇；楚宋奥区，岂无其什？"权德舆起首点明诗歌的社会功用是"观风俗、成教化、厚人伦"之道，接着发出疑问，他认为邶、鄘是小国，却有诗歌列于《诗经》，而相对而言较大的楚、宋之诗歌却无缘问津，这到底是何缘由？

"变风雅者，起于何代？动天地者，本自何诗？"风雅正变说，是《诗经》学史上的一个基本问题。最初见于《毛诗序》："至于王道衰，礼义废，政教失，国异政，家殊俗，而变风变雅作矣。国史明乎得失之迹，伤人伦之废，哀刑政之苛，吟咏性情，以风其上，达于事变而怀其旧俗者也。故变风发乎情，止乎礼仪。发乎情，民之性也；止乎礼仪，先王之泽也。"①世道衰微、礼崩乐坏而变风变雅作矣。《诗谱序》云："文武之德，光熙前绪，以集大命于厥身，遂为天下父母，使民有政有居。其时《诗》，风有《周南》《召南》，雅有《鹿鸣》《文王》之属。及成王，周公致大平，制礼作乐，而有颂声兴焉，盛之至也。本之由此风、雅而来，故皆录之，谓之《诗》之正经。后王稍更陵迟，懿王始受亨潜齐哀公。夷身失礼之后，邶不尊贤。自是而下，厉也，幽也，政教尤衰，周室大坏，《十月之交》《民劳》《板》《荡》勃尔俱作。众国纷然，刺怨相寻。五霸之末，上无天子，下无方伯，善者谁赏？恶者谁罚？纪纲绝矣。故孔子录懿王、夷王时诗，讫于陈灵公淫乱之事，谓之变风变雅。"②东汉郑玄著《诗谱》加以发挥，将歌颂周室先王和西周

---

① 李学勤主编：《十三经注疏·毛诗正义》卷1，北京大学出版社1999年版，第14页。
② 同上书，第6—8页。

盛世的诗称为"诗之正经",把批判暴露统治阶级的讽刺诗和爱情诗称为"变风、变雅"。"变"是相对于正而言的,是不正的意思。① 程俊英先生说:"《毛序》还有一种'变风变雅'的说法,他说:'至于王道衰,礼仪废,政教失,国异政,家殊俗,而变风变雅作矣。'这是从它产生的社会根源立论的。马瑞辰加以说明,他说:'盖雅以述其政之美者为正,以刺其政之恶者为变也。'他认为正风正雅是歌颂统治阶级的诗,变风变雅是暴露统治阶级的诗,这是从诗的性质立论的。郑玄将《二南》二十五篇列为正风,《邶风》至《豳风》十三国列为变风……他们所谓'变',是对'正'而言,认为暴露统治阶级的诗,是不正的……毛、郑正变之说,从诗的内容看来,是矛盾百出的。所以,我们今天对传统的'风雅正变'说,只能作为参考,切不可被它所束缚。"② 程先生认为风雅正变说并不科学,只能作参考,不能受其束缚。夏传才先生也认为风雅正变说仅用单纯政治观点来解释,对一些政治诗作出曲解,以至于影响到后来儒家解诗沿用"风雅正变"说,把一些非政治性的诗,都附会上了政治色彩。③ 至于"动天地者,本自何诗",诗大序认为《诗》具有"正得失,动天地,感鬼神"的社会功能,说的是《诗经》的社会作用。

"《南陔》《白华》,亡其辞而不获。"《诗经·小雅》部分,原来有六篇有目无辞诗,称为笙诗。笙诗就是用笙这种乐器吹奏的乐曲。这六个篇目为《南陔》《白华》《华黍》《由庚》《崇丘》《由仪》,笙诗为什么只有诗名,诗却没有留下来是《诗经》研究史上聚讼纷纭的公案。过去有两种不同的解释:"有义无词说"是汉学的论点,认为笙诗有其义而亡其辞,郑笺孔疏沿袭这种说法;"有声无词"说是宋学的观点,以朱熹为代表,他们认为笙诗只是贵族宴会典礼中演唱诗歌时插入的清乐,原本无词。④ 这两种说法虽然难于统一,但一致的地方是,都承认《诗经》各篇的诗与音乐密切相关。⑤

---

① 夏传才:《诗经研究史概要》,清华大学出版社2007年版,第16页。
② 程俊英:《〈诗经〉漫话》,上海文艺出版社1982年版,第13—14页。
③ 夏传才:《诗经研究史概要》,清华大学出版社2007年版,第68页。
④ 朱熹:《诗经集传》卷9《南陔》《华黍》《鱼丽》题解,吉林人民出版社1999年版,第142页。
⑤ 夏传才:《诗经研究史概要》,清华大学出版社2007年版,第14—15页。

"《谷风》《黄鸟》，同其目而不刊。"《国风·邶风》收有《谷风》，《小雅·小旻之什》也收有一首《谷风》，都是弃妇之词。《国风·秦风》收有《黄鸟》，《小雅·祈父之什》也收有一首《黄鸟》，但二首《黄鸟》内容不同，编辑《诗经》时为什么不予以刊削？这个问题历来就众说纷纭，无有定论。

"举毛郑之异同，辨齐鲁之传授。"《毛诗故训传》注重训诂，过于简略；《郑笺》以《毛诗》为主，兼采今文三家诗之长，加以发挥，疏通经义。但郑玄以《礼》注经，既讲字义又阐释文理，与《毛诗》不尽相同。即"注诗宗毛为主，毛义略隐约则更表明。如有不同，则下己意，使可识别"（《毛诗正义》引郑玄《六艺论》）。"己意"即见《毛传》不合经义的地方就加上自己的解释，使之文理通达，便于识别。《齐诗》亡于曹魏，《鲁诗》亡于东晋，都是经学史方面的问题。

"面墙而立"，见《论语·阳货》篇："子谓伯鱼曰：'女为周南、召南矣乎？人而不为周南、召南，其犹正墙面而立也与？'"不学诗，就会像面对墙壁，一无所知，孔子在这里强调了学《诗》的重要性。"面墙而立"，朱熹解释为："言即其至近之地，而一物无所见，一步不可行。"不学诗，就寸步难行，朱熹同样强调学《诗》的重要性。

"解颐之言"见上篇解析。

这道策问的大意是说：以诗歌教化天下，使人知道治世之音，起到增进人伦道德的作用。邶、鄘这样狭小之国的诗歌尚且收入，为什么没有楚、宋这些泱泱大国的诗歌？什么时候开始产生变风变雅的诗篇？震撼天地的诗篇是什么诗？《南陔》《白华》等篇，为什么只有篇名而内容没有留下来？《谷风》和《黄鸟》都有题目重复的诗篇，为什么编辑《诗经》时不予以刊削？举出《毛传》《郑笺》之间的异同，辨析《齐诗》和《鲁诗》的传授。如果面墙而立，学无进境，就不是儒家的弟子。解除疑问，使人开颜的辩说，这是我非常期待的。

权德舆尽管尚古但并不拘泥于古人，他力求在精研儒家经典的同时能有自己的思考和看法，他认为，古人观点中不正确的东西一定要勇于批判，辨析清楚，这样才能走出经学的误区。

如果说宋代是疑经思想的发展阶段，那么权德舆的疑经思想则是其先声，是其开始阶段。在此之前，刘知几在《史通》卷十四《惑经》

篇中对于孔子之《春秋》，也大胆提出批评意见。对于刘知几这种批评圣贤的思想，皮锡瑞认为："刘知几《史通》之惑经，《申左》极诋《春秋》之略，不如《左传》之详"，"刘知几诋毁圣人，尤多狂悖"。①皮锡瑞认为，刘知几是在没有分清"经""史"的情况下对圣贤进行批评，是没有道理的。相比之下，权德舆的质疑就更具有现实意义。权德舆尽管主张复古但并不盲目崇古，主张辩证地去汲取古人的言论。这种有隐无讳的疑经思想也反映在他的诗文中，他在《两汉辨亡论》中写道："予因疑古史，且嗜《春秋》褒贬之学，心所激愤，故辨其所以然"。②

同样地，权德舆大胆质疑的批评思想也明确反映在贞元十九年策问明经八道《毛诗》问中：

> 问：三纲之道，有君臣焉，有父子焉。《周南》《召南》以风化于天下；《关雎》《鹊巢》，乃首于夫妇。举后妃何若先天子，美夫人曷若称诸侯？岂自尔以及遐，将举细以明大？又太师所采，孔圣所删，以时则齐襄先于卫顷，以地则卫土褊于晋境。未详差次，何所后先？一言虽蔽于无邪，六义乃先于谲谏，既歌乃必类，何失之于愚？理或出于《郑笺》，言无惮于《匡说》。

权德舆大胆的疑经思想和批评思想依然是这道策问的主旨。

"以时则齐襄先于卫顷，以地则卫土褊于晋境。未详差次，何所后先？"见本文贞元十八年明经诸经策问七道《毛诗》第五问解析。

"六义乃先于谲谏"，"六义"即为"六诗"。《周礼·春官·大师》所说"教六诗：曰风、曰赋、曰比、曰兴、曰雅、曰颂"。③《毛诗序》曰："上以风化下，下以风刺上，主文而谲谏，言之者无罪，闻之者足以戒，故曰风。"郑笺曰："谲谏，咏歌依违，不直谏。"孔颖达《毛诗正义》曰："臣下作诗，所以谏君，君又用之教化，故又言上下皆用此

---

① 皮锡瑞著，周予同注：《经学历史》，中华书局2004年版，第59、154页。
② 权德舆著，霍旭东点校：《权德舆文集》卷20，甘肃人民出版社1999年版，第270页。
③ 李学勤主编：《十三经注疏·周礼注疏》卷21，北京大学出版社1999年版，第610页。

上六义之意。在上，人君用此六义风动教化；在下，人臣用此六义以风喻箴刺君上。其作诗也，本心主意，使合于宫商相应之文，播之于乐，而依违谲谏，不直言君之过失，故言之者无罪。人君不怒其作主而罪戮之，闻之者足以自戒……此六义之下而解名风之意，则六义皆名为风，以风是政教之初，六义风居其首，故六义总名为风，六义随事生称耳。"① 权德舆在此处指出《毛诗序》中对"六义"的阐发先于对"主文而谲谏"的阐发。

"歌乃必类"见上文贞元十八年明经诸经策问七道《毛诗》问解析。

这道策问的大意是说：儒家的三纲，其中包括君为臣纲，父为子纲，是维护封建等级制度的道德教条。二《南》以教化天下，《关雎》《鹊巢》，以歌颂夫、妇爱情起首。赞美后妃之德怎能比得上赞天子之德？赞美夫人之德怎么能比得上赞美诸侯之德？难道是为了由近而远，列举细小的事例来以小见大？关于《诗经》中诗歌的来源，有太师采诗说，孔子删诗说，论时间，齐襄在卫顷之前，论地域，卫国比晋国狭小。不清楚它们之间的不同和次序，为什么有这种排序？虽然《诗经》三百篇，用一句话来总结就是思想纯正，《毛诗序》中对"六义"的阐发先于对"谲谏"的阐发。诗歌有它的分类，为什么会在愚笨中失掉它的本意？用《郑笺》为例来进行说理阐述，大家可以不受拘束，像匡衡说《诗》那样各抒己见。

权德舆的这道策问主要阐述了三个方面的意思：

第一层意思：《诗经》的教化作用，即"风以动之，教以化之"。《论语·阳货》载孔子语："小子何莫学夫诗？《诗》，可以兴，可以观、可以群、可以怨。"孔子所谓的"兴、观、群、怨"就是指《诗经》的教化作用和社会功用。

第二层意思：对毛、郑解诗之旨的质疑。"《关雎》《鹊巢》，乃首于夫妇。举后妃何若先天子，美夫人曷若称诸侯？岂自尔以及遐，将举细以大？"《关雎》《鹊巢》，都是与男女爱情有关的诗歌。毛、郑解诗，皆以《关雎》属文王，认为是歌颂后妃之德也。《毛诗序》云："《关

---

① 李学勤主编：《十三经注疏·毛诗正义》卷1，北京大学出版社1999年版，第13—14页。

雎》，后妃之德也。"① 又："《关雎》，乐得淑女以配君子。"郑玄《诗谱》云："文王刑于寡妻，至于兄弟，以御于家邦，是故二国（周南、召南）之诗，以后妃夫人之为首。"② 对于这种牵强的解释，权德舆认为违背了《诗经》的本意。皮锡瑞和权德舆持相同的观点，他说："毛、郑以下，皆以《关雎》属文王，又以为后妃求淑女，非矣。"③ 其实，也许《关雎》当时只是单纯表达男女爱情的诗歌，并没有太多的其他原因，只是《毛诗序》在解诗时加进了过多汉儒的说教成分，把它牵强地说成歌颂后妃之德的诗篇而已。

第三层意思：对《诗经》编订过程及《国风》次序之间矛盾的思考。《诗经》中诗歌的来源，学界大致有三种观点：采诗说、献诗说和孔子删诗说。第一，采诗说。《汉书·食货志》记载："孟春之月，群居者将散，行人振木铎徇于路，以采诗，献之大师，比其音律，以闻于天子。故曰王者不窥牖户而知天下。"④ 行人就是当时的采诗官。第二，献诗说。据《国语·周语上》记载："故天子听政，使公卿至于列士献诗。"⑤ 据《国语》的史料记载，说明献诗说是可信的。第三，孔子删诗说。见《史记·孔子世家》："古者诗三千余篇，及至孔子，去其重，取可施于礼义，上采契后稷，中述殷周之盛，至幽厉之阙，始于衽席，故曰：'关雎之乱以为风始，鹿鸣为小雅始，文王为大雅始，清庙为颂始。三百五篇孔子皆弦歌之，以求合韶武雅颂之音。礼乐自此可得而述，以备王道，成六艺。'"⑥ 但多数学者认为这种说法不可信。理由之一，就是《左传·襄公二十九年》（前544）记载的吴公子季札聘于鲁，"请观于周乐"。⑦ 鲁乐工为他演奏的《诗经》，其排序和我们今天见到的《诗经》基本没有太大的变化，当时，孔子才八岁。因此，孔子删诗的说法应该是不成立的。但孔子在《论语·子罕》曰："吾自卫

---

① 李学勤主编：《十三经注疏·毛诗正义》卷1，北京大学出版社1999年版，第4页。
② 同上书，第12页。
③ 皮锡瑞著，周予同注：《经学历史》，中华书局2004年版，第58页。
④ 班固撰，颜师古注：《汉书·食货志》，中华书局1962年版，第1123页。
⑤ 《国语·周语上》，上海古籍出版社1978年版，第9页。
⑥ 司马迁撰：《史记·孔子世家》，中华书局1982年版，第1936页。
⑦ 李学勤主编：《十三经注疏·春秋左传正义》卷39，北京大学出版社1999年版，第1095页。

返鲁，然后乐正，雅颂各得其所。"① 说明孔子对《诗经》是做过一些正乐或审订编辑之类的工作的。

"以时则齐襄先于卫顷，以地则卫土褊于晋境。未详差次，何所后先？"见上文《毛诗序》第五问解释。

"一言虽蔽于无邪，六义乃先于谲谏，既歌乃必类，何失之于愚？"《诗经》用一句话总结就是思想纯正。"六义"指的是《诗经》"赋、比、兴"的表现手法和"风、雅、颂"的分类方式。

"理或出于《郑笺》，言无惮于《匡说》。"郑玄以《毛传》为主，兼采今文三家诗说作以注疏，"谦敬不敢言注，但云表明古人之意或断以己意，使可识别"，故曰笺。《郑笺》出后，《毛诗》日盛，三家诗渐废。《匡说》见上文《毛诗》第五问解释。

权德舆指出，《诗经》既然经孔子删订，就应该编排有序，为何在篇目的编排上不以时间先后和地域广狭为标准？这里，权德舆和上文一样对《诗经》的编次进行了疑问。

事实上，权德舆的疑经思想在他的《春秋》类策问中也反映得相当强烈。如贞元十八年"明经诸经策问七道"《春秋》第一问："在获麟之后，尚列余经。岂脱简之难征，复绝笔之云误？"针对《春秋》经传不统一的问题向举子提出问题。权德舆的疑经思想与中唐时期"舍传求经""求实创新"的新学风一脉相承，是大历、贞元时期思变求新的典型代表，他大胆的疑经思想给后来者指明了学术方向。

第五节　对礼乐文教之功的思考
——"三礼"策问思想内容研究

在汉初，没有"三礼"的称呼。直至东汉末年，郑玄为《周礼》《仪礼》《礼记》作注，在自序中说"凡著《三礼》七十二篇"，从此始有"三礼"之名。《三礼》之学以礼法、礼义为主要内容，是礼乐文化的理论形态。"礼"是古代最重要的文化范畴之一，包括哲学、宗教、典制、职官、兵刑、财赋、祭祀、婚丧、宫室、迎娶、服饰等，具

---

① 杨伯峻译注：《论语译注》，中华书局1980年版，第92页。

有很高的研究价值。

从唐代起，《礼记》取代了作为礼经的《仪礼》的地位，成为科举考试的主要科目之一。有一种说法认为，《仪礼》是孔子慨叹周室衰微、礼崩乐坏，乃追述三代之礼而作。唐代统治者很重视礼的作用，权德舆将"三礼"的有关内容引入科举考试，估计应该也有慨叹唐王朝礼乐衰微、礼教不举的原因在内。

一 对礼教不足的批评与思考

如他在贞元十八年策问明经《礼记》第二道问：

> 三代之弊，或朴或薄；六经之失，或愚或诬。夫以殷、周之理道，《诗》《书》之述作，施于风俗，岂皆有所未至耶？辍祭纳书，诚为追远；执戈桃茢，无乃伤恩。何二者之相反耶？两楹坐奠，叹有切于宗予；九龄魂交，数能移于与尔。何二者之不一耶？山节藻棁，豚肩狐裘，皆大夫也，又何相远耶？《檀弓》袒免，子游麻衰，何如直谅而忠告之耶？各以经对。

这道策问的主旨主要要求考生论述礼教不足的问题。

"三代之弊，或朴或薄；六经之失，或愚或诬。夫以殷、周之理道，《诗》《书》之述作，施于风俗，岂皆有所未至耶。"以殷、商、周三代的弊端引出不同的观点，提出第一个问题。夏商周三代实行忠敬文三道循环说，夏朝的政权统治主要以"忠"为主，它的弊端在于多义而少礼；商朝以"敬"为主，就是谶纬成分过浓；周朝以"文治天下"，也就是以礼治天下，烦琐的礼仪制度，使百姓不懂其实质而趋于形式化。儒家经典礼仪教化内涵的丢失，或者是愚昧或者是诬艳过多。如果用殷周的礼仪来治理国家，用《诗》《书》的礼仪来教化民众，那么礼教没有达不到的。这是讲礼教不兴的原因。

"执戈桃茢"见《礼记·檀弓下》："君临臣丧，以巫祝桃茢执戈，恶之也，所以异于生也。丧有死之道焉，先王之所难言也。"[①] 桃，鬼

[①] 李学勤主编：《十三经注疏·礼记正义》卷9，北京大学出版社1999年版，第275—276页。

所恶。苅，音 lie，笤帚，可以扫除不祥。执戈，亦为驱除凶邪之气。执戈者一般是小臣。因为厌恶死人的凶邪之气，君王亲临吊唁臣丧，要使巫拿着桃枝，祝拿着笤帚，小臣拿着戈去驱邪，不同于对待臣下活着时的礼节。因为人死后的状况与鸟兽无异，只是先王不忍心说起罢了。这种做法一面吊唁，一面驱邪，是会伤害恩德的。

"两楹坐奠，叹有切于宗予；九龄魂交，数能移于与尔。""两楹坐奠"见《礼记·檀弓上》："孔子蚤作，负手拽杖，逍遥于门，歌曰：'泰山其颓乎，梁木其坏乎，哲人其萎乎。'既歌而入，当户而坐。子贡闻之曰：'泰山其颓，则吾将安仰？梁木其坏，哲人将萎，则吾将安放？夫子殆将病也。'遂趋而入。夫子曰：'赐，尔来何迟也？夏后氏殡于东阶之上，则犹在阼也。殷人殡于两楹之间，则与宾主夹之也。周人殡于西阶之上，则犹宾之也。而丘也，殷人也，予畴昔之夜，梦坐奠于两楹之间。夫明王不兴，而天下其孰能宗予？予殆将死也。'盖寝疾七日而没。"①《史记·孔子世家》中记载："孔子病，子贡请见。孔子方负杖逍遥于门，曰：'赐，汝来何其晚也？'孔子因叹，歌曰：'太山坏乎！梁柱摧乎！哲人萎乎！'因以涕下。谓子贡曰：'天下无道久矣，莫能宗予。夏人殡于东阶，周人于西阶，殷人两柱间。昨暮予梦坐奠两柱之间，予始殷人也。'后七日卒。"② 两楹，即堂中的两根柱子，奠就是祭奠。是说孔子梦见自己坐在两楹之间（殷礼）而见馈食，知道自己不久人世，生病七日后卒。孔子临死前还感叹自己的道义不行于天下，是多么的不易啊。后以"两楹梦"借指孔子之死。"九龄魂交，数能移于与尔"，说的是周武王梦见天帝给了他九十岁的寿命。见《礼记·文王世子》："武王帅而行之，不敢有加焉。文王有疾，武王不说冠带而养。文王一饭，亦一饭；文王再饭，亦再饭。旬有二日乃间。文王谓武王曰：'女何梦矣？'武王对曰：'梦帝与我九龄。'文王曰：'女以为何也？'曰：'西方有九国焉，君王其终抚诸。'文王曰：'非也。古者谓年龄，齿亦龄也。我百，尔九十，吾与尔三焉。'文王九十七乃

---

① 李学勤主编：《十三经注疏·礼记正义》卷7，北京大学出版社1999年版，第206—207页。
② 司马迁撰：《史记·孔子世家》，中华书局1982年版，第1944页。

终。武王九十三而终。"①武王遵循文王的榜样行事，不敢希求比文王做得更好。文王有病，武王不脱衣帽侍候在身边。文王吃一口饭，武王也只吃一口饭；文王吃两口饭，武王也吃两口饭。一直到十二天后文王病好。可见武王至孝，遵循礼制。孔子和周武王都是圣贤之人，孔子忧国忧民，武王对文王孝道有加，虽然他们遵循礼教的方式不同，但都是信守礼仪的典范代表。

"山节藻棁，豚肩狐裘"，分别指管仲的奢华和晏婴的俭朴。《礼记·杂记下》载："孔子曰：'管仲镂簋而朱纮，旅树而反坫，山节而藻棁，贤大夫也，而难为上也。晏平仲祀其先人，豚肩不掩豆，贤大夫也，而难为下也。君子上不僭上，下不逼下。'"②说的是管仲虽为贤大夫，但门道上、庙堂的柱头上都装饰得极为华贵，他这些僭上的行为却使位居其上的人感到为难。晏平仲祭祀祖先，仅用还没有豆大的豚肩，晏平仲也是贤大夫，他的这些做法使位居其下的人感到为难。因此，君子行事，应该对上不可僭上，对下不可逼下。《礼记·明堂位》载："山节，藻棁，复庙，重檐，刮楹，达乡，反坫出尊，崇坫康圭，疏屏，天子之庙饰也。"③可见，山节藻棁等庙饰乃是天子规模。管仲庙饰与天子规模等同，为僭越行为。"山节藻棁"后多用于形容居处的豪华奢侈。"豚肩狐裘"说的是春秋时齐国大夫晏婴，以简朴著称。《孔子家语》卷十载："晏平仲祀其先祖，而豚肩不掩豆。一狐裘三十年。贤大夫也，而难为其下。"④晏婴祭祀的猪肘子太小，以至连盛它的容器都空了许多出来，可见他是何等的节俭！《礼记·檀弓》记载曾子和有若论晏子节俭与礼的关系："曾子曰：'晏子可谓知礼也已，恭敬之有焉。'有若曰：'晏子一狐裘三十年，遣车一乘，及墓而反。国君七个，遣车七乘；大夫五个，遣车五乘。晏子焉知礼？'曾子曰：

---

① 李学勤主编：《十三经注疏·礼记正义》卷20，北京大学出版社1999年版，第622—623页。

② 李学勤主编：《十三经注疏·礼记正义》卷43，北京大学出版社1999年版，第1220页。

③ 李学勤主编：《十三经注疏·礼记正义》卷31，北京大学出版社1999年版，第942页。

④ 陈士珂辑：《孔子家语疏证》卷10《曲礼·子贡问》，上海书店1987年影印版，第263页。

'国无道，君子耻盈礼焉。国奢，则示之以俭；国俭，则示之以礼。'"①《礼记·礼器》中亦记载管仲之"滥"和晏婴之"隘"："是故君子大牢而祭谓之礼，匹士大牢而祭谓之攘。管仲镂簋朱纮、山节藻梲，君子以为滥矣。晏平仲祀其先人，豚肩不掩豆，澣衣濯冠以朝，君子以为隘矣。是故君子之行礼也，不可不慎也，众之纪也，纪散而众乱。孔子曰：'我战则克，祭则受福。'盖得其道矣。"②认为礼是众人的纲纪，不可散乱，既批评管仲滥用祭礼，又批评晏婴礼节的偏狭。"山节藻梲"和"豚肩狐裘"都是借指士大夫，管仲生活奢侈不拘礼仪，晏子却以简朴著称，虽然二者都是圣贤，在对待礼的问题上却相差甚远。

"《檀弓》袒免，子游麻衰，何如直谅而忠告之耶？"其中"《檀弓》袒免"见《礼记·檀弓上》："公仪仲子之丧，檀弓免焉。仲子舍其孙而立其子。檀弓曰：'何居？我未之前闻也。'趋而就子服伯子于门右，曰：'仲子舍其孙而立其子，何也？'伯子曰：'仲子亦犹行古之道也。昔者文王舍伯邑考而立武王，微子舍其孙腯而立衍也。夫仲子亦犹行古之道也。'子游问诸孔子。孔子曰：'否！立孙。'"③公仪仲子，春秋时鲁人，姓公仪，名仲子。是檀弓的朋友。"免"，音 wen，一种头上的丧饰。按规定，不在异国主丧就不能著免。仲子的嫡长子早死，按周礼的规定要传位给孙子，但仲子却传位于庶子。檀弓故意用不合理礼的丧服，以讥讽仲子的非礼。"子游麻衰"见《礼记·檀弓上》："司寇惠子之丧，子游为之麻衰，牡麻绖。文子辞曰：'子辱与弥牟之弟游，又辱为之服，敢辞。'子游曰：'礼也。'文子退反哭。子游趋而就诸臣之位，文子又辞曰：'子辱与弥牟之弟游，又辱为之服，又辱临其丧，敢辞。'子游曰：'固以请。'文子退，扶嫡子南面而立，曰：'子辱与弥牟之弟游，又辱为之服，又辱临其丧，虎也敢不复位？'子游趋而就

---

① 李学勤主编：《十三经注疏·礼记正义》卷9，北京大学出版社1999年版，第280页。
② 李学勤主编：《十三经注疏·礼记正义》卷23，北京大学出版社1999年版，第735—737页。
③ 李学勤主编：《十三经注疏·礼记正义》卷6，北京大学出版社1999年版，第167—168页。

客位。"① 司寇惠子，姓司寇，名惠，是卫灵公之孙。麻衰，牡麻经，都是一种不合制度的吊服。子游和檀弓一样都是讥讽之意。其实"檀弓袒免，子游麻衰"而讽谏的做法，也完全不如直接指出其错误高明。这一切都源自礼教的缺陷，因此，要弥补礼教的不足，就要在践行礼时合度。权德舆由以上礼教的不足要众考生分别进行说理、论证，从而摆明自己的观点。这样既可以得到礼教不足方面的意见，又可以从中挑选出胸怀大略的人才。

这道策问的大意是说：夏商周三代社会风气的弊端，或者是过于朴野，或者是不够敦厚。六经本来的礼仪教化的意旨丢失，或者因为解经时的愚昧，或者是由于诬艳成分过多所致。用殷周的礼仪规范来管理事务，用《诗》《书》的礼教意蕴来表达志向，施以教化，难道还有什么达不到的吗？停止崇尚祭奠来好好钻研经典，确实是为了追念先祖，以达到先贤那种礼教的崇高境界；拿着辟邪的桃枝、笤帚去吊唁死者，难道不是有伤恩德吗？这两者是多么的不同啊？孔子梦见坐在"两楹"之间接受祭奠，感叹自己不久于人世，在有生之年不能看到自己学说的推行；武王对文王的孝心感动天地，武王梦天帝加寿于他，赐他活到九十岁。文王又将自己寿命的三岁移于武王。孔子叹生命短促，武王本长寿而又增加了三岁，这二者又是多么的不一样啊？管仲和晏婴，一个违礼僭越，滥用祭礼；一个过俭而流于偏狭，礼数不够；他们二人之间有多大的差距啊？檀弓穿着不合理的丧服，故意讥讽仲子的非礼，子游穿着不合制度的吊服来讽刺司寇惠子，他们的行为如何能比得上直接指出其错误好啊？众举子都用你们所学的经典知识来论证阐述吧。

主要阐述了三层意思：其一，所谓"夏、商、周"三代礼乐及六经经义的歪曲。其二，因为礼教的不足导致了对待礼的不同态度。其三，权德舆就礼教的不足提出问题，要举子运用所学经典进行对策。

权德舆在这道策问中给我们留下了深深的思考。他的提问虽然是就经提问，是站在更高的立足点上就经的内容、精神、原则、方法以及举子们的实际分析、应运能力而发问。他注重的是应运经注的知识、理

---

① 李学勤主编：《十三经注疏·礼记正义》卷7，北京大学出版社1999年版，第217—218页。

论、方法来对礼教不足的问题进行论述、分析，希望通过对举子实际能力的考核来选拔出经世治国的人才。

二　对礼的看法与认识

贞元十九年明经《周礼》问：

> 问：冠婚成人，著代之义。一献之飨，舅姑先降以奠酬；三加弥尊，母兄皆拜而为礼。责归顺而则可，于子道其谓何？一与之齐，终身不改，而狄仪有问服；二姓之合为重，而孔门多出妻。蹈白刃或易于中庸，引重鼎奚列于《儒行》？袒衰疑衰之制，继别继祢之差，生既讲闻，伫观精辨。

对礼的看法与认识是权德舆这道策问的主旨。

《礼记·昏义四十四》："昏礼者，将合二姓之好，上以事宗庙，而下以继后世也，故君子重之。是以昏礼纳采、问名、纳吉、纳征、请期，皆主人筵几于庙，而拜迎于门外，入揖让而升，听命于庙，所以敬慎重正昏礼也。"又曰："敬慎、重正，而后亲之，礼之大体，而所以成男女之别，而立夫妇之义也。男女有别，而后夫妇有义，夫妇有义，而后父子有亲；父子有亲，而后君臣有正。故曰：'昏礼者，礼之本也。'"① 即昏礼是礼仪的根本。孔子曰："不学礼，无以立。"（《论语·季氏》）孔子认为《礼》教可以使人"恭俭庄敬"见（《礼记·经解》）。权德舆是典型的儒家文化的代表者，他尊崇礼，认为儒家的礼乐文教可以经邦治国、又可以安身立命，尤其是礼教中君君臣臣、父父子子、长幼尊卑等礼的遵循和延续直接影响着良好家风、世风的建立。但是，遵循礼教也要有度，要依据自己的实际情况，要扬弃地去区别对待。这和孔子虽然重儒家经典，但在聚徒讲授时却有选择地取舍一脉相承。

"一献之飨，舅姑先降以奠酬"，也就是公婆新妇之间的礼节，《礼记·昏义四十四》："厥明，舅姑共飨妇以一献之礼，奠酬，舅姑先降

---

① 李学勤主编：《十三经注疏·礼记正义》卷61，北京大学出版社1999年版，第1618—1620页。

自西阶，妇降自阼阶，以著代也。"① 第二天，公婆用一献之礼慰劳妇，姑把妇进献的酬酒放在一边不再饮，以示礼成。公婆先从西阶下堂，然后妇从阼阶下堂，这是表明新妇将接替主妇的职务。"一献之礼"包括献、酢、酬三部分。主人先敬宾酒叫作献；宾回敬主人酒叫酢；主人先自饮一杯，然后再酌酒以劝宾饮叫作酬；宾则奠爵而不举，即把主人所进酬酒放在一边不再饮，以示礼成。此即一献之礼的全过程。

"三加弥尊，母兄皆拜而为礼"，见《仪礼·士冠礼》："嫡子冠于阼，以著代也。醮于客位，加有成也。三加弥尊，谕其志也。冠而字之，敬其名也。"② 即三次加冠，谓男子成年。《礼记·冠义》："已冠而字之，成人之道也。见于母，母拜之；见于兄弟，兄弟拜之：成人而与为礼也。玄冠、玄端，奠挚于君，遂以挚见于乡大夫、乡先生，以成人见也。"③ 三次加冠后为冠者取字，这是成人的标志。加冠后拜见母亲和兄弟，母亲、兄弟都要向冠者行成人礼，即"母兄皆拜而为礼"之意。

"责归顺而则可，于子道其谓何？一与之齐，终身不改，而狭仪有问服。"儿子孝敬父母，要求妻子也一样尽孝，但孝顺的儿子却可以随时休妻，将自己的孝名建立在妻子的痛苦之上，这又是什么道理呢？可以看出，权德舆对过于繁缛虚伪的礼节是不赞成的。

"二姓之合为重，而孔门多出妻"，见《礼记·昏义》："昏礼者，将合二姓之好，上以事宗庙，而下以继后世也，故君子重之。"④ 婚礼，是结合两姓间的欢好，上祭祀宗庙、下继续后代的大事，因此，君子很重视婚礼。自孔子开始，孔子的儿子孔鲤、孙子孔伋都是休妻者。孔子作为儒学大师，虽然为中华古代文明做出了重大贡献，但他的思想本质是维护封建等级制度，孔子思想中严重的性别歧视不合乎礼的规范。

"蹈白刃或易于中庸，引重鼎奚列于《儒行》？""引重鼎"见《礼记·儒行》："儒有委之以货财，淹之以乐好，见利，不亏其义；劫之

---

① 李学勤主编：《十三经注疏·礼记正义》卷61，北京大学出版社1999年版，第1621页。
② 李学勤主编：《十三经注疏·仪礼注疏》卷3，北京大学出版社1999年版，第55页。
③ 李学勤主编：《十三经注疏·礼记正义》卷61，北京大学出版社1999年版，第1615页。
④ 同上书，第1618页。

以众，沮之以兵，见死，不更其守；鸷虫攫搏，不程勇力，引重鼎不程其力；往者不悔，来者不豫；过言不再，流言不极；不断其威，不习其谋。其特立有如此者。"① 为了道义"白刃可蹈"，"引重鼎"也毫不思考有没有能力。《儒行》中意思是说儒者面对钱财的诱惑不做有损于道义的事；面对人多势众、死亡的威胁不改变操守；和凶猛的禽兽搏斗而几近忘了考虑自己的实力；需要重鼎时即上前扛举而不衡量自己的力量。即儒家在现实面前毫无畏惧，主要讲儒家君子立身处世的行为方式。权德舆也主张守中持正，秉承中庸思想。"蹈白刃或易于中庸"见《礼记·中庸》："子曰：'天下国家可均也，爵禄可辞也，白刃可蹈也，中庸不可能也。'"朱熹《四书章句集注》云："三者亦知仁勇之事，天下之至难也，然不必其合于中庸，则质之近似者皆能以力为之。若中庸，则虽不必皆如三者之难，然非义精仁熟，而无一毫人欲之私者，不能及也。三者难而易，中庸易而难，此民之所以鲜能也。"② 天下国家是可以治理的，官爵俸禄是可以辞让的，锋利的刀刃也可以踩踏而过，这些都需要大智大勇，但中庸之道却是不容易做到的。可见，坚持中庸之道需要足够的勇气和毅力。

"裼衰、疑衰"是旧礼中丧服的名称，见《周礼·春官·司服》："凡丧，为天王斩衰；为王后齐衰；王为三公六卿锡衰；为诸侯缌衰；为大夫士疑衰，其首服皆弁绖。大札、大荒、大灾，素服。"③ 所谓"裼衰"即"锡衰"，是王为三公六卿服丧的丧服制度；所谓"疑衰"，是王为大夫、士服丧的丧服制度。丧服分五等，最重的是斩衰，其次是齐衰。

"继别继祢"见《礼记·丧服小记》的记载："别子为祖，继别为宗。继祢者为小宗。有五世而迁之宗，其继高祖者也。是故祖迁于上，宗易于下。尊祖故敬宗；敬宗所以尊祖祢也。庶子不祭祖者，明其宗

---

① 李学勤主编：《十三经注疏·礼记正义》卷59，北京大学出版社1999年版，第1579页。
② 朱熹撰：《四书章句集注·中庸章句》，中华书局1983年版，第21页。
③ 李学勤主编：《十三经注疏·周礼注疏》卷21，北京大学出版社1999年版，第555—556页。

也。"① 意思是说，别子分出去另立新宗而为始祖，继承别子的嫡长子就是新宗族的大宗，继承父亲的嫡长子就是小宗。这里是承上句指丧服制度。《礼记·大传第十六》也有相同的记载："别子为祖，断别为宗。继祢者为小宗。有百世不迁之宗，有五世则迁之宗。百世不迁者，别子之后也。宗其继别子之所自出者，百世不迁者也。宗其继高祖者，五世则迁者也。尊祖故敬宗。敬宗，尊祖之义也。"② 说的都是相同的意思。

这道策问的大意是：男子加冠和举行婚礼意味着成年，新妇早起拜见公婆表示接替主妇的位置。公婆用酒飨新妇，公婆从西阶下堂，新妇从东阶下堂，完成奠酬之礼，新妇代替主位。三次加冠，母亲和兄弟都要向冠者行成人礼。要求出嫁的女子（新妇）对父母一定孝顺，儿子对待妻子又是怎么样呢？一旦与男子齐平（结合），终身不改，两家合一家的礼节很重要，可惜的是孔门向来就歧视妇女，多人休妻。踩踏锋刃，赴汤蹈火的勇气比坚持中庸之道要容易，引重鼎为什么列在《礼记·儒行》？五种旧礼中烦琐的丧服制度，大宗、小宗之间的差别，都要你们把事情和道理说出来，我等待着你们精彩的论述。

这道策问主要有四层意思：第一，主要讲了冠礼、婚礼及继承关系方面的部分礼仪和规范。第二，对礼的认识和看法，尊崇礼，但要讲究度。第三，对中庸之道的推崇。第四，提出问题，要举子针对所出问题进行辨析。

先讲婚礼的仪式，再讲婚礼的责任，然后引出中庸思想，最后讲婚后的继承制度。不难看出，这里权德舆主张要辩证地学习古人之礼，即讲礼要有度。这个度，就是儒家的中庸之道。《中庸章句》注云："中着，不偏不倚、无过不及之名。庸，平常也。"③ 权德舆对中庸之道极为推崇。他在"议政时从容不敢有所轻重"就是他秉持中庸思想的具体体现。他在《书绅诗》中写道："和静有真质，斯人称最灵。感物惑天性，触理纷多名。……败礼因近习，折人自居贞。……和理通性术，

---

① 李学勤主编：《十三经注疏·礼记正义》卷32，北京大学出版社1999年版，第963—964页。

② 李学勤主编：《十三经注疏·礼记正义》卷34，北京大学出版社1999年版，第1008页。

③ 朱熹撰：《四书章句集注·中庸章句》，中华书局1983年版，第17页。

悠久方昭明。先师留中庸，可以导此生。"① 他赞同中庸，反对"过"与"不及"，认为自身"居贞""理端"，恶习、欲望就不会产生，认同"自省""慎独"，主张"中和""和理"。在《送台州崔录事二十三丈赴官序》中，也表达了相同的观点："古之君子，修诚以慎独，居易以养正。"② 他认为，中庸是人一生中的高度和难度。事实上，中庸、和谐的思想一直伴随着权德舆的一生。

三　对礼乐的提倡与推崇

策问明经八道2明经《周礼》问：

> 问：周制六官，以倡九牧，分事任之广，计名物之多。下士吏胥，类颇繁于冗食；上农播殖，力或屈于财征。简则易从，寡能理众。疑宋母之失实，岂周公之信然。今欲举司徒之三物，教宾兴之六艺，又虑乐舞未通于《韶》《濩》，徒玩干旄；乡射有昧于和容，务持弓矢。适废术学，岂资贤能。至若六变八变，致神祇之格；天产地产，有礼乐之防。悉贰春官，企闻详说。

这道策问主要探讨的是对礼乐教化的提倡与推崇。

《周礼》内容六篇分载天、地、春、夏、秋、冬六官，记古代理想官制，其中冬官已亡佚。"周制六官"，按照《周礼》的记载，周朝的中央政权的组织是以冢宰为首的天地四时六官制度。即天官冢宰、地官司徒、春官宗伯、夏官司马、秋官司寇、冬官司空。

"天官冢宰""帅其属而掌邦治，以佐王均邦国"，冢宰实际上相当于首相的地位。其主要职能主管国家的治理，统帅百官，调剂四海。"地官司徒""帅其属而掌邦教，以佐王安抚邦国"，司徒的属官称为"教官"，司徒主管国家的教育，传布五常的教训，使万民和顺。"春官宗伯""帅其属而掌邦礼，以佐王和邦国"，宗伯的属官称为"礼官"。包括大宗伯、小宗伯等，大宗伯管理天子、诸侯的牒谱、继承、祭祀事

---

① 权德舆著，霍旭东点校：《权德舆诗集》卷1，甘肃人民出版社1994年版，第14页。
② 权德舆著，霍旭东点校：《权德舆文集》卷27，甘肃人民出版社1999年版，第373页。

务，小宗伯管理太庙神主事务。宗伯主管国家的典礼，治理神和人的感通，调和上下尊卑的关系。"夏官司马""帅其属而掌邦政，以佐王平邦国"，司马的属官称为"政官"，司马官就是统帅周天子的军队。主管国家的军政，统率六师，平服邦国。"秋官司寇""帅其属而掌邦禁"，司寇的属官称为"刑官"，司寇职务是管理刑狱事务，主管国家的法禁，治理好恶的人，刑杀暴乱之徒"冬官司空"《周礼》司空篇已亡佚。司空主管国家的土地，安置士农工商，依时发展地利。六卿分管职事，各自统率他的属官，以倡导九州之牧，大力安定兆民。

《尚书·周书·周官》"六卿分职，各率其属，以倡九牧，阜成兆民"。

"九牧"，有三层含义：

九州之长。《周礼·秋官·掌交》："九牧之维。"郑玄注："九牧，九州之牧。"《礼记·曲礼下》："九州之长，入天子之国曰牧。"① 郑玄注："每一州之中，天子选诸侯之贤者以为之牧也。"

指地方长官。宋叶适《故礼部尚书黄公墓志铭》："小犹管晏，大可召毕。中列三品，外倡九牧。"

即九州。《荀子·解蔽》："文王监于殷纣，故主其心而慎治之，是以能长用吕望而身不失道，此其所以代殷王而受九牧也。"杨倞注："九牧，九州也。"《史记·孝武本纪》："禹收九牧之金，铸九鼎。"《后汉书·孔融传》："以九牧之地，千八百君。"李贤注："以九州之人养千八百君也。"陆游《送黄文叔守福州》诗："议论前修似，声名九牧传。""九牧"这里可理解为九州。

"名物"即事物的名称、特征等。《周礼·天官·庖人》："掌共六畜、六兽、六禽，辨其名物。"贾公彦疏："此禽兽等皆有名号物色，故云'辨其名物'。"

"上农播殖，力或屈于财征"，"播殖"亦作"播植"，即播种或种植。《国语·郑语》曰："周弃能播殖百穀蔬，以衣食民人者也。"《后汉书·郑玄传》："年过四十，乃归供养，假田播殖，以娱朝夕。"曹植《社颂》曰："克明播植，农正曰社。""财征"指赋税之事。《周礼·

---

① 李学勤主编：《十三经注疏·礼记正义》卷5，北京大学出版社1999年版，第157页。

地官·遂师》曰"辨其可食者,周知其数而任之,以徵财征"。郑玄注曰"财征,赋税之事"。"简则易从"见《易·系辞上》:"乾以易知,坤以简能;易则易知,简则易从;易知则有亲,易从则有功。"即简易了易于有智慧,简单了易于听从。

"疑宋母之失实,岂周公之信然",《晋书·列传·烈女韦逞母宋氏》:"韦逞母宋氏,不知何郡人也,家世以儒学称。宋氏幼丧母,其父躬自养之。及长,授以《周官》音义。谓之曰:'吾家世学《周官》,传业相继,此又周以所制,经纪典诰,百官品物,备于此矣。吾今无男可传,汝可受之,勿令经世。'属天下丧乱,宋氏讽诵不辍。逞时年小,宋氏昼则樵采,夜则教逞,然纺绩无废。逞遂学成名立,仕苻坚为太常。坚尝幸其太学,问博士经典,乃悯礼乐遗阙。时博士卢壶对曰:'废学既久,书传零落,此年缀撰,正经粗集,唯周官礼注未有其师。窥见太常韦逞母宋氏世学家女,传其父业,得周官音义,今年八十,视听无阙,自非此母无可以传授后生。'于是令宋氏家立讲堂,置生员百二十人,隔绛纱幔而受业,号宋氏为宣文君,赐侍婢十人。周官学复行于世,时称韦氏宋母焉。"① 质疑宋母传授《周礼》,难道周公传授就是真实的吗?权德舆在这里对质疑韦氏宋母传《周礼》一事进行了批驳。

"今欲举司徒之三物,教宾兴之六艺","宾兴",周代举贤之法。见《周礼·地官·大司徒》:"以乡三物教万民而宾兴之,一曰六德:知仁圣义忠和;二曰六行:孝友睦姻任恤;三曰六艺:礼乐射御书数。"郑玄注:"兴,犹举也。民三事教成,乡大夫举其贤者能者,以饮酒之礼宾客之。既则献其书于王矣。"

"又虑乐舞未通于《韶》《濩》,徒玩干旄"见《春秋左传正义》卷三十九《襄公·传二十九年》~667~……札见舞《象箾》《南籥》者,曰:"美哉!犹有憾。"见舞《大武》者,曰:"美哉!周之盛也,其若此乎!"见舞《韶濩》者,曰:"圣人之弘也,而犹有惭德,圣人之难也。"

"乡射有昧于和容,务持弓矢",射礼讲求立德正己、礼乐相和、谦和、礼让、庄重,提倡"发而不中、反求诸己",倡导人格塑造和精

---

① 房玄龄等编:《晋书·列传·烈女韦逞母宋氏》卷96,第66页。

神文明，重视人的道德自省。在本质上是一种健康道德的巧妙导引方式，是华夏先民寓德于射、寓礼于射、寓教于射的珍贵的人文实践成果。

"务持弓矢"，《周礼·春官·大司乐》："大射礼中有及射，令奏《驺虞》……诏诸侯以《弓矢舞》。"

"适废术学，岂资贤能。"指的是秦始皇焚书坑儒事件。亦称"焚诗书，坑术士（一说述士，即儒生）"，秦始皇在公元前213年和公元前212年焚毁书籍、坑杀"犯禁者四百六十馀人"。

《史记·儒林列传》："及至秦之季世，焚诗书，坑术士，六艺从此缺焉。"孔安国《〈尚书〉序》亦言："及秦始皇灭先代典籍，焚书坑儒，天下学士逃难解散。"

周礼注曰：资，取也。意即废除了诗书礼仪之学，怎么能选取贤良。

"六变八变"指的是周礼里的三大祭乐。《周礼·春官·大司乐》载："乃奏黄钟，歌大吕，舞《云门》，以祀天神。乃奏大蔟，歌应钟，舞《咸池》，以祭地示……凡六乐者，文之以五声，播之以八音。凡六乐者，一变而致羽物及川泽之示，再变而致裸物及山林之示……六变而致象物及天神……若乐六变，则天神皆降，可得而礼矣……若乐八变，则地示皆出，可得而礼矣。"

中国古代的礼乐文明，礼乐文化，不能不提到《周礼》《仪礼》和《礼记》，即通常所说的"三礼"。《三礼》是古代礼乐文化的理论形态，对礼法、礼义作了最权威的记载和解释，对历代礼制的影响最为深远。

《周礼》又称《周官》，讲官制和政治制度。是一部通过官制来表达治国方案的著作，内容极为丰富。

《仪礼》记述有关冠、婚、丧、祭、乡、射、朝、聘等礼仪制度。《礼记》则是一部秦汉以前儒家有关各种礼仪制度的论著选集，其中既有礼仪制度的记述，又有关于礼的理论及其伦理道德、学术思想的论述。

"天产地产"，《周礼·春官》："以天产作阴德，以中礼防之；以地产作阳德，以和乐防之。"

天产、地产即所谓百物之产也，阴德、阳德即所谓天地之化也。天地各有所产，阴阳各有其德，先王作礼乐以事鬼神，阳之德为神，阴之德为鬼。用天所产者以作阴之德，礼由阴作者也，礼以防之，使其鼎俎之实必得其中而不过于奢俭焉，是以地制之礼而节天阳之所生也；用地所产者以作阳之德，乐由阳来者也，乐以防之，使其笾豆之实必得其和而不至于乖戾焉，是以天作之乐而节地阴之所成也。夫天本阳也，以天产而作阴德；地本阴也，以地产而作阳德，如此，则天地之化、百物之产合为一矣。由是而事鬼神，则阴阳之气交、动植之物备、礼乐之用节，是故郊焉而天神格，庙焉而人鬼享，万民以之而谐闺门、族党，无不和协者矣。百物以之而致，鸟兽草木无不顺成者矣。《周礼》云："以五礼防万民之伪，而教之中；以六乐防万民之情，而教之和。"

秦代奉行法家的力主耕战政策，实行"上农除末"的经济方针。"上农"，是崇尚、奖励农业，以农为本。"除末"，是取消、削弱工商业，以工商业为"末作""末业"。

这道策文的大意是说：按照《周礼》的记载，周朝中央政权是以冢宰为首的天地四时六官制度，这种制度有利于倡议九州管理事务的繁重、物品的繁杂。管理事务的下级官员胥吏，各种岗位繁多人员庞杂；崇尚奖励播种农业，但繁重的赋税一定程度上削弱了耕种力量。正如《易经》所说简约易于听从、人少能治理众人。质疑宋母传授《周礼》，难道只有周公传经的说法就是真实可信的吗？现今打算用六德、六行、六艺来教化人民百姓，推举出贤者能者，又担心乐舞没有达到像《韶》《濩》雅正古乐的水平，白白浪费装饰华美的旗帜和阵容庄严的仪仗。射礼原本讲求立德正己、礼乐相和，但现在却有损和谐，箭在弦上，一触即发。秦朝"焚书坑儒"，废除了技艺之学，怎么能选取贤良之人。至于周礼里的三大祭乐，六变可祭天神，八变可祭地神；百物之产，有礼乐之法来治理约束。很惭愧对《周礼·春官》的理解，愿闻你们详尽的叙说。

这道以"礼"为中心的策问，主要讲的是权德舆对"三礼"的精深研究和他对"礼"的推崇与提倡。有三层意思值得注意。第一层简要介绍了《周礼》的六官制以及六官制的优劣。第二层主要是讲权德舆通过策问劝诫统治阶级要借用六德、六行、六艺来教化人民百姓、推举出能者贤才。第三层警醒统治阶级要提倡士人读书修礼，注重礼乐教化，吸取"焚书坑儒"而亡国的教训。

礼乐文教是儒家思想的核心组成部分，儒家思想的传播和实施都是通过制礼作乐、修文施教得以实现的。自古以来，礼乐文教就是安身立命、修身齐家、治国平天下的必备条件。纵观历史，取得为后世敬仰的朝代，无不与讲究礼乐、强调礼乐教化有关，而礼崩乐坏、文教疏漏的朝代也总是和政权夭亡、遗臭万年连在一起。因此，礼乐文教关系着一个国家的稳定、民风的淳厚、政风、世风的建构。正如白居易在策林中说的"序人伦，安国家，莫先于礼。和人神，移风俗，莫尚于乐。二者所以并天地，参阴阳，废一不可也。……是以先王并建而用之，故理天下如指诸掌耳"。如果说白居易策林中关于礼、乐的认识继承了儒学的经典精神，那么权德舆对"礼"的研究和提倡则进一步深化了"礼、乐"治国、礼乐安民的实质。从文中看，尽管权德舆对礼有深刻的研究，但他对《周礼》并不是一味地全盘继承，认为在讲究礼乐的基础上，应适当删除一些繁缛的礼节仪式和制度岗位。对于"下士吏胥，类颇繁于冗食"的现象，权德舆认为应该一概摒除。治理国家，要在礼乐制度上删繁就简，才能达到"简则易从，寡能理众"的清和局面。权德舆在后文中针对中唐"安史之乱"后礼崩乐坏的社会现实，提出"今欲举司徒之三物，教宾兴之六艺"的策略，进一步强调要修礼乐、抑繁节，同时又针对中唐的实际情况提出"适废术学，岂资贤能"的主张。只要礼乐兴国，就会达到"天产地产，有礼乐之防"局面的建构。《礼记·乐记》中说："礼乐皆得，谓之有德……是故先王之制礼乐也，非以及口腹耳目之欲也，将以教民平好恶，而反人道之正也。"①权德舆在场外中纳入《周礼》的内容，主要也是要发挥礼乐教化的功用。

权德舆策问中反映出的礼教问题是多方面的。如贞元十九年礼部策问进士五道第三问，涉及唐王朝宗庙祭祀等方面的礼制问题。

> 问：祖宗昭穆，王者之盛典；明祀严禋，有国之大事。顷岁奉常上奏，以献祖之位非正，太祖之宗未申，而公卿诸儒，杂有其

---

① 李学勤主编：《十三经注疏·礼记正义》卷 39，北京大学出版社 1999 年版，第 1308 页。

议,皆以百代不迁,宜居东向。而献懿二主,所归不同。或曰:藏于夹室,或曰:置于别庙。或曰:祔于德明兴圣,酌殷周之制;或曰:迁于园寝石室,采汉魏之仪。而又有并居昭穆之列,竟虚其位;分飨禘祫之礼,互处于西。众议云云,莫有所壹。至今留中未下,诚圣意所重难也。至当无二,众君子辨之。

这道策问的大意是说:排定列宗和父辈们的次序,是帝王的盛典;庄严地祭祀天神,是国家的大事。近年负责祭祀的太常寺上奏说献祖宣皇帝的牌位不恰当,太祖景皇帝的尊贵也没显现出来。王公大臣看法不一,均认为太祖的牌位在何时都不能挪动,就应该在东侧。但献祖宣皇帝和懿祖光皇帝的牌位的安放却意见不统一。有的主张供藏在太庙内堂东西厢后面,有的主张供奉在太庙外另建的庙中,有的主张祭祀先王后实行附祭,要用商代和周代的制度来彰显圣明。有的主张迁移到帝陵区,采用汉魏风格,更有人主张共同排放在父辈与子辈的序列中,分别享受分祭和合祭的礼仪。由于意见不同,至今没有决定最后的归属。这的确是让皇上头疼的事啊。最恰当的方式只有一种,请诸位举子明辨此事。①

贞元十五年九月权德舆作有《中书舍人臣权德舆奏献懿二祖迁庙奏议》② 一文,就献祖宣皇帝和懿祖光皇帝这兄弟二人的牌位归属问题进行奏议。由于众卿意见纷纭,一直无有定论。贞元十九年权德舆将这一难以决断的国之大事诉诸万人瞩目的科举考试,对于大臣不同的四种意见"或藏于夹室;或置于别庙;或祔于德明兴圣,酌殷周之制;或迁于园寝石室,采汉魏之仪"要众举子分而辨之。

蒋寅在《大历诗人研究》一书中赞誉权德舆等台阁体诗人说:"这批人有共同的礼学或史学的背景,兼具学者与文人的素养……他们的仕履也集中在礼官、史职、掌纶诰等方面,这是很值得注意的。"事实上,史载权德舆"及长好学""自始学至疾未病,未尝一日去书不观"③。权

---

① 杨寄林等编:《中华状元卷·大唐状元卷》,山西教育出版社2001年版,第403页。
② 权德舆著,霍旭东点校:《权德舆文集》卷19,甘肃人民出版社1999年版,第264页。
③ 韩愈:《韩昌黎文集校注》卷7《唐故相权公墓碑》。

德舆具有深厚的礼学渊源,精通礼学,不仅用"礼"的规范来约束自己,而且将"礼"的精髓推行于唐代的政治制度当中。由于博学明礼,以权德舆为首的台阁体诗人大都历太常博士一职,常常发挥己学,弥纶礼制。贞元前期,中唐战事频繁,朝廷内部的矛盾一般集中在财权方面;贞元后期,烽火稍歇,矛盾的焦点就转移到典礼方面来。① "如果说大历至贞元前期,是由刘晏盐铁转运府中的人才充任政治、文学舞台上的主角(包佶、刘长卿、张继、戴叔伦等),那么贞元后期则是由权德舆周围的由礼官出身的人才充任政治、文学舞台上的主角了。"② 在他的诗文中也常常出现对礼的颂扬,《赠文敬太子庙时享退文舞迎武舞乐章》:"干旄羽籥相亏蔽,一进一退殊行缀。昔献三雍盛礼容,今陈六佾崇仪制。"对于权德舆良好的礼学根底,蒋寅亦有很高的评价:"从现存的《昭陵寝宫奏议》《祭岳镇海渎等奏议》《献懿二祖迁庙奏议》等仪礼之文,我们可以看出他(权德舆)在礼学方面的造诣。"③

第六节 群经之首、大道之源
——《周易》策问思想内容研究

《周易》与《连山》《归藏》合称"三易"。由于最初是占卜之书,史称"三代易名"。相传,《连山》失传于汉代,《归藏》失传于魏晋以后,唯有《周易》流传至今。《周易》包括《易经》和《易传》两部分。《易经》由"上经"三十卦和"下经"三十四卦组成,总共六十四卦、三百八十四爻。六十四卦由八卦两两相重而成。相传八卦为伏羲所创,分别为乾、坤、震、巽、坎、离、艮、兑。八卦分别和自然界的天、地、雷、风、水、火、山、泽这八种事物相对应。

《易传》相传为孔子所作,主要是对《易经》及其卦爻辞的注解,共有十篇文章,也称《十翼》。这十篇文章分别为《彖》(上下)、《象》(上下)、《系辞》(上下)、《文言》《说卦》《序卦》《杂卦》。

---

① 陈振孙:《直斋书录解题》卷6《大唐郊祀录》10卷:"唐太常礼院修撰王泾撰,考次历代郊庙沿革之制及其工歌祝号,而图扎坛屋陟降之序,贞元中上之。"即这一历史背景下的产物。

② 蒋寅:《大历诗人研究》,北京大学出版社2007年版,第375页。

③ 同上书,第378页。

自古以来，对《周易》的研究人才辈出，从汉代的京房、郑玄、魏晋的王弼，到唐代的陆德明、孔颖达，宋代的邵雍、朱熹等，对易学的研究可谓是贯穿于各个朝代。历史上研究《周易》的大致可以分为以八卦卦名的含义来解释卦爻象和卦爻辞的义理派和以八卦所象征的物象来解释卦爻象和卦爻辞的象数派。

《周易》不是文学但却与文学有着紧密的联系。《周易》分经、传部分，《经》是符号，《传》是语言文字。文学总是以艺术的语言安身立命；《周易》的乾卦与坤卦里面有"文言"。"文言"即这种语言不是朴素的语言，而是经过修辞过的语言。《周易》之"言意观"对文学语言之影响；《周易》之"阴""阳"之框架与中国文学之"阳刚之美"与"阴柔之美"。

《易·大传》中包含着丰富而深刻的辩证法思想。

比如"刚柔相推而生变化""一阴一阳谓之道""日新之谓盛德，生生之谓易"这些辩证思想在先秦哲学中可以说是最丰富最深刻的，对后来辩证思想的发展有巨大影响。《易·大传》强调忧患意识，也正是当时社会矛盾激化的反映。因为有了忧患意识，所以要求改变当时的社会现状，于是重视变化、重视对立面之间的转化，于是就有了"变化日新"和"对立统一"的精湛学说。《易·大传》中的辩证思想是中国古代哲学思想中的宝贵遗产。

《易·大传》包含着深奥的人生哲理和鲜明的政治观点。

《易·大传》宣扬刚健有为的人生观，把天人协调作为最高理想，把扩充知识、改进物质生活与提高品德修养三方面结合起来。《易·大传》认为，"天行健，君子以自强不息"，天的本性是刚健，人应该效法天的刚健，应该自强不息，永远努力前进。《易·大传》还认为，处事接物，必须知柔知刚。《易·大传》提出"裁成天地之道，辅相天地之宜"，就是要求对大自然加以适当的调整，使自然更符合人类的要求。《易·大传·文言》提倡"……先天而天弗违，后天而奉天时"，这里的先天指的是要引导自然，后天指的是适应自然。即要在变化尚未发生之前先加以引导、开发，在自然变化发生之后要注重适应。这种天人协调论在一定程度上肯定了人的主观能动性，具有朴素的唯物主义思想。

《易·大传》主张"损上益下"，重视"变通"、赞扬"汤武精神"。《易·大传》说"节以制度，布上财，不害民"，讲究顺乎天时，合乎人心。《易·大传》这些进步的政治思想，对后来哲学思想的发展影响深远而巨大。《周易》所包含的朴素唯物主义思想，对后世唯物主义、唯心主义提供了一定的思想营养。

《周易》是中国传统文化最古老的典籍，是儒家思想的核心载体，更是中国历史文化古籍中的宝典。《周易》有很高的思想价值，主要体现在神秘的形式中蕴含着极为丰富的逻辑思维和朴素的辩证观点，体现了朴素的哲学思想，如吉凶、得失、祸福的对立统一，以及否极泰来、亢龙有悔的物极必反原则。它包含的内容极其广泛、深刻，在世界文化史、思想史上具有极高的地位。《周易》作为群经之首，对中华文化各领域均有重要而深远的影响。

权德舆把有关《周易》的思想内容引入科举考试，是为了发挥中唐士人倡导的复古主张中的经史文化的政教作用。即"主张文以明儒家之道，重政教之用，宗经复古"。① 创新思考儒学的使命、对传统经学作出新的阐释已成为时代的需要。在中唐宗经复古、重树儒学权威的复古大潮下，权德舆以《周易》命名的策问，体现出权德舆重振儒学权威的忧患意识和宗经复古思想，对于改良社会风气，重建儒学权威，具有积极推动作用。

一　浓郁的忧患意识和宗经复古、重树经学权威的主张

策问明经八道《周易》问：

> 问："作《易》者，其有忧患乎？又曰：'乐天知命，故不忧。'鼓天下者，在乎辞。"又曰"吉人之辞寡。寂然不动，则感而遂通。见几而作，乃不俟终日。"岂各有所趣？幸备言其方。至若《巽》之于人为广颡白眼，《坎》之于马为美脊薄蹄，诚屈成以弥纶，何取象之琐细？伫闻体要，然后亡言。

中唐儒学研究逐渐兴盛，复兴儒学逐渐成为士人一致的目标。在这

---

① 罗宗强：《隋唐五代文学思想史》，上海古籍出版社1986年版，第87页。

种情况下，原本承担着诠释传统儒学经典使命的官学因自身原因已无力担当这一重任，而发展兴盛于"安史之乱"以后及大历、贞元时期的民间私学，因时变革、务实图强的革新倾向而广为流传，并最终在贞元十二年前后成为官学的一部分，自然而然地担当起了这一重任。① 据《新唐书·儒学传》载："大历时，（啖）助、（赵）匡、（陆）质以《春秋》……蔡广成以《易》，强蒙以《论语》，皆自名其学。"

权德舆作为朝廷重臣，无一例外受到这种风尚的影响。面对中唐千疮百孔的社会现实，儒教不举的动荡时局，权德舆将《周易》内容引入科考，充溢着权德舆深深的忧患意识和宗经复古、重振儒学的思想。即"主张文以明儒家之道，重政教之用，宗经复古"。

这道以《周易》命名的策问，权德舆除了以儒家经典来考查举子之外，还蕴含权德舆深深的忧患意识和宗经复古、重振儒学权威的思想。

忧患意识是中华民族根深蒂固的人文情节，内容丰富，影响深远。春秋战国末期，世道衰微，礼崩乐坏。面对黑暗的现状，孔子说："德之不修，学之不讲，闻义不能徙，不善不能改，是吾忧也。"（《论语·学而》）不注重道德品质的提高，不切磋学问，不按道义的原则去行动，有了过错不能及时改正……目睹春秋末期黑暗的社会现实，孔子生发出深深的忧虑。

"作《易》者，其有忧患乎？"见《易经·系辞下传》："《易》之兴也，其于中古乎？作《易》者，其有忧患乎"，②《易经》的兴起大概在中古（殷商之末的周文王时期），创作《易经》的人，大概有忧患意识吧？

《周易》是忧患之书，是道德教训之书，是君子之书，读《易》要于忧患中提高道德境界，以此作为化凶为吉的手段。《周易》把中国古代早已有之的阴阳观念，发展成为一个系统的世界观，用阴阳、乾坤、刚柔的对立统一来解释宇宙万物和人类社会的一切变化。它特别强调了宇宙变化生生不已的性质，说"天地之大德曰生"，"生生之谓易"。又提出"穷则变，变则通，通则久"，发挥了"物极必反"的思想，强调提出了"居安思危"的忧患意识。它认为"汤武革命，顺乎天而应乎

---

① 查屏球：《唐学与唐诗》，商务印书馆2000年版，第28—29页。
② 李学勤主编：《十三经注疏·周易正义》卷8，北京大学出版社1999年版，第368页。

人"，肯定了变革的重要意义，主张自强不息，通过变革以完成功业。同时，它又以"保合太和"为最高的理想目标，继承了中国传统的重视和谐的思想。

"乐天知命，故不忧"见《易经·系辞上传》第四章："与天地相似，故不违。知周乎万物，而道济天下，故不过。旁行而不流，乐天知命，故不忧。安土敦乎仁，故能爱。"《易经》之道和天地之道相似，乐观地对待自然趋势而知道命运不可更改，所以能没有忧愁苦闷。孔子"不怨天，不尤人"，也就是"无忧"。孔子为什么"无忧"？因为能"乐天知命"。即能够乐观地接受天道自然来修养自我，知道自强不息地做好自己当时该做的事，对过去的事不采取后悔的态度而是为不断地完善自我修养而努力，对未来的事不采取憧憬梦想的态度而是脚踏实地地去做当前的事，尤其是以实践仁道、推行仁道为己任而不求名利富贵，还有什么得失，还有什么忧虑呢？因此说安于所在的地，富于仁德，故能够爱。

"鼓天下者，在乎辞"，《易经·系辞上传》曰："极天下之赜者存乎卦，鼓天下之动者存乎辞，化而裁之存乎变，推而行之，存乎通……默而成之，不言而信，存乎德行。"这里是说极尽天下繁杂事物的，依存于卦象；鼓动天下变化的，依存于爻辞；（阴阳）转化裁成万物的，依赖于卦变；（阴阳）推移运动的，依存于变通；（蓍占）神妙而能示（吉凶）的，依存于人；在默然中成就一切，不用言语而致诚信，依存于德行。

任继愈在《中国哲学史·易经和洪范的思想》里把易经的哲学思想分为三个方面：一是观物取象观点；二是万物交感观点；三是发展变化观点。易经用八种自然物作为说明世界上其他更多东西的根源。天地又是总根源，产生雷、火、风、泽、水、山六物，具有朴素的万物生成的唯物主义思想。易经讲究万物在阴阳两种势利的推动、矛盾中产生变化，这个变化的过程是通过交感来实现。发展变化的观念也是贯穿在易经中的一个基本思想。易经作者认为天地万物都在随时发生变化，而变化着的事物有一定的发展阶段。如果事物的发展变化超过了它的最适宜发展的阶段，就会产生相反的结果。正如《易经·泰卦》九三爻辞所说"无平不陂，无往不复"，这种观点，包含着物极必反的辩证法思想，对后代产生了很大的影响。

权德舆的忧患是要坚持格物致知，方能达到和谐统一。

"吉人之辞寡。寂然不动，则感而遂通。见几而作，乃不俟终日。"见《易经·系辞上传》："寂然不动，感而遂通天下之故。"《易经·系辞下传》："君子见几而作，不俟终日。"

"几"，是预兆的意思。说《易经》本来是没有思虑、没有作为的，寂静不动，但用真诚感动它，遂能通晓天下事理。君子看到预兆就行动，不等到一整天。《周易》是圣人忧患意识的反映，不仅要有乐天知命故不忧的坚定信念，还要做到"寂然不动，感而遂通"，方能达到和谐一致。也就是说，要塑造出定的不动心灵，需要经过格物致知与诚意正心的相互促进，提升知识与道德的价值，最终洞察宇宙人生的真相。

"《巽》之于人为广颡白眼"：《易·说卦》："巽为木……其于人也，为寡发、为广颡、为多白眼，为近利市三倍，其究为躁卦。"意思是说巽是风，又是木。巽是木，木工制器用绳墨，把绳子拉直在木上弹墨线，故比绳直，比木工。弹墨线时要在白木上，故比白。巽为木，指质朴，古代相面称三种人质朴：少发、广颡、多白眼。孔颖达疏："取躁人之眼，其色多白者。""躁人"，指性子急躁的人。《易·系辞下》："吉人之辞寡，躁人之辞多。"① 孔颖达正义曰："吉人之辞寡者，以其吉善辞直，故辞寡也；躁人之辞多者，以其烦躁，故其辞多也。"

"广颡白眼"：广颡：宽阔高大的额头。广，宽阔高大，颡，额头的意思。白眼：二层意思：一是指多白的眼睛。《新唐书·藩镇传·张公素》："诏张公素为节度使，进同中书门下平章事，性暴厉，眸子多白，燕人号'白眼相公'。"清昭梿《啸亭杂录·质王好音律》："又余有狠仆某，王默告余曰：'其人多白眼，瞳子眊焉，非纯正者。'"二是露出眼白，表示鄙薄或厌恶。《晋书·阮籍传》："籍又能为青白眼，见礼俗之士，以白眼对之。"② 王维《与卢员外象过崔处士兴宗林亭》诗："科头箕踞长松下，白眼看他世上人。"

"广颡白眼"，这里是说有着宽阔高大额头却长着多白眼睛的人，古人认为少发、广颡、多白眼的人属于质朴相。周振甫亦说："古代相

---

① 李学勤主编：《十三经注疏·周易正义》卷8，北京大学出版社1999年版，第378页。
② 房玄龄等编撰：《晋书·阮籍传》，中华书局1974年版，第1362页。

面称三种人质朴：'少发、广额、多白眼'。"① 古人认为头发少、阔额是智慧的象征；白眼多、黑眼少的人眼珠子不会飘忽闪烁，表示对人比较厚道、质朴，有信赖感。眼光闪烁游离之人往往缺少诚恳与质朴。

"《坎》之于马为美脊薄蹄"：《易·说卦》："坎是水、是沟渎、是隐伏、是矫揉、是弓和木轮。……它于马是脊梁美、是性急、是低头、是蹄子薄、是牵引。"这里比喻四种马不能跑远路：一种马背脊美，好骑，跑不远；一种马性子急，一开始就拼命跑，跑不动；一种马开始就低头跑，也跑不远；一种马蹄子薄，跑远路脚疼。

"诚屈成以弥纶，何取象之琐细"，见《易·系辞上传》："《易》与天地准，故能弥纶天地之道……范围天地之化而不过，曲成万物而不遗……故神无方而易无体。"② 意思说易经包举了天地的变化而不过头，曲折地成就万物而不遗漏，因此，《易》经玄妙的道无一定的方所，无一定的形体。

处理事情要讲究方式方法，要懂得转弯子。也就是说万物的成长，都是要走曲线的。南怀瑾说："所以万物的成长，都是走曲线的。人懂了这个道理，就知道人生太直了没有办法，要转个弯才成。"③ 老子二十二章也有相同的道理："曲则全，枉则直，洼则盈，敝则新，少则得，多则惑。"④ 老子告诉我们委屈反能保全，屈就反能伸展，老子对"曲"的理解即源自《周易》精神。权德舆在这里套用《周易》的智慧，是告诉世人做人的原则、方法，遇事要懂得屈就，要讲究方式方法。宗经复古，要从实际做起，要在理解的基础上通读或者重点诵读儒学经典。《周易》作为群经之首，可以说是万事万物的起源，"四书""五经"都可以从中找到依据。权德舆通过策文要求学习效法《周易》的辩证思想，要学会用"一阴一阳谓之道"中对立转化的观点来指导重树儒学权威的实际问题。

《周易·系辞下》曰："……是故君子安而不忘危，存而不忘亡，

---

① 周振甫译注：《周易译注》，中华书局2010年版，第287页。
② 李学勤主编：《十三经注疏·周易正义》卷8，北京大学出版社1999年版，第312页。
③ 南怀瑾：《易经杂说》，中国世界语出版社1996年版，第172页。
④ 陈鼓应：《老子今注今译》，商务印书馆2003年版，第161页。

治而不忘乱，是以身安而国家可保也。"① 君子平安时不忘危险，存在时不忘灭亡，得到治理时不忘变乱，因此，身体平安而国家可以保存。《周易》的忧患意识，也是权德舆的忧患意识。

权德舆警醒世人要居安思危，要有忧患意识。关键的问题是，在宗经复古、引导士人倡导儒学的同时，要切实学习吸取《周易》的博大精深。《周易》"易与天地准"的学问法则是宇宙间最高的标准、最高的学问。四书五经的学问皆源自《周易》，因此，万事万物都离不开这个法则。儒学根底深厚的权德舆精通《春秋》，长于《周易》，他对《周易》不仅是层面上的理解，而是深层次的领会。他的文章中多次涉及《周易》的内容，或自勉或鼓励他人。在《宋台州崔录事二十三丈赴官序》中赞崔录事说："古之君子，修诚以慎独，居易以养正。"在《唐故相文贞公崔公集序》中赞扬崔公："以《同人》之中正，《大有》之刚健……出入光大……"《唐故尚书崔君文集序》说："《易·贲》之《象》曰：'观乎人文，以化成天下。'"在进士策问五道中，有明确体现权德舆忧患意识的内容，问：《易》曰："君子夕惕若厉。"权德舆对品德高尚的人整日自强不息，夜晚小心谨慎如临危境，从不懈怠，就没有灾难的评述，警醒士人，要宗经复古、重树儒学，归根结底，这种思想还是源自于权德舆居安思危的忧患意识。

"何取象之琐细"，《周易·系辞下》曰："是故《易》者，象也，象也者，像也。"② 所以说《易经》的内涵是卦象，卦象是用卦来象事物。历史上研究《周易》的有两种派别，一种是以王弼、程颐为代表的"义理派"；一种是以京房、邵雍为代表的"象数派"。③ 义理派偏重从《周易》的哲学价值来解释，象数派则强调《周易》的占卜之术。《周易》的象指的是"卦象"，除了基本卦象还有引申卦象，比如，"天行健，君子以自强不息"，"天"指乾象，"健"也指乾象，君子也指乾象。基本卦象是"乾为天"，引申卦象是以"乾"为"健"、为"君子"。而对《周易》的解读、理解，引申意才是关键，尤其是象。孔颖达《正义》曰："夫易者，象也。"

---

① 李学勤主编：《十三经注疏·周易正义》卷8，北京大学出版社1999年版，第362页。
② 同上书，第356页。
③ 曹顺庆主编：《中华文化原典读本》，北京师范大学出版社2014年版，第2页。

席卷整个中原的"安史之乱",政治上、经济上,严重摧毁了唐王朝的强盛与繁荣。颠沛流离、饱经战乱的士人不得不面对一系列的社会矛盾。对于这一系列社会矛盾,蒋寅说:"在朝内是奸臣、宦官交替专政,皇帝的权威受到威胁;党争的萌芽开始出现;政治势力的升沉危及了士人的政治生活,这使朝廷政局堕入前所未有的一片黑暗之中。"① 身处这种战争频繁、经济困窘、政治最黑暗的时期,唐王朝朝野上下都在探寻自救和中兴之路。有了忧患,就要寻找出路。权德舆等一批具有远见卓识的儒学大师,于强烈的忧患意识中形成了务实变革的新学风,力主宗经复古、变法图强。而群经之首《周易》不仅能帮助我们"致知""诚意""正心",也能指导我们"修身""齐家""治国""平天下"。这也是权德舆之所以将《周易》内容引入科考的一个重要原因。

这道策文的大意是说:创作《易经》的人,大概有忧患意识吧?有人说:"乐观地对待自然趋势而知道命运不可更改,所以没有忧愁苦闷。鼓动天下变化的,依存于德行(的感召)。"还有人说:"有良好修养的人寡言少语,《易经》本来是没有思虑没有作为的,寂静不动,但用真诚感动它,遂能通晓天下事理。君子看到预兆就行动,不等到一整天。"以上这些不是都有各自的意趣吗?希望你们能详备地陈述各自的方略。至于《易经·说卦》所言一个人相面质朴的人有着宽阔高大的额头、少发、长着多白的眼睛;四种不能跑远路的马(背脊漂亮的马,好骑却跑不远;性子急躁的马,一起步就拼命奔跑也跑不远;一开始就低头拼命奔跑的马也跑不远;马蹄子薄的马跑远路脚疼也跑不远)。我正静心等待着你们剖析阐述要点,如果说易经中玄妙的道能曲折成就万物、普遍包揽天地,那么为什么还要取法《易·象》中琐碎的对卦爻辞的诠释?我肃立恭听你们的见解,体会其中的要义,再也没有什么疑惑的话语了。

这道策问有三层意思。第一层主要说的是《易经》的忧患意识和权德舆主张重树经学权威的思想。通过在科考中增加《易经》成分,提出"穷则变,变则通,通则久",发挥了"物极必反"的思想,强调了

---

① 蒋寅:《大历诗风》,上海古籍出版社1992年版,第40页。

"居安思危"的忧患意识。这种意识的产生是和中唐"安史之乱"后社会的动荡时局、人人自危的现状分不开的。权德舆认为，能够乐观地接受天道自然来修养自我，知道自强不息地做好自己当时该做的事，对过去的事不采取后悔的态度而是为不断地完善自我修养而努力，对未来的事不采取憧憬梦想的态度而是脚踏实地地去做当前的事，尤其是以实践仁道、推行仁道为己任而不求名利富贵，就不会患得患失，就会减少或没有忧虑。这和中唐宗经复古、礼教兴国的思想一脉相承。

第二层重申《周易》的思想精髓。通过对儒家经典《周易》的研习，要谨记《易经》所说"吉人辞寡"的道理，要言语谨慎，谨言慎行。做到格物致知，方能达到和谐统一。《周易》作为华夏经典读物，它在生活经验的总结和启示方面，留下了许多宝贵的精神财富，供后人借鉴。正如韩愈强调的重点是儒家道统一样，权德舆所强调的重点是乐观接受天道自然，通过儒学典籍的精髓来修养自我，从而达到重树儒学权威的目的。

第三层意思，考查举子们对《周易》的熟悉程度。就《周易》的卦象向举子们发问，通过对策来考查举子们对典籍的熟悉程度及分析、解决问题的能力。事实上，《周易》之"象"指的是卦象，而这种卦象乃是对天地自然的模仿。《系辞上》说："圣人有以见天下之赜，而拟诸其形容，象其物宜，是故谓之象。""象"就是对纷纷扰扰的大千世界之模拟。《系辞下》说得更为明确："八卦成列，象在其中矣。……爻也者，效此者也；象也者，像此者也。"八卦本身就是一种形象，所以称为"象"，而爻辞则是用文辞的形式来模仿大千世界的。正因如此，所以《系辞下》说："《易》者，象也；象也者，像也。"整个《周易》都是对世界自然的模仿。因此既要"观其象"，又要"玩其辞"，"象"和"辞"是相依相伴的。

大历、贞元时的士人，大多成长于乱世，身历数朝，对王朝衰落、权威不在、社会动荡有痛切的感受。当唐王朝刚从"奉天之难"的危机中解脱出来，朝野上下一直认为这是重树儒学权威，重振朝纲、图强中兴的契机。传统的儒家经典再一次凝聚了世人的目光。韩愈依据《大学》"修""齐""治""平"说，把"道"与"性"相结合，强调在加强个人修养的前提下，去实现"治国平天下"的大业。礼部侍郎杨绾于"安史之乱"后的宝应二年（763）上疏认为"为进士者皆诵当代之文，而不通经史"，不知"孝友信义廉耻"①，强调不仅要在科考中加大经学的分量，还要改革重诗赋而轻经学的科举制。尚书左臣贾至，从《易经》的"观乎人文以化成天下"的观点出发，认为"今试学者不穷经义"，不知忠孝仁义之道，因而"先王之道消""小人之道长"，"向使礼让之道弘，仁义之道著，则忠臣孝子比屋可封"。贞元十八年、十九年、二十一年，权德舆以礼部侍郎之职三掌贡举，他开始把改革科举考试的主张付诸实施。他在试题中加重了经义的分量，所出进士、明经、崇文生等各种策问，均以通经义为主。他在《答刘福州书》中说："是以半年以来，参考对策，不访名物，不征隐奥，求通理而已，求辩惑而已。"②权德舆是朝廷重臣、文坛盟主，他"能好文辞，擅声于朝"③，"三掌贡士，号为得人"④，他的改革措施，对于中唐士人重树儒学权威有重要的导向作用。

二 洁净精微、惩忿窒欲的品德修养

《周易》作为群经之首，对于重建中唐儒学权威、提高士人品德修养，意义重大。如果说权德舆《春秋》策问含有思变创新、重振国威的思想，那么权德舆的《周易》策问意在让士人达到洁静精微、惩忿窒欲的道德修养境界。

  明经策问七道

  《周易》问：洁静精微，研几通变。伏羲重其象，文王演其辞。设位尽通于三极，修德岂惟于九卦？何思何虑，既宜以同归？先甲先庚，乃详于书令。俭德避难，颇殊謇謇之风。趋时贵近，有异谦谦之吉。穷理尽性之奥，入神致用之精。乾元用九之则，大衍虚一之数。成性有存存之道，知几穷至至之言。既所讲闻，试陈崖略。

---

① 欧阳修、宋祁等：《新唐书》卷44《选举志上》，中华书局1975年版，第1160页。
② 权德舆著，霍旭东点校：《权德舆诗集》卷31《答刘福州书》，甘肃人民出版社1994年版。
③ 韩愈：《唐故相权公墓碑》，见《全唐文》卷562，中华书局1983年版。
④ 刘昫等：《旧唐书·权德舆传》卷148，中华书局1975年版，第4001页。

"洁净精微",《礼记·经解》引孔子语曰:"洁静精微,《易》之教也。"孔颖达疏云:"《易》之于人,正则获吉,邪则获凶,不为淫道,是洁静。穷理尽性,言入秋毫,是精微。"即指洁净的头脑、缜密的思想。"洁静",言《周易》是教育人们从善去邪的洁静之道。"精微",精深微妙,言《周易》阐明宇宙万物变易之理,精当深奥,无微不尽。《周易·系辞上》:"夫易广矣大矣,以言乎远则不御,以言乎迩则静以正,以言乎天地之间则备矣。"①

"夫《易》圣人所以能以极深而研几也。唯深也,故能通天下之志,唯几也,故能成天下之务。"②朱熹注:"研犹审也;几微也。所以极深者,至精也,所以研几者,至复也。"说明《易》因其穷极深奥的抽象理论,研究极其细微的运动变化,所以能开通人的思想,判定天下的具体事物。教育人们穷理尽性,格物致知。黄寿祺等人解释为:"《周易》是穷尽幽深事理而探研细微征象之书,只有穷究幽深事理,才能汇通天下的心志;只有探研细微征象,才能成就天下的事物;只有神奇地贯穿《易》道,才能不需急疾而万事速成,不需行动而万理自至。"③

《礼记·经解》载孔子对五经的评价:"入其国,其教可知也。其为人也,温柔敦厚,《诗》教也;疏通知远,《书》教也……洁净精微,《易》教也;恭俭庄敬,《礼》教也……故《诗》之失,愚;《书》之失,诬……《易》之失,贼……其为人也,温柔敦厚而不愚,则深于《诗》者……洁净精微而不贼,则深于《易》者也……"④孔子认为,看一个国家对国民的教化,他们的为人如果温柔敦厚,是得力于《诗》的教化;知识广博而通晓历史,是得力于《书》的教化;纯洁、文静而又细心,是得力于《易》的教化……《诗》教强调得过分,就会使人变得愚钝;《书》教强调得过分,就会使人的知识失实;《易》教强调得过分,就会使人相互伤害……如果一个国家的民众为人温柔敦厚而不愚钝,这是正确施行《诗》教的结果;纯洁、文静、细心而互不伤

---

① 李学勤主编:《十三经注疏·周易正义》卷7,北京大学出版社1999年版,第320页。
② 同上书,第335页。
③ 黄寿祺、张善文:《周易译注》,上海古籍出版社1989年版,第554页。
④ 李学勤主编:《十三经注疏·礼记正义》卷50,北京大学出版社1999年版,第1597页。

害，这是正确施行《易》教的结果。

"洁净精微"据说是孔子整理《易经》后得出的结论，这四个字，看起来很简单，含义很广，包含了哲学、宗教的含义。一个人研习了《易经》，就会做到心如止水，宁静而纯洁。孔子讲的是儒家经典对人的性情、品质情操的陶冶，权德舆将它引入科考，目的也在于要提升中唐士人的品德修养。

"伏羲重其象，文王演其辞"，孔颖达《周易正义卷首·论重卦之人》曰："伏羲得《河图》而作《易》。是则伏羲虽得《河图》，复须仰观俯察，以相参正，然后画卦……故今依王辅嗣以伏羲既画八卦，即自重为六十四卦。其重卦之意，备在《说卦》，此不具叙。"① 对于《易》学史上关于重卦创造者这一问题，孔颖达序取王弼《注》本以为伏羲所作。对于卦爻辞创作者的问题，孔颖达认为"以为卦辞文王，爻辞周公"②，这里权德舆将《易》学史上的重卦、卦爻辞谁人创作的问题提出来让众举子加以辨析，各陈己见。

"三极之道"，三极，即三才，指的是"天道、地道、人道"。极，是最高的道。《易·系辞上》曰："圣人设卦观象，系辞焉而明吉凶……六爻之动，三极之道也。"

"九卦"，即"三陈九卦"，指的是《易经》中的"履、谦、复、恒、损、益、困、井、巽"这九卦。《易经》六十四卦，每卦都有各自的妙处，从而可以使之成为大人君子的学问，作为进德修业的依据。在《易经》系辞下传第七章里面，就以九卦之德，来说明君子进德修业的系统理论。《易·系辞下》"《易》之兴也，其于中古乎？作《易》者，其有忧患乎？是故《履》，德之基也，《谦》，德之柄也，《复》，德之本也……"《易传》以孔子的易学观为指导，提出"三陈九卦"说，对履、谦、复等九卦反复加以论述，将孔子"观其德义"的思想具体化，要求人们提高道德境界，以此作为防止和解除忧患的依据。

"先甲先庚"，《易·蛊》："元亨，利涉大川；先甲三日，后甲三

---

① 李学勤主编：《十三经注疏·周易正义卷首·论重卦之人》，北京大学出版社1999年版，第7页。

② 李学勤主编：《十三经注疏·周易正义卷首·论卦辞爻辞谁作》，北京大学出版社1999年版，第11页。

日""先庚三日，后庚三日"。上古历法，每年十二个月，每月三旬，有闰月。每旬十日，用甲、乙、丙、丁、戊、己、庚、辛、壬、癸来记。先甲三日即辛日，后甲三日即丁日。说明在丁日或辛日，渡大河有利。甲，为阳之始；庚，为阴之始。先甲、后甲三日，皆庚；先庚、后庚三日，皆甲。甲后乙、丙、丁为庚，庚后辛、壬、癸为甲，皆三日。先庚三日者，乃君子得位，以美利利天下之义，所谓君子以经纶也。后庚三日者，乃君子得位尚贤，能容纳善类以自助之义，所谓君子以反身修德，求外来之益也。

"俭德避难"见《周易·否》卦："君子以俭德辟难，不可荣以禄。"

俭德：以俭为德；辟：通"避"；荣以禄：追求荣华，谋取高位。意即君子以节俭为德而避开危难，不可追求荣华而谋取禄位。《周易》的"否"卦告示人们当处在"否"（不利、不好）之时，要"以俭德辟难，不可荣以禄"。"蹇蹇"，忠直貌。《易·蹇》："王臣蹇蹇，匪躬之故。"高亨注："謇謇，直谏不已也。"

"谦谦之吉"，《易·谦卦十五》曰："谦谦君子，用涉大川，吉。《象》曰：'谦谦君子'，卑以自牧也。"意思说谦而又谦的贵族，用这种态度来渡过大河，是吉利的。《象传》说谦谦君子，用谦卑来管理约束自己。

"穷理尽性"见《易·说卦》："穷理尽性，以至于命。"

"入神致用"见《易·系辞下》："精义入神，以致用也。"孔颖达疏："言圣人用精粹微妙之义，入于神化，寂然不动，乃能致其所用。"指专注于眼前有浓厚兴趣的事物或陷入沉思。

"乾元用九之则"，见《易·乾卦一》："乾元用九，天下治也。""乾元用九，乃见天则。""乾，天也，元，始也。即群龙无首、天下太平；群龙无首，乃看到天道运行的规律。乾元用九，天下治也。"也就是说，用九是观"天"运行的规律，用九的法则必须是"群龙无首"，即体现天道变化的法则，能像乾元那样刚健而不"为妄"，"与时偕行"，天下即可得到大治。可见，"九"和人事相关，具有至尊之美，最高之美。

"大衍虚一之数"，见《易·系辞上》："大衍之数五十，其用四十有九。"用五十根蓍草占问推演，虚空其中一根，实用四十九根。和古代历法有关，既以大衍之数五十为基数，对应五十个朔望月，只能选用其中四十九个朔望月用于编制历法。这就是易传中"大衍之数五十，其用四十有九"的原因。

"成性有存存之道"，见《易·系辞上》"子曰：'《易》，其至矣乎！夫《易》，圣人所以崇德而广业也。知崇礼卑，崇效天，卑法地。天地设位，而《易》行乎其中矣。'成性存存，道义之门"。成。养成，成就；性，即天性、性命。存存，即不断积累；成性存存，即指不断养成或积累成人之美的品质。

"知几"见《易·系辞下》："知几其神乎？君子上交不谄，下交不渎，其知几乎？几者，动之微，吉之先见者也。"几，事情的先兆；渎，轻慢。

这道策文的大意是说：《周易》蕴含宇宙精当深奥的万物变易之理，广大悉备，无微不尽。研究其细微的运动变化，能开通人的思想，判定天下的万物变化。伏羲创造了重卦，文王创造了卦辞。《周易》的精髓和三才即"天道、地道、人道"紧密相通。君子对于德行的修养难道要依存于《易经》中的"履、谦、复、恒、损、益、困、井、巽"九卦？如何思考如何打算考虑，才能达到同样的结局或目的？丁日或辛日，在史书上早有详备的解释。《易》所说君子以节俭为德而避开危难，不可追求荣华而谋取禄位，这一观点和忠直进言的君子作风颇有不同。本着实用主义的观念，不愿师法古人而趋时所尚、顺应潮流的做法，和用谦卑来管束自己的谦谦君子大不相同。透彻研究天地万物原理、本性极其深奥，专注于眼前的事物或陷入沉思极其精微。乾元用九天下得到大治、至尊之美的法则，大衍之数五十，其用四十九数的原因。不断养成、积累成人之美的品质，知道事情的先兆，穷尽道的最高境界。畅所欲言，简要陈述观点。

这道策问权德舆从《周易》的精髓"洁静精微，研几通变"入手，提出《周易》精髓的一个方面，设定了这道策问的主旨。然后历数伏羲重卦、文王演辞，探讨《易》学史上关于重卦的创制以及《易经》中的"履、谦、复、恒、损、益、困、井、巽"这九卦。《易经》六十四卦，每卦都有各自的妙处，是大人君子进德修业、修身养性的依据。

再通过《周易》"先甲先庚,俭德避难"的精神,劝诫君子以节俭为德而避开危难,不可追求荣华而谋取禄位。权德舆依据《象传》的"谦谦君子,用涉大川",点明谦谦君子总是用谦卑的态度来管理约束自己。这些美德也正是动荡过后的中唐社会迫切需要的。最后指明天道变化的法则,指出如果统治者能像乾元那样刚健而不"为妄","与时偕行",天下即可得到大治。让中唐走出战乱后的萧条,使士人修德养性、讲究品行节操,使天下祥和太平,是权德舆呕心沥血将《周易》内容引入科考的一个重要原因。整个策问主旨清晰,气理通达,在提高士人品德节操方面,权德舆可谓用心良苦。

权德舆关于君子品德修养的话题,在贞元十八年(802)进士策问五道第四问中亦有鲜明的体现。

问:惩忿窒欲,《易》象之明义。使骄且吝,先师之深戒。至若洙泗之门人、故人,渐渍于道德,固已深矣。而仲由愠见,原壤夷俟,其为忿与骄,不亦甚欤?商不假盖,赐能货殖,从我之徒,而吝缺如是。皆所未达,诚为辨之。

这也是一道讲君子礼仪道德、品行修养问题的策问。

"惩忿窒欲",见《易·损》:"《象》曰:山下有泽,《损》。君子以惩忿窒欲。"① 惩,制止;窒,杜塞。即《象传》说:(兑下艮上,山下泽上),山下有泽,是《损》挂。君子因此制止愤怒,杜塞贪欲。

王安石《意象论解》曰:"能反身修德,赦过有罪,则其欲也惩而窒矣。故于《损》也,'君子以惩忿窒欲'。能惩忿窒欲,然后见善迁,有过改。"

"洙泗"指的是山东省内的两条河洙水和泗水。二水自今山东省泗水县北合流而下,至曲阜北,又分为二水,洙水在北,泗水在南。春秋时属鲁国地。传说孔子周游列国返鲁后,在此删诗书、定礼乐、系周易,并聚徒讲学。《礼记·檀弓上》曰:"吾与女事夫子于洙泗之间。"② 后因以"洙泗"代称孔子及儒家。威德并施,行宽舒之政,就可以达

---

① 李学勤主编:《十三经注疏·周易正义》卷4,北京大学出版社1999年版,第202页。
② 李学勤主编:《十三经注疏·礼记正义》卷7,北京大学出版社1999年版,第236页。

到不治之治的效果。

"仲由愠见",见《论语·卫灵公》:"在陈绝粮,从者病,莫能兴。"子路愠见曰:"君子亦有穷乎?"子曰:"君子固穷,小人穷斯滥矣。"孔子在陈国断了粮,跟随的人都饿病了,不能振作。子路愤愤不平地见孔子说:"难道君子也有穷困的时候吗?"孔子说:"君子安守穷困,小人穷困便会胡作非为。"

"原壤夷俟"见《论语·宪问》篇:"原壤夷俟。子曰:幼而不孙弟,长而无述焉,老而不死是为贼,以杖叩其胫。"原壤叉开双腿坐着等孔子,孔子批评他道:小时候不谦逊尊长,长大又无可称述,老了又不死这是浪荡子。(孔子)用手杖轻敲原壤的小腿。

"商不假盖",商,即孔子著名弟子卜商,字子夏,孔门十哲之一。"商不假盖"假,借的意思;盖,指车盖,也指伞。据说卜商吝惜钱物,不愿意借车盖(伞)给他人。《孔子家语·致思》载:"孔子将出而雨,门人曰:'商有盖,请假焉。'子曰:'商为人,短于财。吾闻与人交者,推长而违短,故久;吾非不知商有盖,恐不借而彰其过也。'"意思是说孔子将要出门时,天下起了雨,门人说:"卜商有伞,请向他借一下。"孔子曰:"卜商为人吝啬其财物,我听说与人要长久地交好,就要表现他的长处,而避开他的短处,才能长久。我并非不知卜商有伞,卜商不富裕,我向他借伞,如果他不借就张扬了他的短处。"

"赐能货殖",赐,指的是孔子七十二弟子之一的"子贡"。"货殖"就是指做生意,司马迁《史记》中有"货殖列传"。《论语·先进》篇说"赐不受命,而货殖焉,亿则屡中",是说子贡不听从孔夫子的话从政而是选择了经商做生意,每每揣测,总能成功。

这段策问的大意是说:君子制止愤怒,杜塞贪欲,是《易·象》中鲜明的义旨。骄傲和吝啬,是先师孔子严加深戒的事。至于孔子的弟子门生、故友,都逐渐受到道德礼仪规范的熏陶,固然已经很深了。但子路却对孔子去见卫灵公的夫人南子很不高兴;原壤叉开双腿坐着等孔子这个非常没有礼节的行为,他们属于愤愤不平和骄傲自大,不是很过分吗?子夏不愿意借车盖(伞)给别人,子贡不愿意做官而愿意经商做生意;跟随我学习的徒弟,竟然吝啬、缺少思想到如此地步。我对这些问题的分析或许还不完整，真诚地希望你们尝试来辨析吧。

这道策问有三层意思，第一层指出"骄傲、吝啬"是先儒们严加自律的事。第二层引出孔门弟子都饱受道德礼仪观念的浸染，可以说这种思想根深蒂固。第三层指出仲由的愤懑不平、原壤的缺少礼节，通过子夏不借车盖的吝啬、子贡不听从老师教诲而自愿从商的事例，进一步指出君子应该做到"首孝悌、次谨信"。通过以上问题要求举子们发表真知灼见，进行辨析。

古人对于道德节操非常讲究，人们对于品德高尚、注重操守者往往表现出敬仰和崇敬。因此，"宁为玉碎，不为瓦全"，便成了古人追求人格价值的体现。出身清廉守正、素重名节之家的权德舆，耳闻目染，深受忠孝礼教文化的熏陶，不仅立志秉承家传儒学，更是身体力行，注重道德节操和君子品行节操的培养。《旧唐书》本传评价其"自贞元至元和三十年间，羽议朝行，性直亮宽恕，动作语言，一无外饰，蕴藉风流，为时称响"，可以说，这是对权德舆德行修养最好的概括。也正因为如此，权德舆更加注重君子的道德品行和节操修养。

  明经诸经策问七道
  《周易》第三问
    问：四营成卦，三古遗文，本自河图，演于羑里。而西邻禴祭，斯乃自多。箕子利贞，且居身后。岂理有未究，复古失其传？《乾》之象辞，乃次六爻之末；《坎》加习字，有异八纯之体。《无妄》则象称物与，《同人》则象引卦名。或备四德而才至悔亡，或无一德而自居贞吉。访于承学，思以稽疑。至若康成之阴阳象数，辅嗣之人事名理，异同优劣，亦为明征。

"四营成卦"见《周易·系辞上》："大衍之数五十，其用四十有九。分而为二以象两。挂一以象三，揲之以四以象四时，归奇于扐以象闰。五岁再闰，故再扐而后挂。……是故四营而成《易》，十有八变而成卦，八卦而小成……"①

---

① 李学勤主编：《十三经注疏·周易正义》卷7，北京大学出版社1999年版，第328页。

占问吉凶有四个要素：蓍、卦、爻、辞，蓍草是工具，占卜过程包括"四营""十有八变"，得出卦象后，根据卦辞和变爻的爻辞推测吉凶。具体步骤为：第一步为分二，即取五十五根蓍草中的四十九根，分成上下两堆象两仪，指天地。第二步为挂一：从上面抽出一根草放在上下两堆的中间成为三才（天地人）。第三步为揲四：把上面的草四根一组来分。第四步为归奇：奇，多余。扐，夹在手指间。把放在上面的草四根一组来分，分到末了，把多余的几根草夹在手指里。

因此，对六爻卦象，必须经过的四个程序"分二、挂一、揲四、归奇"称为"四营"，营者，经营也，即以上四次演算，经过这四次演算称一变。每爻需要三变，六爻共需十八变，故有"十有八变而成卦"之说。

"三古遗文"，"三古"指的是：上古期先秦两汉（公元3世纪以前）、中古期魏晋至明中叶（公元3世纪至16世纪）、近古期明中叶至五四运动（公元16世纪至20世纪初期）。因此，三古遗文说的是自先秦两汉以来流传下来的典籍。

"本自河图，演于羑里"，《易·系辞上》有："河出图，洛出书，圣人则之"之说。① 周振甫认为，这里说的黄河里出图，伏羲仿照它作八卦；洛水里出书，大禹仿照它作《洪范》。《周易大传经注》认为河图洛书，当是黄河图、洛水图，载入《尚书·顾命》篇。这里讲的已变为神话。②

殷商时期的西伯姬昌（周文王）被囚禁的地点，就在河南汤阴叫作"羑（yǒu）里城"的地方。羑里城遗址又称文王庙，它既是殷纣王禁西伯姬昌之地，也是《周易》的发祥地。据说商纣王曾听信崇侯虎谗言关押姬昌于羑里，西伯侯姬昌在被囚禁期间，根据伏羲氏的研究成果，继续推演八卦从而写下《周易》一书，《史记》记载"文王拘而演周易"。

"西邻禴祭"见《易·既济（卦六十三）》"九五：东邻杀牛，不如西邻之禴祭，实受其福"。《象》曰："'东邻杀牛'，'不如西邻'之

---

① 李学勤主编：《十三经注疏·周易正义》卷7，北京大学出版社1999年版，第341页。
② 周振甫译注：《周易译注》，中华书局2010年版，第248页。

时也。'实受其福',吉大来也。"① 东邻:指殷商,在东部。杀牛,用牛祭神,是重大的祭神礼品。西邻:指西周。禴,用饭菜等祭神,是微薄的礼品。孔颖达疏曰:"苟能修德,虽薄可享,假有东邻不能修德,虽复杀牛至盛,不为鬼神歆享。不如我西邻禴祭虽薄,能修其德,故神明降福。"② 神不赐福给殷商,却赐福给西周,是因为西周有德。倒数第五阳爻:东方邻国殷商杀牛来祭神,不如西方邻国周王用饭菜薄礼来祭神,以诚实的态度赢得神灵的赐福。《象传》说,"东邻杀牛","不如西邻"的时候。"实受其福",吉大到来。周振甫《周易译注》说明中说:"九五的东邻杀牛不得福,九五对东邻说是未济,对西部说是既济。因此,既济卦的情况比较复杂。"③ 这一句是说,东邻虽然祭品丰厚,用一头牛来祭祀,但是不够钦敬诚信;西邻虽然只进行蔬菜祭,祭品很微薄,但是内心很虔敬诚信;所以能够得到神灵的赐福。

"箕子利贞",见《易·明夷(卦三十六)》:"六五:箕子之明夷,利贞。"《象》曰:"箕子"之"贞","明"不可息也。④ "箕子",箕子,名胥馀,因封国于箕(今山西太谷县东北),故称箕子。箕子与纣同姓,是殷商贵族,性耿直,有才能,在纣朝内任太师辅朝政。孔子《论语·微子》中曰:"微子去之,箕子为之奴,比干谏而死,殷有三仁焉。"

"元亨、利贞"是《乾》卦的卦辞。"利贞"见《易·上经·乾(卦一)》:"《乾》:元亨,利贞。"《易·文言》曰:"'元'者善之长也,'亨'者嘉之会也,'利'者义之和也,'贞'者事之干也。"⑤《文言》认为元是善的首位,亨是美的集合,利是义的应和,贞是百事的主干。孔颖达疏曰:"利,和也。贞,正也。"合起来讲,"利贞"即和谐贞正的意思。

"明夷",即"日隐于地中,比喻君子遭难隐退"。《周易通义》解释说:"太阳初登于天为明,后入于地为夷。"

---

① 李学勤主编:《十三经注疏·周易正义》卷6,北京大学出版社1999年版,第295页。
② 同上书,第295—296页。
③ 周振甫译注:《周易译注》,中华书局2010年版,第224页说明。
④ 李学勤主编:《十三经注疏·周易正义》卷4,北京大学出版社1999年版,第184页。
⑤ 李学勤主编:《十三经注疏·周易正义》卷1,北京大学出版社1999年版,第1页。

"《乾》之象辞，乃次六爻之末"，《乾》，是卦名，《象》传是对卦爻辞的解释。六爻是中国传统占卜方法的一种，卦成后，它有六个爻位。易有六十四卦，一卦有六爻，阳爻称九，阴爻称六。六爻的次第，是倒数的。《说卦》曰："数往者顺，知来者逆，是故《易》逆数也。"① 因为数过去的事情都是顺着时间数的，从远到近。《易》是讲未来的事情，是从近推到远，是"知来者逆"，所以，《易》的六爻是倒数上去的。

"《坎》加习字"见《易·坎（卦二十九）》："《习坎》：有孚维心，亨。行有尚。"初六：习坎，入于坎，窞，凶。《象》曰："'习坎入坎'，失道'凶'也。"

"八纯之体"，即八纯卦。下卦称内卦；上卦称外卦，凡是上、下卦都是相同的，叫作纯卦。纯卦有乾为天、坤为地、坎为水、离为火、震为雷、艮为山、巽为风、兑为泽八个，就是所谓的八纯卦。

"《无妄》"，即"无妄卦"，震下乾上，易经六十四卦第25卦。《无妄》："元亨，利贞。其匪正有眚，不利有攸往。"妄想妄行有灾祸。无妄：没有妄想妄行。《象》曰："天下雷行，物与，《无妄》。先王以茂对时育万物。"这个卦是异卦（下震上乾）相叠。乾为天为刚为健；震为雷为刚为动。动而健，刚阳盛，人心振奋，必有所得，但唯循纯正，不可妄行。无妄必有获，必可致福。

"《同人》"，即"同人卦"，易经六十四卦第十三卦。离下乾上，《同人》：同人于野，亨，利涉大川。君子利贞。《象》曰："《同人》，柔得位得中，而应乎乾，曰《同人》。"《同人》曰："同人于野，亨，利涉大川，乾行也。文明以健，中正而应，'君子'正也。唯君子为能通天下之志。"② 同人，卦名，指"聚众"。从卦爻辞看，指聚众出征。《周易通义》："同，聚。《诗经·七月》：'二之日其同，载缵武功。'"《同人》卦：聚集众人在野外，通顺。渡大河有利。贵族占问有利。说明象外出征战之事，只靠宗族的力量是不行的。在《象传》里提出"唯君子为能通天下之志"，指出统治者要同天下人民的意志相通，具有积极的意义。

---

① 李学勤主编：《十三经注疏·周易正义》卷9，北京大学出版社1999年版，第384页。
② 李学勤主编：《十三经注疏·周易正义》卷2，北京大学出版社1999年版，第86页。

"四德"一词见于《周礼·天官·内宰》,指"妇德、妇言、妇容、妇功"。

"悔亡、贞吉"见《易·咸》:"九四:贞吉,悔亡……象曰:贞吉悔亡,未感害也。"倒数第四阳爻:占问吉,悔没有了。王弼注:"贞然后乃吉,吉然后乃得亡其悔也。""悔亡"意即消除祸害。"贞吉",在这里是指占卜问卦,后指吉利与幸福的意思。

"或备四德而才至悔亡,或无一德而自居贞吉",意思是说有的人具备了四德才能消除祸害,有的人不具有四德中的一德却过得吉利幸福。

"思以稽疑"《管子·君臣下》载:"故正名稽疑,刑杀亟近,则内定矣。""稽疑"泛指考察疑难之事。意思是在说好好地研习各自从事的学问,仔细思考,推究疑难问题。

"至若康成之阴阳象数,辅嗣之人事名理",郑玄,字康成,东汉末年经学大师,遍注儒家经典,博采众家,以毕生精力整理古代文化遗产,为汉代经学集大成者。尤其喜欢钻研天文学,并掌握了"占候""风角""隐术"等一些以气象、风向的变化而推测吉凶的方术,并且通晓谶纬方术之学。

"辅嗣",王弼,字辅嗣,魏晋玄学理论的奠基人。何劭《王弼传》载,王弼十多岁时,即"好老氏,通辩能言"。他曾与当时许多清谈名士辩论各种问题,以"当其所得,莫能夺也",深得当时名士的赏识。南朝宋刘义庆《世说新语·赏誉》:"王长史叹林公:寻微之功,不减辅嗣。"南朝梁刘勰《文心雕龙·论说》中对王弼有相当高的评价:"辅嗣之两例,平叔之二论,并师心独见,锋颖精密,盖人伦之英也。"

王弼认为,事物的本体的道是可以认识的,圣人的治世之道也是可以认识的。王弼的认识论集中表现在他对《周易》中的"意""象""言"三个概念关系的论述上。所谓"言"是指卦象的卦辞和爻辞的解释;"象"是指卦象;"意"是卦象表达的思想,即义理。王弼认为,"言""象""意"三者之间是递进表达与被表达的关系。通过"言"可以认识"象";通过"象"可以认识"意"。但明白了意,就不要再执着于象;明白了卦象,就不要执着于言辞。王弼《易》注开始没有列入学官,只是流传于民间,为后来玄学者所好。据南齐陆澄《与王俭书》所载:"元嘉建学之始,(郑)

玄、(王) 弼两立。逮颜延之为祭酒,黜郑(玄)置王(弼),意在贵玄(学),事成败儒。"(《南齐书·陆澄传》) 这说明南北朝时期,王弼的玄学,已经取代了郑玄的经学。

这道策问的大意是说:六爻卦象的形成,必须经过四个复杂程序的演算(经过这四次演算称一变。每爻需要三变,六爻共需十八变才能成卦)。自先秦两汉以来流传下来的典籍,原本是黄河出图,伏羲仿照它而作了八卦;洛水出书,大禹仿照它作了《洪范》。传说西伯侯姬昌在被囚禁期间,根据伏羲氏的研究成果,继续推演八卦从而写下《周易》一书。西周用微薄的蔬菜祭祀,却能得到神灵的赐福,是因为西周讲究修德养性,内心虔敬诚信而致。箕子和谐贞正,身处险境却能苟且自保。难道还有没有研究清楚的道理,或者是上古时期就丢失了传记?《易》是讲未来的事情,是从近推到远,是"知来者逆",所以,《易》的六爻是倒数上去的。《易·坎(卦二十九)》不同于乾为天、坤为地、坎为水、离为火、震为雷、艮为山、巽为风、兑为泽八个所谓的八纯卦。"无妄卦"《象传》说(震下乾上,雷下天上),天下雷行,万物生长,是《无妄》卦。"同人卦"在《象传》里提出"唯君子为能通天下之志",指出统治者要同天下人民的意志相通,具有积极的意义。有的人具备了四德才能消除祸害,有的人不具有四德中的一德却过得吉祥幸福。请用你们学习和继承的师说,仔细思考推究疑难问题。至于郑玄对经学、谶纬方术之学的研究,王弼对玄学精深的研究,二者之间的异同利弊,请一并明明白白做以明证。

这道策问有三层意思值得注意。第一层,讲易经八卦的来源。第二层,通过"东邻杀牛"不如"西邻禴祭"得到的赐福多,来劝诫士人注重内心道德节操的培养远远超过表面上的外在的形式。权德舆借周易的智慧来教化士人要注重君子品行节操和道德的培养。第三层,要求举子们在比较郑玄的谶纬方术和王弼的玄学二者异同利弊的同时,各尽所学,畅所欲言。

纵观古今,上至朝廷官员,下至普通百姓,个人修养对任何人都均有强调的价值。中国历史上最负盛名的谏臣魏征,辅佐唐太宗成就霸业,在选择官员上一贯主张把品德修养作为选官的一个重要条件。他说："天下未定则专取其才，不考其行；丧乱即平，则非才行兼备不可用也。"① 明确表示德行操守的重要性。白居易文集卷55"翰林制诰二"中《除柳公绰御史中丞制》诏书云："非清与直，不称厥官。谏议大夫柳公绰忠实有常，文以词学……持平守正，人颇称之。……"② 柳公绰由于凡事皆能持平守正而赢得众人的口碑，因而理所当然地就任其职。当然，白居易的翰林制诰、策林中还有许多讴歌君子品德修养的诏文，这说明了一个原因：历朝历代，无论是统治阶级还是普通百姓，都以个人道德修养作为人生一大追求。付兴林说："唐代士子的最大愿望不是要以文名流芳百世，而是有着一股强烈的以政治家的声名彪炳千古的热情和冲动。不管官职的大小、地位的高低，还是仕途的穷通、处境的顺逆，似乎都渴望把自己置身于社会现实的主流中。"③ 身为朝廷重臣的权德舆亦是如此，他不仅要置身于中唐的社会现实，还要引导士人洁身自好、注重品行道德的培养。

---

① 范祖禹著，白林鹏、陆三强校注：《唐鉴》卷2《太宗上》，三秦出版社2003年版，第47—48页。

② 朱金城笺校：《白居易集笺校》，上海古籍出版社1988年版。

③ 付兴林：《白居易散文研究》，中国社会科学出版社2007年版，第144页。

第三章

权德舆策问思想内容研究（下）

第一节 修身养性、顺应自然规律的评骘与主张
——道教典籍策问思想内容研究

权德舆自幼受到良好的家学教育，一生好学不倦。《旧唐书》本传称其"孝悌力学，尤嗜读书，无寸景暂倦"；《新唐书》本传称其"自始学至老，未曾一日去书不观"。从青年时起就广为访游问学，来往于儒释道三家，广交天下贤才。而且涉猎广泛，无所不包。《旧唐书》本传称"于述作特盛，《六经》百氏，游泳渐渍"；《新唐书》称其"积思经术，无不贯综"。因勤于著述，身后留下了大量诗文，有五十卷诗文集传世。以至于死后谥号曰"文"。权德舆不仅有深厚的儒学渊源，对于《老子》《庄子》等道家典籍亦有精深的研究。权德舆对释、道的所好，在他的诗文中多有反映。

一 修身养性、顺应自然规律的主张

道举策问二道《南华经》第一道
问：安时处顺，泊然悬解，至人之心也，故曰材全而德不形。又曰休影息迹，与夫五浆先馈，履满户外者，固不侔矣。然则以纪渻之养鸡，佝偻之承蜩，匠石之运斤，梓庆之削鐻，用志不分，移于教化。则万物之相刃相靡者，悠然而顺，暗然而和，奚在于与无趾无眼之徒，支离形德，然后为得耶？愿闻其说。

这是一道关于修身养性、顺应自然规律的策问。

唐代盛行的道家思想，某种程度上严重动摇了儒家文化的根基，使国计民生遭到一定破坏，因此，在保证道家思想居于主导地位的基础上，要合理发挥儒释文化的功能。这种政策倾向直接影响了唐王朝的用人制度，以至于将对道家文化的考核也纳入科举考试当中。权德舆的这道策问恰恰就体现出中唐王朝对道教思想的尊崇。

这道策问，权德舆除了以道教典籍来考查举子之外，还包含着权德舆提倡修身养性、顺应自然规律的思想和主张。策问通过"安时处顺""材全而德不形""休影息迹""五浆先馈""履满户外""纪渻之养鸡""佝偻之承蜩""匠石之运斤""梓庆之削锯""万物之相刃相靡""悠然而顺，暗然而和""无趾无眼之徒"几个典故，首先，告诫举子们通过对道教典籍《南华经》的学习，要体会庄子安于常分、淡泊自然的心态。其次，这种心态是道家超凡脱俗的至高境界。权德舆和庄子一样推崇才德兼备、修养极高、能达到内敛不显摆的思想境界。

"安时处顺"见《庄子集释·大宗师》："安时而处顺，哀乐不能入也。此古之所谓悬解也，而不能自解者，物有结之。"① 安于常分，顺其自然的意思。"泊然"指恬淡无欲的样子。安稳于天时运转的宇宙规律，顺从自然的变化而处之泰然，哀伤和欢乐不能进入心怀而扰乱生命的元神，远古的智者称此为与万物相通消除一切颠倒的自然解脱。

"材全而德不形"，见《庄子集释·德充符》，鲁哀公问于仲尼曰："卫有恶人焉，曰哀骀它。丈夫与之处者，思而不能去也。妇人见之，请于父母曰'与为人妻，宁为夫子妾'者，十数而未止也……是何人者也？"仲尼曰："……形全犹足以为尔，而况全德之人乎！今哀骀它未言而信，无功而亲，使人授已国，唯恐其不受也，是必才全而德不形者也。"② 卫国有个叫哀骀它的人，相貌很丑陋，但人见人爱，是因为他的修养极高，节操德行浑然一体。所谓"才全"即知之全也，所谓知之全，即是所知为其大者，为其整体者也，是一种带有总体性的认识。如何对待命运，亦即是如何对待人生，这对于个体的人来说，不仅是一种总体性的认识，而且是一种总体性的生活态度。所谓"德不

---

① 郭庆藩：《庄子集释·大宗师》，中华书局1961年版，第265页。
② 郭庆藩：《庄子集释·德充符》，中华书局1961年版，第215页。

形",是说德浑化于无形。

《庄子·德充符》讲如何以道的指引来修德,如何修德而不住于德,真正做到"才全而德不形",这是庄子所提倡的人格精神。

"休影息迹"见《庄子集释·渔父》:"人有畏影恶迹而去之走者,举足愈数而迹愈多,走愈疾而影不离身……不知处阴以休影,处静以息迹,愚亦甚矣。"[1] 意思是说有个因为害怕自己的影子厌恶自己的脚印而逃跑的人,抬脚次数越多脚印就越多,跑得再快影子还是不会离开……不知道待在阴处就没有了影子,静止不动就没有脚印,实在是蠢得可以啊!

"五浆先馈"典出《列子·黄帝》:"子列子之齐,中道而反,遇伯昏瞀人。伯昏瞀人曰:'奚方而反?'曰:'吾惊焉。''恶乎惊?''吾食于十浆,而五浆先馈。'"谓十家卖浆者之中有五家争先送来。本谓卖浆者争利,后用以比喻争相设宴款待。

"履满户外",见《不识自家》:"曩有愚者,常于户外县履为志。一日出户,及午,忽暴雨。其妻收履。至薄暮,愚者归,不见履,讶曰:'吾家徙乎?'徘徊不进。妻见而怪之,曰:'是汝家,何不入?'愚者曰:'毋履,非吾室。'妻曰:'汝何以不识吾?'愚者审视之,乃悟。"故事讲的是从前有个愚蠢的人,经常在外面悬挂鞋子作为标志。一天他到外面去,到了中午,忽然下起了暴雨。他的妻子把鞋子收了进来。到了傍晚,愚蠢的人回到了家,他没有看见鞋子,惊讶地问,这是我家吗?来回走动却不进去。他的妻子看见了他,问道,是你的家,为什么不进去呢?愚蠢的人说,没有鞋子,不是我的家。妻子说,你难道不认识我了吗?愚蠢的人观察了他的妻子,才恍然大悟。

"固不侔矣""不侔"即不相等,不等同。《后汉书·荀彧传》:"海内未喻其状,所受不侔其功。"

"纪渻之养鸡"见《庄子集释·达生》:"纪渻子为王养斗鸡。十日而问:'鸡已乎?'曰:'未也,方虚骄而恃气。'十日又问。曰:'犹应响景。'十日又问。曰:'未也。犹疾视而盛气。'十日又问。曰:'几矣。鸡虽有鸣者,已无变矣,望之似木鸡矣,其德全矣,异鸡无敢应

---

[1] 郭庆藩:《庄子集释·渔夫》,中华书局1961年版,第1026页。

者，反走矣。'"① 庄子这则寓言表达了深刻的哲理，蕴含老子"大智若愚""大音希声""大巧若拙""大勇若怯"的精神。在庄子看来，真正有大智慧的人表现出来的也许是愚钝，真正有高超技巧的人看起来却有些笨拙，真正勇敢的人往往被别人误解为胆怯。但是，如果真正处于非常境况时，这些人往往能够表现出非同寻常的能力。庄子通过这则寓言，是在阐明相反的事物在某种程度会相互转化的道理。

"佝偻之承蜩"见《庄子集释·达生》："仲尼适楚，出于林中，见佝偻者承蜩，犹掇之也。仲尼曰：'子巧乎！有道邪？'曰：'我有道也。五六月累丸二而不坠，则失者锱铢；累三而不坠，则失者十一；累五而不坠，犹掇之也。吾处身也，若厥株拘；吾执臂也，若槁木之枝；虽天地之大，万物之多，而唯蜩翼之知。吾不反不侧，不以万物易蜩之翼，何为而不得！'孔子顾谓弟子曰：'用志不分，乃凝于神，其痀偻丈人之谓乎！'"②

这个故事说明了凡事只要专心致志，排除外界的一切干扰，艰苦努力，集中精力，勤学苦练，并持之以恒，就一定能有所成就，即使先天条件不足也能成功。

"匠石之运斤"见《庄子集释·徐无鬼》："庄子送葬，过惠子之墓，顾谓从者曰：'郢人垩慢其鼻端若蝇翼，使匠石斫之。匠石运斤成风，听而斫之，尽垩而鼻不伤，郢人立不失容'。宋元君闻之，召匠石曰：'尝试为寡人为之。'匠石曰：'臣则尝能斫之。虽然，臣之质死久矣。'自夫子之死也，吾无以为质矣！吾无与言之矣。"③ 这则寓言里，表达了庄子对惠施的怀念。郢都人信赖石，才能让石削去自己鼻子尖上的污渍，并且在石的利斧挥动之下，面不改色心不跳，对于石得以发挥卓越本领，信任是必不可少的条件。它告诫人们，要以诚相托，以心相印；信赖，能够产生力量；信赖，能够创造奇迹。

"梓庆之削锯"见《庄子集释·达生》："'梓庆削木为鐻，鐻成，见者惊犹鬼神。鲁侯见而问焉，曰：子何术以为焉？'对曰：'臣工人，何术之有！虽然，有一焉。臣将为鐻，未尝敢以耗气也，必斋以静心。

---

① 郭庆藩：《庄子集释·达生》，中华书局1961年版，第653—654页。
② 同上书，第637—639页。
③ 郭庆藩：《庄子集释·徐无鬼》，中华书局1961年版，第836页。

斋三日，而不敢怀庆赏爵禄；斋五日，不敢怀非誉巧拙；斋七日，辄然忘吾有四肢形体也。当是时也，无公朝；其巧专而外骨消；然后入山林，观天性；形躯至矣，然后成见鐻，然后加手焉；不然则已。则以天合天，器之所以疑神者，其是与！'"① 是说春秋时期有个叫梓庆的木匠，雕刻了一件花纹精美绝伦的斧子，见到的人都认为是出自鬼神之手，连鲁国的君主见了都拍手叫绝，问他用什么法术造斧子时，梓庆说他只是之前就做了充分的准备，心中有了斧子的形状，又去山上选好了木材，在打造时又聚精会神，胸无杂念，因此才会有如此精美的神斧。庄子用生动形象的譬喻说明精修用心、排除杂念、顺乎天理，便可技能非凡这一艺术创作规律，并使之具体化、形象化。

《庄子集释·达生》和《庄子集释·德充符》一样，主要讲的是人生的修养，提倡修身养性和品行节操的培养。告诫人们，凡事应该内敛持重，不宜过于张扬。权德舆通过庄子"纪渻之养鸡""佝偻之承蜩""梓庆之削锯"等寓言故事，启发士人注重修身养性，加强品德节操的熏陶。

"万物之相刃相靡"见《庄子集释·齐物论》："……与物相刃相靡，其行尽如驰而莫之能止，不亦悲乎！终身役役而不见其成功，苶然疲役而不知其所归，可不哀邪！人谓之不死，奚益！其形化，其心与之然，可不谓大哀乎？人之生也，固若是芒乎？其我独芒，而人亦有不芒者乎？"② 是说人们跟外界环境或相互对立、或相互顺应，人们的行动全都像快马奔驰，没有什么力量能使他们止步，这不是很可悲吗！人们终身承受役使却看不到自己的成功，一辈子困顿疲劳却不知道自己的归宿，这能不悲哀吗！庄子认为世界万物包括人的品性和感情，看起来是千差万别，归根结底却又是齐一的，这就是"齐物"。庄子还认为人们的各种看法和观点，看起来也是千差万别的，但世间万物既是齐一的，言论归根结底也应是齐一的，没有所谓是非和不同，这就是"齐论"。

"悠然而顺，暗然而和"隐晦深远，不易为人所见。《礼记·中庸》："故君子之道，暗然而日章；小人之道，的然而日亡。君子道，淡而不厌，简而文，温而理。"郑玄注曰："言君子深远难知，小人浅

---

① 郭庆藩：《庄子集释·达生》，中华书局1961年版，第657页。
② 郭庆藩：《庄子集释·齐物论》，中华书局1961年版，第61页。

近易知。"孔颖达疏:"言君子以其道德深远谦退,初视未见,故曰暗然。"君子之道,外表平淡而内具意味,外表简朴而内含文采,外表温和而内有条理。

"无趾无眼之徒"见《庄子集释·德充符》:"鲁有兀者叔山无趾,踵见仲尼。仲尼曰:'子不谨,前既犯患若是矣。虽今来,何及矣!'无趾曰:'吾唯不知务而轻用吾身,吾是以亡足。今吾来也,犹有尊足者存,吾是以务全之也。夫天无不覆,地无不载,吾以夫子为天地,安知夫子之犹若是也!'孔子曰:'丘则陋矣!夫子胡不入乎?请讲以所闻。'无趾出。孔子曰:'弟子勉之!夫无趾,兀者也,犹务学以复补前行之恶,而况全德之人乎!'"说的是鲁国有个叫叔山无趾的人,没有腿,用膝盖走着去见孔子,用他道德学问的修养来弥补身体的残缺的故事。告诉我们做人不仅是外形的完全,还要精神道德的修养,内心道德学问的成就这才是"全德之人"。

"支离形德"见《庄子集释·人间世》"夫支离其形者,犹足以养其身,终其天年,又况支离其德者乎?""支离"指奇离不正,异于常态。

这道策问的大意是说:安于常分、顺其自然、恬淡无欲就会脱离束缚,这种心态是道家超凡脱俗之人(老子)的境界。因此说才与德都具备,有内涵却不暴露是最美的。又说待在阴处就没有了影子,静止不动就没有脚印,和那些卖浆者争利,履满户外来识路的愚笨者相比,本来就很不相同。然而就像纪渻子为王养斗鸡一样,真正有大智慧的人表现出来的也许是愚钝,真正有高超技巧的人看起来却有些笨拙,真正勇敢的人往往被别人误解为胆怯。就像驼背者捕粘蝉一样,只要专心致志,排除外界的一切干扰,集中精力,勤学苦练,并持之以恒,就一定能有所成就。"匠石运斤"的典故告诫我们,要以诚相托,以心相印;信赖能够产生力量,也能够创造奇迹。"梓庆削锯"的典故告诉我们,梓庆心无杂念、顺乎天理、全神贯注便会创造奇迹。那么天地万物间的相互对立、相互顺应,恬淡自然,顺应而为,哪里在于和叔山无趾,踵见仲尼一样,外表残缺通过道德修养来弥补,才算是品德高尚呢?希望听听你们的论说。

权德舆来往于儒、释、道三家,自然受到三教不同程度的影响。他对佛教的喜欢，源于禅宗"佛不远人，即心即佛"；"甚至可以说，到了权德舆晚年，权德舆与佛道之间的关系是互动的"①。在权德舆的诗文中，有相当数量记载着和佛道相关的人事。权德舆涉及释氏的诗文有43篇（诗26首，文17篇）。最早为《送元上人归天竺寺序》，最晚为《唐故章敬寺百岩禅师碑铭》。出现在他笔下的有名号的僧人多达三十余位。涉及道教及道士的诗文，有33篇（诗16首，文17篇）②在他的诗文中，往往流露出对老庄意趣的热爱和向往。可以说，他对道教的喜欢与其说是老庄自然之旨的意趣，更多的是缘于对道家安于常分、顺其自然思想的热爱。

权德舆一生保持着与道教的良好热爱和对道教友好的态度，道士、与道教有关的话题常常出现在他的诗文中。《送王炼师赴王屋洞》说："稔岁在芝田，规程如洞天。白云辞上国，青鸟会群仙。"《晨坐寓兴》："清晨坐虚斋，群动寂未喧。"《独酌》："独酌复独酌，满盏流霞色。身外皆虚名，酒中有全德。"《与故人夜坐旧道》："笑语欢今夕，烟霞怆昔游。清羸还对月，迟暮更逢秋。胜理方自得，浮名不在求。"字里行间，充溢着权德舆崇尚自然、注重修养、终当归隐的思想。权德舆对道教的感情，严国荣说："对道教的爱好，更多的是缘于德舆对老庄自然之旨（道家思想）的认同，是源于对山水中自然之理的体悟，是对返真、归璞、顺性、随缘，无为、养生之道的现实化的理解。"③权德舆的返璞归真，注重的是在修身养性基础上的顺乎自然。

二 不忘初心、仁人不死的人生修养

权德舆来往于儒、释、道之间，他的思想中既有儒家的秉承中庸、守正持中，又有道家的返璞归真、顺性无为和佛教的禅定、智慧，权德舆本着儒学经世致用的理想，打算整合儒、释、道，以释道匡扶儒教。这源于他对释道恬淡自然思想的认同和喜爱。"他认为，庄子的虚静恬淡、无为顺生，合于治世之道，君主课用以抚世，与王道圣教相同；士人可以用来修齐治平，故此道不远人，不弃世。……权德舆以儒教的入世致

---

① 严国荣：《权德舆研究》，中国社会科学出版社2006年版，第91页。
② 同上书，第90页。
③ 同上书，第101页。

用精神来解释道教,认为二者源自一体,大道相通。也就是说,在权德舆思想观念尚处于形成之中时的少年时期,他已有了初步的以儒教整合道教的思想倾向。"① 因此,他的笔下往往会充满借释道来复兴儒学,进而达到重振王朝权威的目的。道举策问三道第二问就是鲜明的例子。

> 问:《骈拇》之言,"有虞氏招仁义以挠天下,天下莫不奔命于仁义以易其性。"庸讵知不有性于仁义而不可易者耶?以伯夷死名于首阳之下,庸讵知伯夷非安于死不可生耶?征濠上观鱼之乐,则庄生非有虞与伯夷也,又安知有虞、伯夷之不然也耶?征凫鹤短长之胫,又安知有虞与伯夷之性,非不可断、不可续者耶?虽欲齐同彼是,先逆后合,恶用谬悠卓诡如是之甚耶?蓬心未达,幸发吾覆。

这是一篇有关《庄子·骈拇》内容的道举策问试题。"骈拇",指的是多生出的脚指头。该篇的主旨主要是阐扬人的行为要顺乎自然,不要丧失本性。也就是我们所说的无论做什么事都不忘初心。

安史乱起,唐王朝分崩离析,崇玄学员四下逃散。安史之乱后,由于政治混乱及财政困难,学校由盛入衰,太学生员尚不及旧日三四分之一,肃宗虽然在"上元二年(761)正月,置漆园监官生员",努力恢复道举,但是直到宝应、永泰年间,学生仍然寥寥无几,所以唐代宗曾于宝应三年(764)一度停开道举,不过仍然保留了崇玄学。《唐会要》记载:"道举宜停。七月二十六日敕。礼部奏。道举既停。其崇元生望付中书门下商量处分。"②

后于德宗建中二年(781)二月,道举之科全部恢复。道举的设置虽然是唐朝统治者崇玄重道借以加强自己的统治的结果,但是它的直接结果是提高了道教的社会地位,促进了道教的发展,同时也对置身其中的唐代士人的学习生活的方方面面产生了深远的影响。

首先,道举科的设置为唐代的士人增加了一条入仕的途径。在开元二十九年玄宗首次亲试的道举考试中,就盛况空前,应举者达五百余

---

① 严国荣:《权德舆研究》,中国社会科学出版社2006年版,第105页。
② (北宋)王溥撰:《唐会要》,中华书局1995年版。

人，有姚子彦、元载、勒能、宋少贞、冯子华等十几人及第。道举科在其存在的将近200年时间里，也确实选拔出了不少的人才。另外，一些专门研习《老》《庄》的读书人，也得以在政治上平步青云。在整个社会这种谈玄论道蔚然成风的大气候下，一些读书人也会因为"累举不第"转而走向求仙问道的道路。

道举科的设置还为唐代士人的文学创作注入了新鲜的血液，给他们的文学创作增加了新的题材和内容。无论是道教诗、道教词、道教小说、道教传奇都获得充分的发展，达到了顶峰。正是由于唐代的统治者设置了道举科，唐代的读书人才能有那么大的兴趣儒道兼修，形成了中国士人所奉行的"穷则独善其身，达则兼济天下"的人生准则。直到今天，它还影响着一代又一代的读书人。儒学渊源深厚的权德舆自然受到这种风气的影响。道教代表人物庄子和他的《庄子》便成了影响中唐士人的典籍之一。在全民崇奉道教及道教典籍风气的影响下，权德舆适时将其引入科考，已达到"经世致用"、提高士人注重内在修养的目的。

庄子在《庄子·骈拇》中强调要顺乎"性命之情"，反对"残生伤性"。曾参由于过分推行仁义而扭曲了人的天性，反而成了沽名钓誉。善于辩论的杨朱和墨子，为了语言有气势而过度堆砌辞藻，在词意相同的语言中游离诡辩。庄子认为这些都不是天下最正确的途径。庄子认为的最正确的途径就是不要失去本性。这也是庄子思想核心的一个重要方面。权德舆借庄子的思想告诉士人，要注重内在修养，不要为了追求名利而失去本性。

庄子认为，有的人过分追求仁义而不顾及生命，铤而走险；有的人为了利益不讲究仁义、不顾生命而追求富贵，因此，才有伯夷为了坚贞高尚的虚名而饿死在首阳山的结局；才有了盗跖为了追求最大利益而死于东陵之上的惨剧。他们二人，"所死不同，其于残生伤性均也"。虽然二人的死法不同，但在伤害生命和人性方面，二人的结局相同。至于到底谁是君子小人，实在是难以分辨。这就是所谓的仁人不死，大盗不止。

庄子并非反对提倡仁义，只是不想把它凌驾于一切行为事物规范之上，在仁义的幌子下，有多少仁人志士失去了生命，又有多少人性被活活扼杀，庄子强调要顺应事物的发展变化，要善于事物的本性规律，不要堵塞、扭曲事物的本性，要回归到事物的性情和常理中来。

"有虞氏招仁义以挠天下，天下莫不奔命于仁义以易其性。"见《庄子·骈拇》："有虞氏招仁义以挠天下也，天下莫不奔命于仁义。是非以仁义易其性与？故尝试论之：自三代以下者，天下莫不以物易其性矣！小人则以身殉利；士则以身殉名；大夫则以身殉家；圣人则以身殉天下。故此数子者，事业不同，名声异号，其于伤性以身为殉，一也。"① 这几句讲虞舜标榜仁义而搅乱天下，天下的人们都在为仁义争相奔走，这实质上是用仁义来扰乱人的本性。小人为了求利，士为了求名，大夫为了家，圣人则是为了天下。这几种人，视野不同，名号各异，但伤害本性、牺牲自己的结果是一样的。

"庸讵知不有性于仁义而不可易者耶"，哪里知道还有不为仁义奔走也没被扰乱人本性的？见《庄子·骈拇》："臧与谷，二人相与牧羊而俱亡其羊。问臧奚事，则挟荚读书；问谷奚事，则博塞以游。二人者，事业不同，其于亡羊均也。伯夷死名于首阳之下，盗跖死利于东陵之上。二人者，所死不同，其于残生伤性均也。奚必伯夷之是而盗跖之非乎？天下尽殉也：彼其所殉仁义也，则俗谓之君子；其所殉货财也，则俗谓之小人。其殉一也，则有君子焉，有小人焉。若其残生损性，则盗跖亦伯夷已，又恶取君子小人于其间哉！"②

臧与谷两个家奴一块儿放羊却都让羊跑了。问臧说是在读书；问谷说是在玩投骰子的游戏。这两个人所做的事虽然不一样，他们丢羊的结果却相同。伯夷为了名死在首阳山下，盗跖为了利死在东陵山上，这两个人致死的原因不同，而他们在残害生命、损伤本性方面却是同样的。为什么一定要赞誉伯夷而指责盗跖呢！天下的人们都在为某种目的而献身：为仁义而牺牲的人世俗称他为君子；为财货而牺牲的人世俗称他为小人。目的不同结局一样，而有的叫作君子，有的叫作小人。倘若就残害生命、损伤本性而言，那么盗跖也就是伯夷了，又怎么能在他们中间区分君子和小人！权德舆认为，庄子虽然提倡顺应自然顺应生死、保持心灵的宁静，但离开了自我的生命，认识实践就会落空，而自我内在的

---

① 陈鼓应：《庄子今注今译》，商务印书馆2007年版，第280页。
② 同上。

属性也不能通过仁义完全改变。

"以伯夷死名于首阳之下,庸讵知伯夷非安于死不可生耶?"哪里知道伯夷不安心去死就不能生存?见《庄子·骈拇》:"伯夷死名于首阳之下,盗跖死利于东陵之上。二人者,所死不同,其于残生伤性均也。奚必伯夷之是而盗跖之非乎?天下尽殉也:彼其所殉仁义也,则俗谓之君子;其所殉货财也,则俗谓之小人。其殉一也,则有君子焉,有小人焉。若其残生损性,则盗跖亦伯夷已,又恶取君子小人于其间哉!"① 伯夷,中国的圣贤,周文王统一天下,不同意靠拢,上山做高士,拒绝吃周朝的饭食,饿死在首阳山。柳下惠的弟弟盗跖,是个大盗,偷盗死于东陵。一个高尚知名而死,一个专门做土匪而亡。过程不同,但在危害生命方面的结果相同。庄子认为无论是伯夷还是盗跖,过程不同,但妨碍生命的结果一样,都是不可取的。

"征濠上观鱼之乐"见《庄子·秋水》:"庄子与惠子游于濠梁之上,庄子曰:'鲦鱼出游从容,是鱼之乐也。'惠子曰:'子非鱼,安知鱼之乐?'庄子曰:'子非我,安知我不知鱼乐?'"庄子与惠施在濠水边上看鱼,对鱼之乐是否可知进行辩论。说明庄子悠闲自得,达到超凡脱俗的情趣和精神境界。

"征凫鹤短长之胫"比喻事物各有特点。见《庄子·骈拇》:"凫胫虽短,续之则忧;鹤胫虽长,断之则悲。故性长非所断,性短非所续,无所去忧也。意!仁义其非人情乎!彼仁人何其多忧也?"② 野鸭的小腿虽然很短,续长一截就有忧患;鹤的小腿虽然很长,截去一段就会痛苦。事物原本就很长是不可以随意截短的,事物原本就很短也是不可以随意续长的,这样各种事物也就没有必要去排除忧患了。噫!仁义恐怕不是人所固有的真情吧?那些倡导仁义的人怎么会有那么多担忧呢?

"谬悠卓诡",指的是一些荒诞不经、虚远难以捉摸的言论。见《庄子·天下》:"庄周闻其风而悦之,以谬悠之说,荒唐之言,无端崖之辞,时恣纵而不傥,不奇见之也……以卮言为曼衍,以重言为真,以寓言为广。独与天地精神往来,而不敖倪于万物。不谴是非,以与世俗处。其书虽环玮,而连犿无伤也。其辞虽参差,而诚诡可观。"成玄英

---

① 陈鼓应:《庄子今注今译》,商务印书馆2007年版,第280—281页。
② 同上书,第275—276页。

疏:"谬,虚也。悠,远也。"庄子对这种道术很喜欢,以虚远不可捉摸的理论,广大不可测度的言论,不着边际的言辞,放纵而不拘执,不持一端之见。认为天下沉浊,不能讲庄重的话,以危言肆意推衍,以重言体现真实,以寓言阐发道理。不拘泥于是非,与世俗相处。他的书虽然奇伟却婉转随和,言辞虽然变化多端却奇异可观。

这道策问的大意是说:《庄子·骈拇》说虞舜标榜仁义而搅乱天下,天下人都在为仁义奔走而丢弃了本性。哪里知道还有不为仁义奔走而不会被扰乱本性的?认为伯夷饿死在首阳山是为了名节,可怎么会知道伯夷即使不死在首阳山也不会苟且偷生的道理。庄子与惠子在濠梁之上观鱼之乐,庄子并非虞、伯夷,又怎么会知晓虞、伯夷的不同?事物之间的短长,各有其特点,又怎么会知道虞、伯夷对生命的看法,他们也都是各有所短、各有所长之人。虽然想让他们达到一致,开始悖逆后面融合,怎么会虚远不可捉摸的言论到了如此的地步?我学识浅薄不能通达事理,希望为我解除疑惑。

庄子一生贫困潦倒,却安于贫困,向往自由,鄙视功名利禄。庄子提出的相对主义学说,对后世影响很大。庄子能平静对待死亡,比如他的妻子死了,朋友惠子去吊唁,看见他不但不哭反而"鼓盆而歌",似乎不符合常理。但庄子认为"生也死之徒,死也生之始,孰知其纪!人之生,气之聚也;聚则为生,散则为死"①。他认为任何物体都是阴阳二气分合离聚的结果,人的生死也是如此。张采民说:"妻子死了,庄子却'箕居鼓盆而歌',这似乎是一种很反常的现象,但这恰好表现了庄子对死生的深刻理解。"② 他从相对主义的理论出发,跨越了人类生死的界限,消除了生死这个最大的恐惧障碍,认为"万物皆一"。同时,庄子针对当时出现的独尊儒术的风尚,用犀利的笔墨批判儒家的中庸、仁义思想。《庄子·骈拇》篇"有虞氏招仁义以挠天下,天下莫不奔命于仁义以易其性",庄子认为墨、儒所谓的"仁义"不过是伤害生命、扰乱天下的罪魁祸首而已。

张采民说:"庄子揭示了一个深刻的哲理,即离开了实际生活环境

---

① 郭庆藩:《庄子集释·知北游》,中华书局1961年版,第730页。
② 张采民:《〈庄子〉研究》,中华书局2011年版,第199页。

的僵死教条只不过是古人的糟粕、先王的陈述而已，已经失去了它的生命力。"①《庄子·骈拇》篇庄子对儒家思想的批判、对僵化过时的思想观念进行怀疑否定。正如张采民所说："一般来说，没有对过时的、僵化的思想观念的怀疑与否定，也就没有社会的变革与进步。""在中国古代思想史上，凡是对儒家正统思想采取叛逆态度的思想家，几乎都带有庄子的怀疑论的色彩。"②魏晋时期的嵇康，是思想大解放的代表，他"非汤武而薄周孔"③，推崇老庄之学。明代杰出的启蒙思想家李贽，反对偶像崇拜、要求尊崇个性、注重人格修养。如果说庄子对儒家经典的质疑是为了促进社会的进步、追求思想的解放，那么，权德舆想通过庄子的精神告诉士人，有了思想意识的质疑，就有社会的进步；不忘初心，仁人不死，才能达到思想的解放。从这里可以看出权德舆思想中的矛盾性和融合性。他出身儒释道三家，作为统治者，权德舆提倡儒家的正统思想；作为节操高尚的读书人，他又极力推崇道家的清静无为、仁人不死。他的思想既有儒家的中和、致知，又有道家的清净、阐明。既力主儒学的"经世致用"，又不忘借助道教的不忘初心来修身养性。

在道举策问三道第三问中，权德舆亦对道家的顺应自然、无为而治和清净淡泊极力推崇。

> 问：至人恬淡，外其形体，使如死灰、如木鸡，斯可矣。至若蹈履水火而不燋没，虽以诚信，庸至是乎？斯所以有疑于吕梁丈人、商丘开之说也。盖有以诚信安于死而不迁者，未有以诚信蹈难而必不死者。此何所谓？其质言之。

"至人恬淡，外其形体，使如死灰、如木鸡，斯可矣"见《庄子·天道》篇："夫虚静恬淡，寂寞无为者，天地之平而道德之至也。……夫虚静恬淡寂漠无为者，万物之本也。"庄子将无为而治推行到帝王的治世当中，他认为清净淡泊、生活质朴，心境平和宁静，外不受物欲之诱惑，内不存情虑之激扰，可以达到物我两忘的境界。在《庄子·刻

---

① 张采民：《〈庄子〉研究》，中华书局2011年版，第126页。
② 同上书，第127页。
③ 嵇康：《与山巨源绝交书》，见严可均辑《全三国文》卷47，中华书局1958年版。

意》篇中又说:"夫恬淡寂漠,虚无无为,此天地之平而道德之质也。故曰,圣人休休焉则平易矣。平易则恬淡矣。平易恬淡,则忧患不能入,邪气不能袭,故其德全而神不亏。"不说的是不落形迹的超越的品格。超然于物,清淡而高雅;超然于世,淡泊而又不乏真情;超然于有限时空,宏阔绵邈而飘逸出尘。

庄子认为帝王应该"以无为为常",而臣下却是要"有为"的。"上必无为而用天下,下为有为为天下用。此不易之道也。"另外,《庄子》又认为养神之道,贵在无为。道家的无为,并非不求有所作为,无为是顺应自然、不妄为的意思。是指凡事要"顺天之时,随地之性,因人之心",而不要违反"天时、地性、人心",不要凭主观愿望和想象行事,遵循事物的自然趋势而为。

"使如死灰、如木鸡"见《庄子·齐物论》:"形固可使如槁木,而心固可使如死灰乎?"意思是形体诚然可以使它像干枯的树木,精神和思想难道也可以使它像已经冷却的灰烬那样吗?

《庄子·达生》:"纪渻子为王养斗鸡,十日而问曰:'鸡已乎?'曰:'未也,方虚憍而恃气。'……十日又问,曰:'几矣,鸡虽有鸣者,已无变矣。望之似木鸡矣,其德全矣,异鸡无敢应者,反走矣。'"成玄英疏:"神识安闲,形容审定……其犹木鸡不动不惊,其德全具,他人之鸡,见之反走。"后因以"木鸡"指修养深厚以镇定取胜者。

"吕梁丈人"见《庄子·达生》篇:"孔子观于吕梁,县水三十仞,流沫四十里,鼋鼍鱼鳖之所不能游也。见一丈夫游之,以为有苦而欲死也,使弟子并流而拯之。数百步而出,被发行歌而游于塘下。孔子从而问焉,曰:'吾以子为鬼,察子则人也。请问,蹈水有道乎?'曰:'亡,吾无道。吾始乎故,长乎性,成乎命。与齐俱入,与汩偕出,从水之道而不为私焉。此吾所以蹈之也。'孔子曰:'何谓始乎故,长乎性,成乎命?'曰:'吾生于陵而安于陵,故也;长于水而安于水,性也;不知吾所以然而然,命也。'"孔子在吕梁看到某人在瀑布高悬二三十丈,冲刷起的激流和水花远达四十里,鼋、鼍、鱼、鳖都不敢来的水域游水,很是诧异,游泳者告诉孔子说,出生于山地就安于山地的生活,这就叫作故常;长大了又生活在水边就安于水边的生活,这就叫作习性；不知道为什么会这样而这样生活着，这就叫作自然。

"商丘开之说"见《列子·黄帝》篇："列子黄帝篇云，范氏子华，有宠于晋君，门客相与言其名势，能使存者亡，亡者存，富者贫，贫者富。田叟商丘开，闻而投其门下。子华之门徒轻其贫老，狎侮欺诒，无所不为。一日，指河曲之淫隈，曰：彼中有珠，泳可得也。开泳而出，果得珠。俄而范氏藏大火，子华曰：汝能入火取锦者，从所得多少赏之。开入大火往还，埃不漫，身不焦。范氏之党骇然，悔而问道。开曰：吾无道，吾以子党史之言皆实也，惟恐诚之之不至，行之之不及，不知形体之所措，利害之所存也，心一而已，物无迕者，如斯而已。今知欺我，惕然震悸，水火岂复可近哉。"有个叫商丘开的人是范子华的门客，其貌不扬，经常遭到其他门客的欺侮。但他有勇有谋，在他人的嘲讽中从高处飞下轻易赚得百金，又在别人的捉弄下入河底捞珍珠，均取得成功。后又于大火中帮范子华救援丝绸布帛，而自己却全身没有沾一点灰烬，别人请教他的法术，却说，我依靠的只是我的诚心和专心致志。

这道策问的大意是说：庄子主张清净淡泊、生活质朴，心境平和宁静，精神和思想也可以像已经冷却的灰烬、训练有素的木鸡一样，这样就可以达到物我两忘的境界。至于践踏水火而不被烧焦、淹死，即使是至诚至信，平庸会到这种程度？这就是我对"吕梁丈人"所谓的故常、习性、自然之说和"商丘开之说"的诚心和专心致志产生怀疑的原因。大概有诚心而安于死亡却不会改变的人，但没有因为诚心陷入困境而一定不死亡的人。这是什么意思？请直截了当地加以论说。

按照张采民的分类，《秋水》《外物》归入《齐物论》，主要探讨认识论；《渔夫》归入《人间世》，主要探讨处世之道；《骈拇》《达生》《盗跖》《列御寇》归入《德充符》，主要以讲人生修养和重视人的内在德行为主旨。① 关于"齐物论"名字的内涵，历来有不同的理解。刘勰提出"庄周齐物，以论为名"②，大多学者认为"齐物论"即是探究万物齐一、平等的道理。③ 曹础基认为："因而应该放弃一切对立、一切

---

① 张采民：《〈庄子〉研究》，中华书局2011年版，第20页。
② 刘勰：《文心雕龙·论说》，见范文澜《文心雕龙注》，人民文学出版社1958年版。
③ 张采民：《〈庄子〉研究》，中华书局2011年版，第47页。

争论，做到无知无觉、无见无识，回复到万物的老祖宗——虚无的道那里，就一起都统一了。"① 对于"德充符"，张采民认为："道德充实于内，而万物应验于外，内外冥合无间。"② 曹础基亦认为："德充符，道德完美的标志。文中写了五个肢体残缺的人，他们都是道德完美的象征，故题为'德充符'。"③《庄子·德充符》用五个形体残缺、但品德高尚的人来说明，德行比形体更重要。即外在的形骸并不重要，重要的是内在的德性。如果道德充实，形体的残缺不能成为道德的拖累；如果德行败坏，即使容颜娇美，也不会给人留下美好的形象。正如张采民所说："他们有与众不同的价值取向，追求形体之外的具有更高价值的东西。他们重视整体的人格生命，在崇高的生命中自然流露出一种吸引人的精神力量。"④ 而世俗之人不懂得这些，他们往往只是以貌取人。权德舆选取《庄子》里的若干寓言故事，在追求崇高人格魅力的同时，注重更多的是修身养性和内在品德的培养。

三 不断内省、尽善尽美的至高境界

　　道举策问三道第一问：

　　问：庄生曰："吾闻庖丁之言，得养生焉。"盖以其游刃无全，善刀而藏之故也。御寇则曰："养生如何？肆之而已。"庄生曰："嗜欲深者，天机浅。"御寇则以朝穆善理内而性交逸。何二论背驰之甚耶？夫一气之暂聚，为物之逆旅，诚不当伤性沽名，以耗纯白。倥昧者未通矫抗之说，因遂耳目之胜，甘心实力，则如之何？既学于斯，伫有精辨。

　　这也是一道关于如何养生、顺应自然、达到尽善尽美境界的策问。
　　道举是唐代科举制度的一个常科。《新唐书·选举志上》载："唐制，取士各科，多因隋旧，然其大要有三。由学馆者曰生徒，由州县者曰乡贡，皆升于有司而进退之。其科之目，有秀才，有进士，有明法，

---

① 曹础基：《庄子浅注》，中华书局2007年版，第12页。
② 张采民：《〈庄子〉研究》，中华书局2011年版，第65页。
③ 曹础基：《庄子浅注》，中华书局2007年版，第57页。
④ 张采民：《〈庄子〉研究》，中华书局2011年版，第67页。

有明经，有明算，有一史，有三史，有开元礼，有道举，有童子。而明经之别，有五经，有三经，有二经，有学究一经，有三礼，有三传。有史料。此岁举之常选也。其天子自诏者曰制举，所以待非常之才。"①可见，唐代科举取士，就其大者而言，可分为两类，一类为"岁举"，即国家按照固定的时间定期举行的考试。另一类为"制举"，就是不定期的考试，由天子自诏。以"待非常之才"。道举属于岁举常科之列，唐王朝尊老子为始祖，从而给自己的统治罩上神话的光环。唐初，汉魏六朝遗留下来的门第观念还很强烈，抬出老子从而抬高李姓皇室的门望和地位。另外，唐朝统治者尊崇道教的另一个原因是为了利用道家的无为而治的治国方针，正如唐玄宗在开元二十九年（741）的亲试四子举人敕中所说："朕听政之暇，常读《道德经》《文》《列》《庄子》，其书文约而义精，词高而旨远，可以理国，可以保身，朕敦崇其教以左右人子也。"再者，道教最讲长生之术和各种神秘法术，是粉饰太平、纵情享乐的极好护身符。因此，有唐一代，受到统治阶级极尽的推崇和提倡。

至唐玄宗统治时期，统治者尊崇道教达到高峰，从开元十一年（723）起，玄宗亲自注解《道德经》，到开元二十一年（733），"敕令士庶家藏《老子》译本，每年贡举人，量减《尚书》《论语》一两条，加老子策"。这样，《道德经》在科举考试中的地位进一步得到了提高。开元二十三年（735），玄宗将"亲注《老子》并修疏义八卷，颁示公卿士庶及道释二门，听直言可否"，也就是皇帝把自己亲自注释的道德经颁布天下，广泛征求意见。《道德经》已经成为比较充实和完备的道教经学教材。全国上下弥漫着浓郁的道教气氛，"时上尊道教，慕长生，故所在争言符瑞，群臣表贺无虚月"。至此，将道举科确立为开科取士之列的条件已经完全成熟。

《新唐书·选举志》载："开元二十九年，始置崇玄学，习《老子》《庄子》《文子》《列子》，亦曰道举。其生，京、都各百人，诸州无常员。管制荫第同国子，举送、课试如明经。"②

这样，道举最终从进士和明经考试中独立出来，发展成为一个科

---

① （宋）欧阳修、宋祁编撰：《新唐书·选举制》，中华书局1975年版，第1159页。
② 同上书，第1164页。

目。为了配合道举制度的实施,唐朝统治者专门建立了培养道举人才的学校——崇玄馆。"崇玄馆,诸州置道学"就是最早为道举培养人才的专门学校。

《新唐书》卷 48《百官志》载:"天宝二载,改两京崇玄学为崇玄馆,博士曰学士,助教曰直学士,置大学士一人,以宰相为之,领两京玄元宫及道院,改天下崇玄学为通道学,博士曰道德博士。"① 从这些记载中,我们不难看出唐朝政府对崇玄学的重视程度:不仅在两京置博士、助教,而且以宰相兼领崇玄馆的大学士,突出了崇玄学在官学的教育体系中的重要位置。

《通典》对道举置科亦有记载:"玄宗方弘道化,至(开元)二十九年,始于京师置崇玄馆,诸州置道学,生徒有差,谓之道举。举送、课试与明经同。"②

《唐会要》载:"天宝元年五月中书门下奏:两京及诸郡崇元学生等,伏准开元二十九年正月制,前件人合习《道德》《南华》《通远》《冲虚》四经;……改《康桑子》为《洞灵真经》,准请条补,崇元学亦合习读。伏准后制,合通五经。"③ 崇玄学的教材为《老子》《庄子》《文子》《列子》四子之书,后来又加了《庚桑子》,合为五经。天宝元年(742)二月,唐玄宗诏令:"玄元皇帝升入上圣。庄子号南华真人,文子号通玄真人,列子号冲虚真人,庚桑子号洞虚真人。"改庄子为《南华真经》,文子为《通玄真经》,列子为《冲虚真经》,庚桑子为《洞虚真经》。原来的先秦道家典籍,正式变为官方的道教经书,道家的代表人物也被确立为道教的始祖。

道举的考试、举送程序与明经大体相同。《新唐书·选举志上》载:"凡明经,先贴文,然后口试,经问大义十条,答时务策三道,亦为四等。"④

道举制度的建立不仅使唐代的知识分子增加了一条入仕的途径,也为国家的崇道活动选拔了一批人才。无形中,加强了道家的影响力,对

---

① (宋)欧阳修、宋祁编撰:《新唐书》,中华书局 1975 年版,第 1255 页。
② 杜佑:《通典·选举三》卷 15,中华书局 1935 年版。
③ (宋)王溥编撰:《唐会要》卷 77《崇元生·道举附》,《丛书集成初编》聚珍版排印本,中华书局 1985 年版。
④ (宋)欧阳修、宋祁编撰:《新唐书·选举制》,中华书局 1975 年版,第 1161 页。

道家自身的发展具有重要的意义。它和当时道家中兴盛的重玄之学相呼应，提倡尊老、注《老》、解《老》，以《老》《庄》《文》《列》为经学，对它进行经学性的诠释，作为建构自身理论的材料，从而强化了老子道教教主的地位，引导道教向着系统化、理论化的方向发展。权德舆时任中书舍人，德宗贞元十八年（802）、贞元十九年（803）知贡举，将道举引入科举考试当中，他的文集中有《道举策问》五道，是策试所出的试题。

"游刃无全，善刀而藏"见《庄子·养生主》："庖丁释刀对曰：'臣之所好者道也；进乎技矣。始臣之解牛之时，所见无非牛者。三年之后，未尝见全牛也。方今之时，臣以神遇而不以目视，官知止而神欲行。依乎天理，批大郤，导大窾，因其固然，技经肯綮之未尝，而况大軱乎！……彼节者有间，而刀刃者无厚；以无厚入有间，恢恢乎其于游刃必有余地矣！是以十九年而刀刃若新发于硎。虽然，每至于族，吾见其难为，怵然为戒，视为止，行为迟。动刀甚微，謋然已解，如土委地。提刀而立，为之四顾，为之踌躇满志；善刀而藏之。'"

"嗜欲深者，天机浅"见《庄子·大宗师》"其嗜欲深者，其天机浅"。一个人欲望过多，就缺少智慧与灵性。"御寇则以朝穆善理内而性交逸"善于治理外物的，外物不一定能够治好，而自己的身心却与之一道受苦；善于治理内心的，外物未必因此混乱，而自己的性情却与之一道安逸。见《列子·杨朱》篇："我又欲与若别之。夫善治外者，物未必治，而身交苦；善治内者，物未必乱，而性交逸。以若之治外，其法可暂行于一国，未合于人心；以我之治内，可推之于天下，君臣之道息矣。吾常欲以此术而喻之，若反以彼术而教我哉？"《列子》全篇畅言当生之乐，晓谕生死之道，《列子》没提倡纵欲，杨朱的《杨朱》篇更没提倡纵欲，而是崇尚超越一切欲望和外在事物的自由。摆脱某些有形无形的束缚、不拘泥于形式，但要知止。

"物之逆旅"即天地是万物的客舍。见李白《春夜宴从弟桃花园序》（《春夜宴桃李园序》），李白与堂弟们在春夜宴饮赋诗，并为之作此序文，文章风格清新俊逸，转折自如，在记叙作者与堂弟在桃花园聚会赋诗畅叙天伦的同时，慷慨激昂地表达了李白热爱生活、热爱生命的人生追求和积极乐观的人生态度。"矫抗之说"，与众不同，以示高尚的说法。"遂耳目之胜"即让耳目尽情享受。

这道策问大意是说：庄子说：我听了庖丁的话，得到了养生的道理。大概是由于游刃有余、用完刀擦抹干净妥善收藏的缘故。御寇问：怎么样养生？只不过放纵任意行事罢了。庄子说：一个人欲望过多，就缺少智慧与灵性。列御寇则认为善于治理外物的，外物不一定能够治好，而自己的身心却与之一道受苦；善于治理内心的，外物未必因此混乱，而自己的性情却与之一道安逸。为什么他们二者的言论相差如此之远？天地万物之气暂时的聚集，天地是万物的客舍，的确不该为了虚名而伤害自己的生命，以此耗费自己纯洁的本性。阴暗之人不懂得高尚的说法，于是满足耳目的欲望尽情享受，甘心情愿去做顺应自然规律的事情，会怎么样呢？你们都有精到的研习，我来仔细听听你们的论辩。

庖丁解牛而不损其刀，是因为他懂得顺应自然纹理、自然规律的原因，庄子从宰牛引申到养生，再引申到为人处世之道，即"吾闻庖丁之言，得养生焉"。宰牛要"顺应规律"，为人处世也一样要讲究依乎天理。权德舆用庖丁解牛"游刃无全，善刀而藏"的谨慎，警诫士人，凡事都要内敛内省，不过分张扬，才能达到至高的境界。

比较庄子和列御寇二者的观点，颇有不同。就养生而言，庄子"闻庖丁之言"，通过庖丁"以其游刃无全，善刀而藏之故"而"得养生焉"得到了养生的方法；而列御寇对养生的观点是，认为"养生如何？肆之而已"。二者的说法完全不同。就修身养性而言，庄子认为"嗜欲深者，天机浅"。列御寇认为"朝穆善理内而性交逸"。即善于治理内心的，外物未必因此混乱，而自己的性情却与之一道安逸。在中国，无论是儒家还是道家都把心灵自由视作人生的最高境界，保持心灵的安宁是道家的精神所在。这也是权德舆以"道"补"儒"、内省而达到尽善尽美思想的具体表现。但需要注意的是，庄子的思想有积极的成分也有消极的方面，"总之，庄子的思想人生观是复杂的，既有浓厚的消极因素，也包含着某些积极成分。一方面，他没有直面惨淡人生的勇气；另一方面，却又为进士只有开拓了一个新天地，以一种独特的方式维护了人的尊严。后世的封建士大夫正是从这里得到了人生的启示。虽不愿为改变现实而斗争，但也不至于完全沦陷在个人的小天地里而不能自拔，而是采取一种精神反抗的形式。这样既可以远害全身，又可以得到精神上的满足"①。权德舆文学上虽然被宗奉为"文坛盟主",政治上曾官至宰相,但他一生平庸无为,善于明哲保身,或多或少,也是受到了庄子精神的影响。

贞元十三年中书试进士策问两道:

  第一道问:先师之言,辩君子小人而已。劝学则举六蔽,咸事则称九德,推其性类,又极于是矣。孟轲之数圣者,有清有和;文子之言人位,上五下五。列夷惠于天纵,颇有所疑。况牛马于至灵,岂有至当?班固之《古今表》,刘邵之《人物志》,或品第乖逆,或钩摭纤微,诚有可观,恐非尽善。既强为己之学,必有析理之精。敬俟嘉言,以祛未逹。

权德舆的策问中,有关君子品行修养的策问占据很大的比重。这道策问探讨的也是君子修养的话题。如何通过不断内省达到至善是君子修养的最高境界。策问借班固《汉书·人物表》及刘邵《人物志》品评人物的比较,要求考生们依据平时所学,对两部书的观点进行评论,解疑补阙,怎么才能做到尽善尽美的至高境界。

"六蔽",亦作"六弊",指不好学而造成的六种弊端。见《论语·阳货》:"子曰:'由也,女闻六言、六蔽矣乎……好仁不好学,其蔽也愚;好知不好学,其蔽也荡;好信不好学,其蔽也贼;好直不好学,其蔽也绞;好勇不好学,其蔽也乱;好刚不好学,其蔽也狂。'谓因不好学而造成的六种弊端。"后因以谓不学无识。

"九德咸事",九德,谓贤人所具备的九种优良品格。咸事,都在官府任职。《商书·皋陶谟》载:"皋陶曰:'都,亦行有九德,亦言其人有德,乃言曰,载采采。'禹曰:'何?'皋陶曰:'宽而栗、柔而立、愿而恭、乱而敬、扰而毅、直而温、简而廉、刚而塞、彊而义、彰厥有常,吉哉!'日宣三德,夙夜浚明有家;日严祗敬六德,亮采有邦。翕受敷施,九德咸事,俊乂在官。百僚师师,百工惟时,抚于五辰,庶绩

---

① 张采民:《〈庄子〉研究》,中华书局2011年版,第157页。

其凝。"① 孔传："言人性行有九德以考察，真伪则可知。"《左传·昭公二十八年》："心能制义曰度，德正应和曰莫，照临四方曰明，勤施无私曰类，教诲不倦曰长，赏庆刑威曰君，慈和徧服曰顺，择善而从之曰比，经纬天地曰文。九德不愆，作事无悔。"

"至灵"，为中国古代文官官职。"品第乖逆"，指门第，等级。"鉤摭纤微"钩求、探取细微。

这道策问的大意是说：孔子在言论方面，告诉我们如何辨别君子小人。劝学时则列举出不好学而造成的六种弊端。在职官员都让具有九德的人来担任。推究他们的本性，在这些方面做的是最好的。孟子这些诸多大智大慧之人，品性高洁、人格坦荡、和谐相处。文子说到人的位置，有上五下五之分。众多的少数民族，受惠于帝王的才智、恩典。我对这些说法颇有疑虑，何况牛马和官职一起而言，怎么能说恰当呢？班固之《古今表》，刘邵之《人物志》，有些人物叛逆，不孝敬父母，有些事件钩求、探取过于细微。的确要认真推敲，恐怕还没有达到尽善尽美。你们在各自的学业上都有专攻，一定有透彻精深的分析。恭敬地等待你们绝妙的言论，来去除我心中的疑惑。

在"君子小人"问题上，孔子提出了很多具有指导性的言论，"君子和而不同，小人同而不和""君子周而不比，小人比而不周""君子坦荡荡，小人长戚戚"，君子讲求和谐但不愿意盲从，小人只求完全一致，而不讲求独立思考达到协调；君子团结不搞帮派，小人搞帮派不团结；君子心胸开阔，神定气安。小人斤斤计较，患得患失。孔子认为君子之道当以修身为要，孟子亦讲究品性高洁、人格坦荡、和谐相处的君子之道。淡泊自省、尽善尽美历来儒家追求的至高境界，不少文人墨客笔下都有提倡内省、明志的描述。白居易的翰林制诰和中书制诰中就有不少赞叹讴歌恬淡自守、内省修养的诏文。如白居易集卷49"中书制诰二"中的《张籍可水部员外郎制》：凡历文雅之选三矣，然人皆以尔为宜。岂非笃于学，敏于行，而贞退之道胜也？张籍在个人仕途上不愿趋时躁竞，而甘愿内省贞退，以恬淡自守自足。"这种反其道而行之的

---

① 李学勤主编：《十三经注疏·尚书正义·皋陶谟》卷4，北京大学出版社1999年版，第124页。

回报，展示了儒家文化另一面价值观的意义及最终所获得的胜利，其传递的信息想必应对为官者尤其是唯名利是务之徒有所启示和引导。"①权德舆宗崇古代圣贤，更多的是宗崇圣贤的内省精神及和谐处世之道。

第二节 轻徭薄赋、生人安民的为君为政思想

权德舆一生以儒学为处世标准，他从儒家的"仁政""民本"思想出发，认为"人为邦本，食为人天"。在《论江淮水灾上疏》中请求德宗体恤百姓之苦，指出"赋无工拙，皆取于人，不若藏于人之为固"，阐述了"人为邦本，食为人天"的观点。权德舆提倡君明臣贤、轻徭薄赋的生人安民政策，这些思想在他的策问中有多处体现，比如贞元十八年（802）进士策问五道第三问：

> 问：周制什一，是称中正。秦置阡陌，以业农战。今国家参酌古道，惠绥元元，均节财政，与之休息。丰年则平籴于穀下，恒制则转漕于关东。尚虞地有余利，人有遗力，生之者少，靡之者多，粟帛浸轻，而缗钱益重。或去衣食之本，以趣末作，自非翔贵之急，则有甚贱之伤。欲使操奇赢者无所牟利，务农桑者沛然力足，以均货力，以制盈虚，多才洽闻，当究其术。至若管仲通币制轻重，李悝视岁之上下，有可以行于今者，因亦陈之。美利嘉言，无辞悉数。

这道策问从赋税、土地、农业、手工业、商业、漕运、救灾等与百姓生活息息相关的经济问题入手，引出轻徭薄赋、生人安民的主旨。

"周制什一，是称中正"，指周朝实行了轻徭役薄赋税的"什一税"，秦国实行了大力扶植农业的做法。也就是说，是生人安民的为政思想使国家得以繁荣昌盛。《公羊传·宣公十五年》载："什一者，天下之中正也。多乎什一，大桀小桀；寡乎什一，大貊小貊；什一者，天

---

① 付兴林：《白居易散文研究》，中国社会科学出版社2007年版，第450页。

下之中正也。什一行而颂声作矣。"①《孟子·告子下》中载白圭与孟子论征收赋税之事："白圭曰：'吾欲取二十而一，何如？'孟子曰：'子之道，貉道也。万室之国，一人陶，则可乎？'曰：'不可，器不足用也。'曰：'……欲轻之于尧舜之道者，大貉小貉也；欲重之于尧舜之道者，大桀小桀也。'"②民以食为天，如实行什一税，则国泰民安，颂歌不绝。鲁国取百姓收入的十分之一作为赋税，人民安定，社会繁荣。

"秦置阡陌，以业农战。""秦置阡陌"指秦孝公任用商鞅变法之事。《史记·商君列传》载："于是以鞅为大良造。将兵围魏安邑，降之。居三年，作为筑冀阙宫廷于咸阳，秦自雍徙都之。而令民父子兄弟同室内息者为禁。而集小乡邑聚为县，置令、丞，凡三十一县。为田开阡陌封疆，而赋税平。平斗桶权衡丈尺。行之四年，公子虔复犯约，劓之。"③张守节《正义》曰："南北曰阡，东西曰陌。"《汉书·食货志》中亦有这段记载："及秦孝公用商君，坏井田，开阡陌，急耕战之赏，虽非古道，犹以务本之故，倾邻国而雄诸侯。"④商鞅在秦国进行了开阡陌、统一度量衡等一系列变法政策，对秦国的发展壮大起了良好的作用。"以业农战"见《商君书·农战》："凡人主之所以劝民者，官爵也；国之所以兴者，农战也。"⑤又云："国待农战而安，主待农战而尊。"⑥都指农业是国家兴旺、人民安定的根本。《史记·范雎蔡泽列传》中蔡泽游说范雎时也说："夫商君为秦孝公明法令，禁奸本，尊爵必赏，有罪必罚，平权衡，正度量，调轻重，决裂阡陌，以静生民之业而一其俗，劝民耕农利土，一室无二事，力田蓄积，习战陈之事，是以兵动而地广，兵休而国富，故秦无敌于天下，立威诸侯，成秦国之业。"⑦通过商鞅采取的一系列措施，进一步说明农业是国家之根本。

---

① 李学勤主编：《十三经注疏·春秋公羊传注疏》卷16，北京大学出版社1999年版，第360页。
② 李学勤主编：《十三经注疏·孟子注疏》卷12下，北京大学出版社1999年版，第341页。
③ 司马迁撰：《史记·商君列传》，中华书局1982年版，第2232页。
④ 班固撰，颜师古注：《汉书·食货志》，中华书局1962年版，第1126页。
⑤ 蒋礼鸿撰：《商君书锥指》，中华书局1986年版，第20页。
⑥ 同上书，第22页。
⑦ 司马迁撰：《史记·范雎蔡泽列传》，中华书局1982年版，第2422页。

"今国家参酌古道，惠绥元元，均节财政，与之休息。丰年则平籴于毂下，恒制则转漕于关东。"权德舆大力宣扬统治阶级实施的笼络民心的宽松政策，这一系列"惠绥元元"的政策都是为了减轻人民负担，都是为了生人安民。正如白居易在《策林·不夺人利》中所说："君之所以为国者，人也。人之所以为命者，衣食也；衣食之所从出者，农桑也。若不本于农桑而兴利者，虽圣人不能也。"① 唐代以农业立国的性质决定了农业在国民经济中不可动摇的地位。

"欲使操奇赢者无所牟利，务农桑者沛然力足"，权德舆试图通过抑制奸商、鼓励农耕、与民休息的政策使国家经济繁荣。

"管仲通币制轻重"，即《管子·轻重乙》管子和桓公的对话："管子曰：'君直币之轻重以决其数，使无券契之责。则积藏囷窌之粟，皆归于君矣。故九州无敌，竞土无患。……粟重而万物轻，粟轻而万物重，两者不衡立。故杀正商贾之利，而益农夫之事，则请重粟之价金三百。若是，则田野大辟而农夫勤其事矣。'桓公曰：'重之有道乎？'管子对曰：'请以令与大夫城藏使卿诸侯藏千钟，令大夫藏五百钟，列大夫藏百钟，富商蓄贾藏五十钟。内可以为国委，外可以益农夫之事。'桓公曰：'善。'下令卿诸侯令大夫城藏。农夫辟其五谷，三倍其贾。则正商失其事而农夫有百倍之利矣。"② 桓公采纳了管仲的建议重农轻商，从而达到了国富民安。

"李悝视岁之上下"指李悝为了使民丰年、饥年生活一样适足，根据丰年、荒年所实施的不同的平籴政策。《汉书·食货志》载："是时，李悝为魏文侯作尽地力之教"，通过奖惩制度鼓励百姓农耕，并推行"平籴"之法，"善平籴者，必谨观岁有上中下孰"，根据收成的好坏，将一年的收成分为上、中、下孰三等，并依这三等来进行收、余，从而一定程度上保证了人民的生活。故"虽遇饥馑水灾，籴不贵而民不散，取有余以补不足也。行之魏国，国以富强"③。

《史记·平准书》中对管子"通币制轻重"和李悝"视岁之上下"的政策概括为："齐桓公用管仲之谋，通轻重之权，徼山海之业，以朝

---

① 顾学颉校点：《白居易集》卷63，中华书局1979年版，第1316页。
② 《管子轻重篇新诠·轻重十四·轻重乙》，中华书局1979年版，第605—611页。
③ 班固撰，颜师古注：《汉书·食货志》，中华书局1962年版，第1124—1125页。

诸侯，用区区之齐显成霸名。魏用李悝，尽地力，为疆君。"① 司马迁对恒公用管仲之谋成就霸业，魏国重李悝之策而封土拜疆的历史史实进行了高度的总结评价。

这道策问的大意是说：周代实行十一税，是适中又公平的。秦国开垦私有土地，把农耕和战争作为本业。现在唐王朝参照古代的做法，给百姓一定的优惠政策，均衡并减少财物的征收，与之休养生息的政策。丰收年就在京师稳住粮价，歉收年按照惯例通过水路从关东转来粮食。但仍然忧虑土地还没有完全发挥作用，人的力量还没有全部利用，生产它的人少，享用它的人多，粮食布帛逐渐不值钱而钱币越来越贵重。有些人就丢弃农业的本业去经商，物价并没有飞涨，但也就出现了粮食布帛不值钱的害处。想要使操纵市场的人没办法牟利，从事农桑的人能富裕地自给自足，就要调节钱币和劳动量之间的关系，就要控制贫富悬殊的差异。至于春秋时管仲调节货币价值的高低，战国李悝依据年景的丰歉平抑粮价，其中有能为今天所用的，也请陈述。有利于百姓生活的美好的建议，都详尽地列出来。②

这道策问有三层意思：第一，唐王朝参照古代轻徭薄赋、扶植农业的做法，给百姓一定的优惠政策。比如减少征收，休养生息，平籴粮价等。第二，针对"粟帛浸轻，而缗钱益重"之弊端，适时调整物价，控制贫富悬殊。第三，请举子们广征博引，以春秋管仲调节币值、战国李悝平抑粮价为例，论述有利于百姓安居乐业的建议。

赋税、土地、农业、手工业、商业、漕运、救灾等与百姓生活息息相关，是生人安民的根本，关系国计民生，是历代统治阶级必须关注的问题，因此，科举考试经常以此类问题来征询考生的意见。孟子曾提出"民为贵，社稷次之，君为轻。是故得乎丘民而为天子。得乎天子为诸侯"③的观点，其根本目的就是要引起统治者对"民"这个主体的重视和尊重。唐太宗更是在历史的经验教训中深深体会到"民"与国家社稷存亡的重要关系。他说："为君之道，必须先存百姓。若损百姓以奉

---

① 司马迁撰：《史记·平准书》，中华书局1982年版，第1442页。
② 杨寄林等编：《中华状元卷·大唐状元卷》，山西教育出版社2001年版，第400页。
③ 李学勤主编：《十三经注疏·孟子注疏》卷14上，北京大学出版社1999年版，第387—388页。

其身，犹割颈以啖腹，腹饱而身毙。"① 因此，民本思想自古以来就是统治阶级非常重视的一个话题。

安史之乱的爆发，严重摧残了唐王朝的农业经济和与此相关的赋税收支，日益萎缩的财政和入不敷出的军事开支，迫使德宗于建中元年（780）采纳并实行了杨炎建议的"两税法"，即改变了贞观以来以地税和户税为内容的租庸调制，而分夏秋两季征纳谷帛和钱缗的制度。然而，两税法在经过二十多年的施行过程中已滋长了许多弊端。其中重大的弊端之一就是变征纳谷物为征纳缗钱，大大加重了农民的负担。白居易在《策林·息游惰》中也指出了这一弊端带给农民、农业的负面影响："当今游惰者逸而利，农桑者劳而伤。所以伤者，由天下钱刀重而谷帛轻也。"② 权德舆在这里指出"生之者少，靡之者多，粟帛浸轻，而缗钱益重。或去衣食之本，以趣末作，自非翔贵之急，则有甚贱之伤"。耕种的人少而消费的人多，粮食布帛逐渐不值钱而钱币越来越贵重，这种状况已经严重伤害了农民努力耕种的积极性，他们或弃农从商，或追慕钱利。总之，人心浮躁，民心不安，这种现象直接威胁到统治阶级的政权。对于这一点，权德舆有很清楚的认识，因此，他借用科考来寻求解决之良策。

贞元二十一年（805）礼部策问五道第二问中，权德舆就如何针对前朝的弊端，总结、汲取历史经验，有的放矢地对症下药，以敬救忠之弊，以文救敬之弊，以忠救文之弊而提出问题，让诸位考生分析并提出良策。

> 问：夏殷周之政，忠敬文之道，承弊以救，始终循环。而上自五帝，不言三统，岂备有其政，或史失其传？嬴、刘而下，教化所尚，历代相变，其事如何？岂风俗渐靡，不登于古？复救之之道，有所未至耶？国家化光三代，首冠百王，固以忠厚胜兹文弊。前代损益，伫闻讨论，遽数之中，所希体要也。

---

① 吴兢：《贞观政要·君道第一》，见谢宝成《贞观政要集校》，中华书局2003年版，第11页。

② 白居易著，顾学颉校点：《白居易集》卷63，中华书局1979年版，第1311页。

"三统"说是西汉时董仲舒提出的黑白赤三统循环的神秘主义历史观。他提出每个朝代都要改正朔、换服色，就起居饮食具体制度做一些改变，以顺应天命。三统又称"三正"，指夏、商、周三代的正朔。是指历史上的一切朝代都要按照黑白赤统循环更迭。夏正建寅，以正月（寅月）为岁首，称为人统（黑统）；商正建丑，以十二月（丑月）为岁首，称为地统（白统）；周正建子，以十一月（子月）为岁首，称为天统（赤统）。一个朝代以某月为岁首，就要确定相应的朝服、车马仪仗等的颜色。董仲舒认为三统循环是上天的旨意，每个朝代的统治者都是受天命而王，都必须按照在三统中循环的位置，相应地确定和改变正朔、服饰等，否则就是违背天意。但是，作为社会的根本大道诸如三纲五常等，永远不会改变。①

三统说是董仲舒提出的，以夏为黑统、商为白统、周为赤统。主要思想是历史循环发展，周而复始，循环往复，但贯穿历史始终的是最基本的价值观念、文化传统，尤其是统治之道却无须改变。

这道策问的大意是说：夏商周为政的方法，遵从的是敦厚、虔诚、礼教的做法，在补救前代弊端的基础上，周而复始，循环往复。而上自五帝，不讲黑白赤这三统，难道是原本有治国方略，史传给失传了吗？自秦汉以后，教化所崇尚的东西，历代在变化。都是些怎么样的事情啊？难道是风俗渐渐奢侈，还达不到古人，还是补救的措施没有到位的原因。当今国家德化光大有如三代，皇帝的圣明德行超迈千古，本来就是以忠厚压倒礼教形式化的弊端。期待着听到你们对前代制度损益利弊的讨论。

权德舆的这段话有三层意思值得重视：其一，就历代王朝在酌古思今的基础上循环有序地进行损益，针对时政及时调整治国方略向举子发问。其二，通过列举上至五帝下至秦汉在损益过程中的弊端，要考生就以上观点来进行分析，总结历史经验，提出施政化民之方略。权德舆引用三代循环说，目的之一是想就中唐存在的"永贞革新"夭折的教训及为了迎合中唐求新求变的学术新思潮而涉及的唐代政治现实，征询有益的改革之良方。其三，通过对三代循环说的论述，征询举子对国家大

---

① 董仲舒：《三代改制质文第二十三》，见苏舆撰，钟哲点校《春秋繁露义证》，中华书局1996年版，第183页。

政方针的建议,选出可以辅佐国家的人才。

权德舆文中的三王之道,就是在遵循根本的社会大道的基础上,要适时增减、调节统治策略。他认为,儒家的文化传统诸如三纲五常等统治之道永远是统治的根本,是任何朝代都必须遵循的。这是封建王朝统治者"光化三代,首冠百王"之根本。每一个朝代的统治者最关心的就是自己朝代的繁荣昌盛,因此,有关前朝统治的利弊、本朝施政化民的良方都是策问的内容。权德舆只是代言人,是借科举考试来传达统治者的意愿并征求百姓的意见。

文中的"忠、敬、文"就是循环地使用三王之道,也就是所谓的"三道",即"忠、敬、质文"之说。太史公曰:"夏之政忠。忠之弊,小人以野,故殷人承之以敬。敬之弊,小人以鬼,故周人承之以文。文之弊,小人以僿。故救僿莫若以忠。三王之道若循环,终而复始。周秦之间,可谓文弊矣。秦政不改,反酷刑法,岂不谬乎?故汉兴,承弊易变,使人不倦,得天统矣。"① 夏朝的政权统治主要以"忠"为主,忠,就是诚实敦厚,它的弊端在于多义而少礼;商朝以"敬"为主,敬,就是敬天地鬼神,搞偶像崇拜;周朝以"文治天下",也就是以礼治天下,但后来产生了烦琐的礼仪制度,百姓不懂其实质而使礼趋于形式化。古代王朝的统治都是在循环的基础上以敬救忠,以文救敬,以忠救文,增减损益、周而复始。

白居易在《策林·忠敬质文损益》一文中说:"五帝以道化,三王以礼教……故殷周相代,有所损益也。损益之教,本乎三才。"② 白居易的主要意思是要灵活、积极、主动地损益变革陈旧过时的国策,这是任何一个希图长久的王朝治理国家必须实施的施政方略。白居易的三代忠敬文损益说可以说直接源于啖助的《春秋集传》。而中唐是以啖助、赵匡为代表的春秋学派影响最大的时期,他们提倡的三教循环说,为中唐韩愈、刘禹锡、李翱等人广泛引用,权德舆借用三代损益说的观点,目的是强调积极、主动变革旧有封建统治政策的现实意义。

从策问中可知,权德舆观古酌今,希望中唐统治者根据社会现实适时调整施政方略,能于古人治国方略中,汲取有利于当朝统治、有利于

---

① 司马迁撰:《史记·汉高祖本纪》,中华书局 1982 年版,第 393—394 页。
② 白居易著,顾学颉校点:《白居易集》卷 63,中华书局 1979 年版,第 1302 页。

百姓安居乐业的东西。百姓的疾苦、国家的安危，是权德舆最为关心的话题。

第三节 权德舆的民本思想和治国方略

一 "人为邦本、民以食为天"的民本思想

贞元二十一年（805），权德舆知礼部贡举①，礼部《策问》五道（乙酉科）第三道：

> 问：古者士足以理官业，工足以备器用，商足以通货贿，而农者居多。所以务三时之功，有九年之蓄，用阜其业，实藏于人。乃者惰游相因，颇复去本。今皇帝励精至化，在宥万方，德音圣泽，际天接地。凡弘于理道者，无不至也。裕于齐人者，无不被也。而又询吏禄公田之制，稽财征榷管之宜，使群有司，质政损益；庶官匹士，皆得上言。众君子躬先师之儒，生盛圣之代，伫兹嘉话，当荐所闻。

这是一道关乎治国方略、关心体恤百姓的策问。

其中"九年之蓄"，《礼记·王制》："国无九年之蓄，曰不足；无六年之蓄，曰急；无三年之蓄，曰国非其国也。"② 即九年的储备，指国家平时有所积蓄，以备非常之用。"在宥万方"，《庄子·在宥》："闻在宥天下，不闻治天下也。"郭象注："宥使自在则治，治之则乱也。"成玄英疏："宥，宽也。在，自在也……"这道策问，讲了三层意思。第一层意思说的是人人应该各司其职、各尽其责。当官的就处理好官府事务；工匠就要干好自己的本职工作，备好各种器具；商人就好好经商，囤积钱财，流通货物；农民就要按时播种收割，储蓄粮食，以备急用。第二层意思讲的是大量土地荒芜，人民惰于打理，严重离开了本

---

① 蒋寅：《大历诗人研究》，北京大学出版社 2007 年版，第 640 页。
② 李学勤主编：《十三经注疏·礼记正义》卷 12，北京大学出版社 1999 年版，第 441 页。

业。对于以农立国的中唐而言，这是个非常严重的问题。权德舆给考生提出这个问题，一方面具有现实意义，另一方面考查举子们分析问题、解决问题的能力。第三层意思是给朝廷唱了一首赞歌。从"皇帝励精至化，在宥万方，德音圣泽，际天接地"，到"凡弘于理道者，无不至也。裕于齐人者，无不被也。而又询吏禄公田之制，稽财征榷管之宜，使群有司，质政损益；庶官匹士，皆得上言"，说明朝廷体恤民情、恩惠遍施。上至官吏俸禄公田、下至百姓赋税征收，根据情况，都得到了增减损益。广开言路，言论自由，无论普通官吏还是平民百姓，皆可上书言事。

通观全篇，这道《策问》的宗旨在于：古代的读书人足以处理官府的事务，工匠足以备好各种器具，商人足以使货物钱财流通起来，而农民占据大多数。因此致力于春夏秋三季的功效，具有九年的储备，使本业富裕充足，粮食都藏在百姓手中。现在有些人沿袭了懒惰的现象，严重离开了本业。现在皇帝励精图治，使天下人自由自在，宽容待人，仁德和圣明覆盖了皇天后土，凡是弘扬治国之道的方法，没有不采纳的。对世人过上好日子有帮助的举措，没有不实施的。况且还要询问官吏俸禄并赐给公田的制度，考察赋税征收的合适办法，责成各个部门进行减损增益；一般的官员和普通的士子都可以向朝廷提出建议。诸位举子们本身就是先师孔子门下的儒士，生于昌盛圣明的时代，期待着你们的美好建议，并向皇帝献上你们的美好言论。

唐代以农立国的性质决定了农业在国民经济中不可动摇的牢固地位，但随着经济的繁荣发展，手工业、商业群体日益壮大，弃农经商者甚众，土地荒芜的情况愈来愈严重。加之在赋税制度的改革中，政策的实施难免会出现一些弊端，打击了农民的生产积极性，破坏了农民以农为本的心态。尤其"安史之乱"后，虽然朝廷出台了一系列"励精至化，在宥万方，德音圣泽，际天接地"安抚百姓的政策，比如减免赋税、放宽政策、扶植百姓富足起来等，但事实上，"安史之乱"后的中唐，社会政治、经济已经千疮百孔，日益萎缩的财政收入和捉襟见肘的军政支出逼迫朝廷不得不寻找施政安民之良方。作为朝廷重臣的权德舆顺理成章地将这个迫在眉睫的问题引入了科举考试当中。

以农为本，以民为本，向来是封建统治者永恒的话题，农民是生活在社会最底层的弱势群体，人数最多，劳务最重，所受压榨最多。孟子曾提出"民为贵，社稷次之，君为轻"的想法，其目的就是引起统治阶级对农民这个主体的重视和尊重，尽量减轻对这一群体的欺压和盘剥。唐太宗更是从前朝覆亡的教训中，认识到统治者和百姓之间的依存关系。他说："为君之道，必须先存百姓。若损百姓以奉其身，犹割胫以啖腹，腹饱而身毙。"① 这些都是以民为本思想的体现，其宗旨就在于唤醒统治阶级救民水火、体恤民情的意识。权德舆在这里提出这个问题，作为统治者不仅要了解百姓弃农的现状，还要了解百姓弃农的根本原因，进而提出舒解民困的对策。

权德舆所处的中唐社会，虽无王朝的更替，但延续八年之久的"安史之乱"给唐王朝的政治、经济、文化、军事等方面都造成巨大的打击和影响。藩镇割据、削藩过程中出现的聚敛无度以及由此而产生的对"两税法"的公然破坏和对百姓的盘剥压榨，都严重影响着唐王朝人心的凝聚、生产的恢复、经济的发展、秩序的重建。尤其是土地、农业遭到严重的荒芜。正如权德舆在策问中所说："乃者惰游相因，颇复去本。"百姓的生存问题依然是中唐王朝治国治民方略中关注的核心。从西汉初建时政权纷乱的诸多问题、隋朝因苛刑重赋而导致覆灭的下场中，得到警示和前车之鉴，认为农业是经济之本源，百姓是国家的核心，于是才有权德舆所描述的"今皇帝励精至化，在宥万方，德音圣泽，际天接地。凡弘于理道者，无不至也。裕于齐人者，无不被也"的安乐、太平的清明盛世。任继愈在《中国哲学发展史》一书中说："以清静无为作手段，对农民少加干预，求得社会经济的恢复和发展。"② 治国和治民休戚相关，施政和化民相辅相成，统治者只有做到爱民惠民，才能使百姓安心、政局稳固。

权德舆主张"人为邦本，民为食天"，意在申明"水能载舟亦能覆舟"的道理。他深深懂得饱经战乱、生灵涂炭、朝政动荡的唐王朝急需休养生息。于是在策问中提出"凡弘于理道者，无不至也。裕于齐人者，无不被也"休整、调养民生的方略和"询吏禄公田之制，稽财征

---

① 吴兢：《贞观政要·君道第一》，谢保成：《贞观政要集校》，中华书局2003年版，第11页。

② 任继愈：《中国哲学发展史》，人民出版社1985年版，第106—107页。

权管之宜,使群有司,质政损益;庶官匹士,皆得上言"广开言路、恢复经济的治国方略。治国的首要任务就是要治理好百姓,就是要施政化民。他一贯主张为政宽和,轻徭薄赋,注重生人安民。虽然身为统治阶级的代表,德舆始终心系百姓,牵挂着百姓的安危。

贞元八年,江淮水灾,二十余州"霖潦为灾……田凤鼓涛",权德舆上书《论江淮水灾上疏》指出"赋无工拙,皆取于人,不若藏于人之为固",请求德宗恤悯百姓之苦,提出了"人为邦本,民为食天……生人安民,藏富于民"的观点。贞元十九年,又逢旱灾,《论旱灾表》中,德舆亦提出"销天灾者,莫若修政事;感人心者,莫若流惠泽","今年秋税,除水利地据分数外,余一切放免"的观点和措施,尖锐指出"天下理,在百姓安;百姓安,在赋税减;赋税减,在经费省",进一步阐述了"生人安民、藏富于民"的观点。并且语重心长地劝说德宗"伏望俾有司审量入之数,节轻用之源,无冗食,无浮费,百事省啬,以俟丰年。此一救灾恤患之切务也"。事实上,这种"仁政""民本"、施政化民思想一直伴随着德舆一生。宪宗问德舆为政"宽猛孰先",德舆的回答"仁厚为先"。权德舆的这种宽仁生民、体恤百姓疾苦之心,两《唐书》中多有记载。正如柳宗元在《上权德舆补阙温卷决定退启》中所说"行为人高,言为人信";刘禹锡的《献权舍人书》赞曰"今阁下之名之位,过于苏公之囊日",足见其生人安民的君子风范,得到了时人、后人及历史的一致肯定。

二 "允恭克让、光被四表"的治国方略

在施政化民方面,权德提倡"以民为本"的"仁政"思想;在治国方略上,他主张"允恭克让、光被四表"的贤明政治。在策问明经八道《尚书》问中,权德舆的这种为政、治国思想得到了充分体现:

> 问:尧之文思也,命羲和、四岳,敬授人时,其道巍巍矣。舜之登庸也,则流放窜殛,考绩黜陟,熙帝载而亮天工者,二十有二人,其理昭昭矣。至禹则别九州,道九河,分五服、建五长,辛壬癸甲,荒度土功,其勤云云矣。夫以陶唐、禹夏,皆圣人也,而劳逸斯殊。岂时不得不然,复道有所不及?何事功元德烦简相去之远

耶？愿闻其说。

此《策论》中"其道巍巍"见《论语·泰伯》："巍巍乎！舜禹之有天下也而不与焉。……大哉，尧之为君也！巍巍乎！唯天为大，唯尧则之。荡荡乎，民无能名焉！巍巍乎，其有成功也！"① 何晏集解："巍巍，高大之称。"巍巍，即崇高伟大之意。"舜之登庸也，则流放窜殛，考绩黜陟，熙帝载而亮天工者，二十有二人，其理昭昭矣。""登庸"有两层含义，一指选拔任用；二指登上帝位。这里指的是舜登上帝位之事。"昭昭"《楚辞·九歌·云中君》："烂昭昭兮未央。"② 王逸注："昭昭，明也。"在这里，德舆通过对尧帝"敬授人时，其道巍巍"、舜帝"考绩黜陟，其理昭昭"的描述，对尧舜惠泽天下的为政功绩进行了极大赞美，德舆渴望中唐王朝君王也能像尧舜治国一样做到"光被四表"，期望中唐王朝统治者为政做到"允恭克让""光被四表"，从而给天下百姓一个安定、太平、和谐的社会环境。以儒学为根底的权德舆，骨子里希望所遇到的君王都能像尧舜一样克身正己、文思聪明，这种期许"是对君王的完善，而不是否定；是对君王进行道德改造，而不是进行制度制约"③。他深知，清明的为政要略直接影响着一个王朝的统治，因此，在策问中，他对君王的为政方略提出了较高的要求。

尽管尧舜时代已经远去，但其遗存下来的丰功伟绩依然激励着身为权臣的德舆为中唐王朝的崛起寻求治国良方。《帝王世纪》曰："尧于是乃命舜为司徒太尉，试以五典，举八凯八元，四恶除而天下咸服。"尧把帝位禅让给舜，二十八年后去世。舜选贤任能，举用"八恺""八元"等治理民事，放逐"四凶"，任命禹治水，完成了尧未完成的盛业。传说他巡狩四方，整顿礼制，减轻刑罚，统一度量衡。要求人民"行厚德，远佞人"，"直而温，宽而栗，刚而毋虐，简而毋傲"，孝敬父母，和睦邻里。在其治理下，政教大行，八方宾服，四海咸颂舜功，因而《史记·五帝本纪》称"天下明德皆自虞帝始"。

舜在政治上有一番大的革新。原已举用的禹、皋陶、契、弃、伯

---

① 李学勤主编：《十三经注疏·论语注疏》卷8，北京大学出版社1999年版，第117页。
② （宋）洪兴祖撰，白化文等校点：《楚辞补注》，中华书局2006年版，第58页。
③ 刘泽华：《中国的王权主义》，上海人民出版社2000年版，第128页。

夷、夔、龙、垂、益等人，职责都不明确。因此，舜对每人的职责进行了细致的划分，责任到人，并且起用了禹等二十二位有能力的贤才。命禹担任司空，治理水土；命弃担任后稷，掌管农业；命契担任司徒，推行教化；命皋陶担任"士"，执掌刑法；命垂担任"共工"，掌管百工；命益担任"虞"，掌管山林；命伯夷担任"秩宗"，主持礼仪；命夔为乐官，掌管音乐和教育；命龙担任"纳言"，负责发布命令，收集意见，对每个人提出了具体的要求和希望。还规定三年考查一次政绩，由考查三次的结果决定提升或罢免。通过这样的整顿，"庶绩咸熙"，各个方面都出现了新面貌。这些人都建树了辉煌的业绩，而其中禹的成就最大，他尽心治理水患，身为表率，凿山通泽，疏导河流，终于制服了洪水，使天下人民安居乐业。当比之时，"四海之内咸戴帝舜之功"，"天下明德皆自虞帝始"，呈现出前所未有的清平局面。

禹总结了其父亲治水失败的教训，改革治水方法，以疏导河川治水为主导，利用水向低处流的自然趋势，疏通了九河。"至禹则别九州，道九河，分五服、建五长，辛壬癸甲，荒度土功，其勤云云矣。"逢山开山，遇洼筑堤，疏通水道，引洪水入海。禹为了治水，费尽脑筋，不怕劳苦，亲自率领老百姓风餐露宿，三过家门而不入。经过十三年的治理，终于取得成功，消除了中原洪水泛滥的灾祸。因为治洪水有功，人们为表达对禹的感激之情，尊称他为"大禹"。

在治水的过程中，禹根据各地的地形、习俗、物产等特点，重新将天下规划为九个州，并制定了各州的贡物品种，重新划分了五服。"服"，即服事天子之意。《尚书·禹贡》曰："五百里甸服：百里赋纳总，二百里纳铚，三百里纳秸服，四百里粟，五百里米。五百里侯服：百里采，二百里男邦，三百里诸侯。五百里绥服：三百里揆文教，二百里奋武卫。五百里要服：三百里夷，二百里蔡。五百里荒服：三百里蛮，二百里流。"① 古代王畿外围，以五百里为一区划，由近及远分为甸服、侯服、绥服、要服、荒服，合称五服。天子帝畿以外五百里的地区叫甸服，再外五百里叫侯服，再外五百里叫绥服，再外五百里叫要服，最外五百里叫荒服。甸、侯、绥三服，进纳不同的物品或负担不同

---

① 李学勤主编：《十三经注疏·尚书正义》卷6，北京大学出版社1999年版，第199页。

的劳务。要服,不纳物服役,只要求接受管教、遵守法制政令。荒服,则根据其习俗进行管理,不强制推行中央朝廷政教。

制举试策多集中于时务,也就是说与现实政治关系密切相关。德舆的这道《策问》正是针对时局的动荡、政治的黑暗而作。他认为,"光被四表、惠泽八方"的治国方略是中唐走出"安史之乱"后遗症的重要举措。通过对尧、舜时期"钦、明、文、思、安定""允恭克让、光被四表"贤明政局的回顾,要求举子们通过对策表达其对当时政治的看法,征古绍圣,鉴今斥弊,从而提出图王道、施仁政、求大治的为政要略。这道以清明为君为政思想为主旨的《策问》,不仅考察举子对现实问题的看法和对策,还饱含着权德舆本人对尧舜时代太平盛世的深深向往。对比之下,不难看出权德舆渴望贤明政治的治国思想。"尧之文思也,命羲和、四岳,敬授人时,其道巍巍矣。"见《尚书·尧典》曰:"乃命羲和,钦若昊天,历象日月星辰,敬授人时。"① 尧命令羲氏、和氏根据日月星辰运行的情况制定历法,然后颁布天下,使农业生产有所依循,百姓可以依时按节从事生产活动,叫敬授民时。"文思"指才智与道德,古代专用以称颂帝王。《尚书·尧典》:"曰若稽古,帝尧,曰放勋,钦明文思安定,允恭克让,光被四表,格于上下。克明俊德,以亲九族……"② 《尚书·尧典》中"四岳"为主持四方之事的官员;《国语·周语》中,"四岳"为姜姓部落的首领;在《史记·五帝本纪》中,其与《尚书·尧典》的内容一脉相承,《史记》中的"四岳"是帝尧继位后任命羲和四子主管历法,兼理东、南、西、北之事的官员。

在中国古代农业社会,历法在农业生产中有重要作用,也是历代天子实行各项政策的重中之重。《尚书·益稷》篇禹曰:"予创若时,娶于涂山,辛壬癸甲。启呱呱而泣,予弗子,惟荒度土功。弼成五服,至于五千。州十有二师,外薄四海,咸建五长,各迪有功,苗顽弗即工,帝其念哉!"五长,指五国诸侯之长。《书·益稷》:"外薄四海,咸建五长。"孔传:"至海诸侯,五国立贤者一人为方伯,谓之五长,以相统治,以奖帝室。"孔颖达疏曰:"外迫四海,言从京师而至于四海也。""辛壬癸甲",孔传曰:"(夏禹)辛日娶妻,至于甲日,复往治

---

① 李学勤主编:《十三经注疏·尚书正义》卷2,北京大学出版社1999年版,第33页。
② 同上书,第26页。

水，不以私害公。"后因用"辛壬癸甲"喻指一心为公，置个人利益于不顾的精神。"荒度土功"高诱注："土功，筑台穿池。"指治水、筑城、建造宫殿等工程。"荒度"，大力治理的意思。《尚书·益稷》记述的是舜帝与大臣之间相互告诫的场面。禹警诫舜不要傲虐，不要荒淫，舜则告诫众臣不要"面从"，自己有错一定要指出。

这道策问的主旨是说：尧当英明君主的时候，命令羲氏、和氏根据日月星辰运行的情况制定历法，然后颁布天下，使农业生产有所依循，百姓可以依时按节从事生产活动，即敬授民时。他的这种思想法则崇高而伟大。舜登上帝王之位，在政治上有一番大的革新。明确了原已举用的禹、皋陶、契、弃、伯夷、夔、龙、垂、益等人的职责，并且起用了禹等二十二位有能力的贤才。对每个人提出了具体的要求和希望。还规定三年考查一次政绩，由考查三次的结果决定提升或罢免。通过这样的整顿，"庶绩咸熙"，各项工作都出现了新面貌。这种事物的规律前途光明而伟大。至于禹则联合四周部落为制水做了山川地理图。疏通九河故道，划分了五歌服役的地方，五个诸侯国立贤者一人为长。公而忘私，呕心沥血，筑城治水，其勤奋精神无以枚举。人们认为陶唐夏禹都是品行极高的圣人，但他们所付出的辛劳程度却不尽相同，难道是特定的时期不得不这么做还是各自的大道规律有所不同？为什么像尧舜禹这样的伟人他们之间的功绩、德行以及处理问题的态度、方法、繁简程度都各有不同？希望能听到举子们的评说。

这道策问主要就一个中心思想，即权德舆对尧舜禹治国方略、英明功绩予以阐述并大加颂扬。权德舆从尧帝时制定历法，敬授民时，出现清明太平的盛世景象；舜帝时起用有能力的贤才，政治上进行大革新，使得社会局面出现繁荣的新面貌；到禹帝公而忘私、筑城治水、疏通九河故道。指出他们都是历史上的伟人，他们的治国方略凸显"仁政"，因此，尧舜禹的天下才能太平，统治才能长久。尽管他们各自的治国方略不尽相同，但结果最终一样，都是"光被四表"的贤者，都是"仁政"的实施者、倡导者。在斟古酌今的阐述中，隐含着权德舆对明君盛世的向往，以及振国济民的情怀、鉴古革新的意识和仁政为先的治国思想。

大历、贞元时期的中唐社会，藩镇割据纷争，不仅分割原属于中央政府的财政，也造成了地域间的不平衡，社会贫富分化严重，民生凋敝，社会矛盾日益加剧，各项制度日趋崩溃。德宗虽有整治朝纲的雄心，但一直在寻找合适的时机。权德舆适时提出尧舜禹的为政方略及取得的成绩，无疑想让科考成为一种导向，既蕴含选拔人才的热望，又委婉讽谏君主应以尧舜禹时代允恭克让、光被四表的治国方略为榜样，以达到明君盛世的国家治理之理想境地。

第四节　对边疆战事的关心与思考

贞元十三年（797），礼部侍郎吕渭知贡举，当时权德舆为驾部员外郎充进士试策官，作有"中书试进士策问两道"，其中第二道反映了权德舆对边疆战事及与少数民族关系的思考。

> 问：乃者西裔背盟，劳师备塞。今戎王自毙，边遽以闻。而议者或曰"因其丧而吊之，可以息人"。或曰"乘其虚而伐之，可以开地"。或曰"夷实无厌，兵者危事，皆所以疲中国也，不若如故"。是三者，必有可采，思以辨之。

这是一道权德舆对边疆战事和少数民族关系进行思考的策问。

"西裔背盟"，指唐德宗建中四年（783）唐蕃"清水会盟"以后，吐蕃又于贞元三年（787）发动"平凉劫盟"等一系列背盟事件。《旧唐书·吐蕃下》载："四年正月，诏张镒与尚结赞盟于清水。……文曰：'彼犹以两国之要，求之永久，古有结盟，今请用之。国家务息边人，外其故地，弃利蹈义，坚盟从约。'"①《新唐书·吐蕃下》亦有相同记载："汉衡与其使区颊赞偕来，约盟境上。与结赞约，且告陇右节度使张镒同盟。泽与结赞约盟清水，以牛马为牲。"② 唐蕃"清水会盟"，由于德宗急于求和，对吐蕃软弱退让，采取息事罢兵的政策，而吐蕃大相尚结赞窥见唐廷内乱纷繁，怀有野心，对会盟一事并无诚意，会盟很快失败。贞元三年（787），唐蕃二次盟于平凉，结赞怀有二心，

---

① 刘昫等撰：《旧唐书·吐蕃传》，中华书局1975年版，第5247页。
② 欧阳修、宋祁撰：《新唐书·吐蕃下》，中华书局1975年版，第6093页。

伏精骑三万，奇袭唐军，酿成"平凉劫盟"的恶果。《新唐书·吐蕃下》《旧唐书·吐蕃下》均有记载。

"今戎王自毙"中"戎王"指吐蕃赞普乞立赞，即赤松德赞，《新唐书·吐蕃传》载："十二年，寇庆州及华池，杀略吏人。是岁，尚结赞死。明年，赞普死，其子足之煎立。"① 这里的"明年"，即贞元十三年，"赞普"即为乞立赞。"足之煎"即牟尼赞普，为乞立赞之子。权德舆此道策问正是在贞元十三年乞立赞死后不久所作，所以就当时的新形势及朝中的三种观点让举子们讨论。

此道策问的大意是说：不久前吐蕃背弃了盟约，朝廷派兵去加强边塞防备。现在他们的国王自然死亡，边疆警报立即将这消息奏报给朝廷。负责议论政事的大臣有的说，乘这个机会去吊唁死者，可以使内地的百姓安宁下来。有的说，乘他们群龙无首刚好可以去讨伐，可以扩展疆土。还有的说，少数民族实际上没有满足的时候，用兵是很危险的事情，刚才说的两种意见都是使中原疲劳的做法，还不如按兵不动，保持原样。这三种说法，必定有可以采纳的，请你们仔细思考，加以辨析。②

唐代是一个开放的帝国，各族共处，提倡"夷夏一家"，但它的"夷夏一家"与"以夷制夷"的政策，一方面忽略了对少数民族的戒备，另一方面又不注意对胡兵进行国家认同注意的教育，最后酿成祸患。贞元十三年权德舆借试策的机会，针对朝廷中对待西戎的三种不同意见向考生征询意见，以求得万全之策。这道策问反映了德宗时期唐朝的边境问题，体现了权德舆对国家边疆和西戎关系的关心。

在贞元十九年礼部策问进士五道第二问也反映了权德舆对边备问题的思考。

> 问：齐人之所以务于赋输，用给公上，其大抵馈军实，奉边备而已。今北方和亲，亟通礼命，南诏纳款，屡献奇功。而蠢兹西戎，尚有遗类，犹调盛秋之戍，颇动中夏之师。思欲尽复河湟之地，永销烽燧之警，师息左次，人无外徭，酌古便今，当有长策。乃者戎人，愿修前好，因请其俘。或曰：彼实无厌，绝之以固吾

---

① 欧阳修、宋祁撰：《新唐书·吐蕃下》，中华书局1975年版，第6092页。
② 杨寄林等编：《中华状元卷·大唐状元卷》，山西教育出版社2001年版，第397页。

围;或曰:姑示大信,许止以靖吾人;或曰:归贵种以怀其心,或曰:夺长技以剪其翼。当蕴皎然之见,备陈可举之方。

边备问题是唐代的重要话题,河湟沦陷成为中唐有志之士心中之痛,权德舆的这道策问的主旨主要就是问收复河湟之策。

河湟沦陷后,唐代君臣朝野震动,昔日的"开元盛世"一去不复返,生灵的涂炭,国家的残破,冲击着唐人的自尊心,要求收复河湟失地的呼声此起彼伏。杜甫诗《投赠哥舒开府二十韵》中写道:"每惜河湟弃,新兼节制通。智谋垂睿想,出入冠诸公。"希望大将哥舒翰能收复河湟,一雪国耻。元稹和白居易也都以《西梁伎》为名作诗,表达河湟沦陷、山河破碎的痛心。

"南诏纳款",南诏,指的是南诏王国(738—902),是8世纪崛起于云贵高原的古代王国。唐初洱海地区部落林立,其中有六个较大部落,称为六诏,蒙舍诏在诸诏之南,称为"南诏"。在唐朝的支持下,南诏先后征服西洱河地区诸部,覆灭其他五诏,统一了洱海地区。

"盛秋之戍",指农历八、九月,秋季中最当令之时。古代认为此时禾熟、马肥,常易遭边敌入侵而倍加防范。《汉书·李广传》:"将军其率师东辕,弥节白檀,以临右北平盛秋。"这里指的是最精锐的军事力量。

"中夏之师",华夏的军队。

这道策问的大意是说:国家户籍管理在册的老百姓在缴纳赋税上之所以必须履行义务、使公家和朝廷物资充足,其目的大都是为支付军费所需,以保证边境的防备罢了。现在北方少数部族与我大唐通婚结亲,多次奏呈礼节和拜谢的文书,南诏地区也前来归顺,屡屡献上奇功。而愚蠢的西戎少数部族依然还有一些人马遗存,他们致使朝廷调遣盛秋八月的戍守力量,闹得华夏的军队不得不频频出动。朝廷意欲收复黄河、湟水的一些地区,想永远消除战争的警报,使军队停止出击,保证老百姓不到边境服役,斟酌古代的做法又便利当今,应当具有高明的对策。他们那些西部的少数民族愿意续修曾经的和睦关系,随机请求释放被俘虏的人。有人说他们永远也不能满足,应当予以拒绝,用来巩固我们的边防。还有人说最先向他们显示最高的信义,应当答应这种请求,用来安定我们的百姓。有人说，把他们的头领放回去，用来感化他们的心灵。还有人说，把他们武艺高强的人夺取过来，以剪除他们的羽翼。那么这些举子应当胸怀明晰的观点，请完整详尽地陈述可以施行的方略。

这道策问的第一层意思讲的是老百姓缴纳的赋税实际都用在了边防军费的开支上。

第二层意思说的是唐代的繁荣祥和，吸引了北方的少数民族和南诏主动前来求和称臣。但还有少数的西戎部落依然和朝廷作对，负隅顽抗。

第三层意思说的是朝廷意欲收复沦陷已久的黄河、湟水等地，以便使国家统一，使战乱平息，保证百姓不再遭受服役之苦和战火的蹂躏。

第四层意思，提出朝廷中出现的不同意见（如何对待西戎），要求举子们畅所欲言，来陈述可以施行的方略。权德舆通过策问来向举子们发问，一来是祈求收复河湟之良策，二来是为中唐选拔有经国治世大略的贤才。

安史之乱，打破了盛唐的繁华，削弱了王朝统治，也颠覆了李唐王朝在与夷狄交往中的主导地位。内部经济落后、社会动荡不安，财政亏空，国运衰败。对外北部的回纥、突厥，西南的吐蕃、南诏等虎视眈眈，伺机侵袭掠夺大唐边地。内忧外患，李唐进入了一个危机的时代。"昔日开天万里疆"的阔大恢宏已被"而今边防在凤翔"的边备忧患所代替。《旧唐书·吐蕃下》载："乃者吐蕃犯塞，毒我生灵，俶扰陇东，深入河曲。联以兵戈粗进，伤夷未瘳，务息战伐之谋，遂从通和之请。亦知戎丑，志在贪婪，重违修睦之辞，乃允寻盟之会。果为隐匿，变发谴官，纵犬羊凶狡之群，乘文武信诚之众，苍黄沦落，深用恻然。"唐朝为笼络回纥而付出很大的代价，回纥军队也在助唐平定"安史之乱"中立下战功，但随着势力的强大，渐渐不满于对唐称臣。唐太宗时期称雄于青藏高原的吐蕃，"安史之乱"后势力发展很快，羽翼丰满，逐渐控制了西域、陇右地区，成为唐朝的劲敌。唐王朝为了抵御吐蕃实行扶持南诏的政策，虽暂时取得良好效果，但日益强大的南诏割据西南地区，后投靠吐蕃，也成了唐王朝一大威胁。唐王朝为了保持边疆的安宁，加重百姓的苛捐赋税来增强军费开支。不仅如此，唐王朝的大片疆土，比如黄河、湟水等地，已遭沦陷。

国势衰微，内忧外患，贞元十九年礼部策问试题，针对统治阶级对少数部落的四种不同意见，"或曰：彼实无厌，绝之以固吾圉；或曰：姑示大信，许止以靖吾人；或曰：归贵种以怀其心，或曰：夺长技以剪其翼"，权德舆将这个敏感的话题引入科举考试，既有寻找救国良方的目的，又有替王朝选拔贤才的打算。体现了德宗时期唐朝边境吃紧的现实，反映了权德舆对国家边疆问题的关心和举措。

和权德舆做法不同的是，同样面对军费边塞问题，白居易不仅提出恢复屯田制，以使军队平安度过财政困难时期，还指出为节约军费开支的"销兵"政策。他在《策林·销兵数》中说："臣伏见自古以来，军兵之众，资粮之费，未有如今日者…臣以为，销兵省费者，在乎断招募、去虚名而已。"①

第五节　有关科举、教育制度的思考

权德舆主张贤能政治，希望君主选贤予能，从善如流。在《答刘福州书》中，他表明自己对于他人举荐之人，均一一考查其可否，无论是"亲故"，抑或是达官权贵，均秉公持正，"不以私害公，不以名废实"，所以，亲故应试，"落第有之，及第亦有之"。对他的这种品质，韩愈在《权公墓碑》中有公正的评价："典贡士，荐士于朝者，其言可信，不以其人布衣不用。即不可信，虽达官势人交言，一不以缀意。奏广岁所取进士明经，在得人，不以员拘。"② 他的这种身体力行、秉公持正、鼓励选贤予能的用人态度真切地反映在他的策问中。

贞元十八年（802）进士策问五道第五问就如何选拔、考查、任用人才问题进行了探讨。

一　对科举制度和选贤予能的思考

问：育才造士，为国之本。修词待问，贤者能之。岂速促于俪偶、牵制于声病之为耶？但程试司存，则有拘限。音韵颇叶者，或

---

① 朱金城：《白居易集笺校》卷62，上海古籍出版社1988年版。
② 韩愈：《唐故相权公墓碑》，见《全唐文》卷562，中华书局1983年版，第5686页。

不闻于轶响；珪璋特达者，亦有累于微瑕。欲使楚无献玉之泣，齐无吹竽之滥，取舍之际，未知其方。子曰："盍各言尔志"，赵孟亦请七子皆赋，以观郑志。又古人有述祖德、叙家风之作。众君子藏器而含章者久，积厚而流庆者远，各言心术，兼叙代德。鄙夫伫立，以广未闻。

如何选拔、考查、任用人才是这道策问的主旨。

"献玉之泣"，即"卞和泣玉"。《韩非子·和氏》记载："楚人和氏得玉璞楚山中，奉而献之厉王；厉王使玉人相之，玉人曰：'石也。'王以和为诳，而刖其左足。及厉王薨，武王即位，和又奉其璞而献之武王；武王使玉人相之，又曰：'石也。'王又以和为诳，而刖其右足。武王薨，文王即位，和乃抱其璞而哭于楚山之下；三日三夜，泣尽而继之以血。王闻之，使人问其故，曰：'天下之刖者多矣，子奚哭之悲也？'和曰：'吾非悲刖也，悲夫宝玉而题之以石，贞士而名之以诳，此吾所以悲也。'王乃使玉人理其璞而得其宝焉，遂命曰'和氏璧'。"①之所以造成"卞和泣玉"的悲剧，是由于厉王、武王没有全面考察事情真相，偏听偏信的结果。后多以"卞和泣玉"这个成语作为对偏听偏信者的鞭笞和不被认识的人才的同情。

"吹竽之滥"，即"滥竽充数"。《韩非子·内储说上》记载："齐宣王使人吹竽，必三百人。南郭处士请为王吹竽，宣王说之，廪食以数百人。宣王死，齐湣王，好一一听之，处士逃。"②不会吹竽的人混在吹竽的队伍里充数，比喻无本领的人冒充有本领。

"盍各言尔志"，见《论语·公冶长》："颜渊季路侍。子曰：'盍各言尔志？'"《论语·先进》篇亦有孔子问志的记载："子路、曾皙、冉有、公西华侍坐。子曰：'以吾一日长乎尔，毋吾以也。居则曰："不吾知也！"如或知尔，则何以哉？'"

"赵孟亦请七子皆赋，以观郑志。"《左传·襄公二十七年》载："郑伯享赵孟于垂陇，子展、伯有、子西、子产、子大叔、二子石从。赵孟曰：'七子从君，以宠武也。请皆赋，以卒君贶，武亦以观七子之

---

① 韩非子著，王先慎集解：《韩非子集解》，中华书局1998年版，第95页。
② 同上书，第232页。

志。'子展赋《草虫》，伯有赋《鹑之贲贲》，子西赋《黍苗》之四章，子产赋《隰桑》，子大叔赋《野有蔓草》。印段赋《蟋蟀》。公孙段赋《桑扈》。……卒享，文子告叔向曰：'伯有将为戮矣。诗以言志，志诬其上而公怨之，以为宾荣，其能久乎？'"① 古人讲究诗言志，赵孟于七子赋诗中窥见郑国君臣对他及晋君的态度，权德舆也想借科考答卷来观察士子治理国家之志，以选拔贤良。

"古人有述祖德、叙家风之作。"庾信《哀江南赋序》载："潘岳之文采，始述家风；陆机之词赋，先陈世德。"潘岳作《家风诗》，自叙家族风尚；陆机作《祖德赋》及《述先赋》，咏先祖之功德。

这道策问的大意是说：培育人才，造就士子，是治理国家的根本。修饰好文辞，等待朝廷的询问，贤能的人才能做到。怎么只会做些迅速写成对偶句式、拘限于押韵之类的事呢？不过考试的标准要想确立，就要有一定的限制。但有些音韵很和谐的答卷，却看不到新颖的观点；品质高尚而被荐举的人，也有些微的小毛病。要想使楚国不再有献玉而受刑哭诉的现象，齐国不再有滥竽充数的事情发生，取舍之间，还不知道具体的办法。孔子说："为什么不谈谈你们各自的志向呢？"春秋时晋国的赵孟也请了郑国的七位贤才每人赋诗一首，以了解郑国的情况。古人有述祖上的德业和叙述家风的作品。你们这些君子都是胸怀大志很久的人，祖辈们积善给后人留下的福庆也很悠久了，各自谈谈你们心中的打算和计谋，兼带叙述各自祖辈们的德业。我才学疏浅，将虚心等待你们的见解，来开阔我的眼界。②

这道策问有三层意思：第一，培育人才，是国家的根本。第二，如何选拔、考查、任用人才。第三，借"七子赋诗"以观其志的典故，来引导众举子畅所欲言，于雄辩中选拔有用之才。

"育才造士，为国之本"，权德舆认为，人才是国家发展、兴旺的根本。某种程度上来说，人才对一个国家的兴衰起关键性的作用。权德舆认为要爱才还要懂得分辨才与不才。他引用"卞和献玉"和"滥竽充数"的典故，就是为了强调考查、选拔、任用人才的重要性。他注重

---

① 李学勤主编：《十三经注疏·春秋左传注疏》卷38，北京大学出版社1999年版，第1063—1064页。

② 杨寄林等编：《中华状元卷·大唐状元卷》，山西教育出版社2001年版，第400页。

人才，思贤若渴，但绝不滥用无用之才。为了选拔真正的贤才，权德舆执掌贡举期间，改革了科举考试内容，加大了经学的分量，要求考生跳出背诵的程式，站在更高层次上来对经典的义理进行阐释，从而考查他们对现实生活问题的分析、判断、解决能力。其所出科举试题，如贞元十八年《进士策问五道》《贞元二十一年礼部策问五道》《元和元年吏部试上书人策问三道》等，都以选才求治为题，通过考生对策，考查他们对朝廷科举制度及用人制度的看法，以期达到"楚无献玉之泣，齐无吹竽之滥"的选才用人制度。

贞元十八年、十九年、二十一年，权德舆为礼部侍郎，三掌贡举，为唐王朝选拔出了大批的人才和精英。如柳宗元、元稹等。韩愈在《唐故相权公墓碑》中赞道："荐士于公者，其言可信，不以其人布衣不用。……在得人，不以员拘。"杨嗣复的《权德舆文集序》称其"贞元中，奉诏考定贤良，草泽之士升名者十七人……擢进士七十有二，登辅相之为者，前后十人。其他征镇岳牧文昌掖垣之选，不可悉数"。① 经权德舆选拔的这些人才，日后都成为唐王朝的骨干和精英。

二 对迷失学习要旨的批评与启发

贞元十九年礼部策问进士五道第一问：

> 问：汉庭公孙弘、董仲舒对策，言天人相与之际，而施于教化。韦元成、匡衡之伦，以明经至宰相封侯，皆本王道，以及人事。今虽以文以经贵禄学者，而词绮靡于景物，寖失古风。学因缘于记问，宁穷典义。说无师法，经不名家，有司之过，敢不内讼。思欲本司徒之三物，崇乐正之四术，不率教者屏之远方，则明义益修，风俗益厚。程孝秀之本业，参周、汉之旧章，虑难改作，式伫嘉话。事关理本，必议上闻，悉乃诚求，诸生无忽。

针对当时绮靡的文风所作批评是权德舆这道策问的主旨。"汉庭公孙弘、董仲舒对策，言天人相与之际，而施于教化"即指

---

① 杨嗣复：《权载之文集序》，见《全唐文》卷611，中华书局1983年版，第6176页。

公孙弘、董仲舒对策。《汉书·董仲舒传》:"董仲舒,广川人也,少治春秋,孝景帝时为博士。下帷讲颂,弟子传以久次相授业,或莫见其面。盖三年不窥园,其精如此。进退容止,非礼不行,学士皆师尊之。武帝即位,举贤良文学之士前后百数,而仲舒以贤良对策也。仲舒对曰:'陛下发德音,下明诏,求天命于情性,皆非愚臣之所能及也。臣谨案春秋之中,视前世已行之事,以观天人相与之际,甚可畏也。……王者未作乐之时,乃用先王之乐宜于世者,而以深入教化于民。乐者,所以变民风,化民俗也;其变民也易,其化人也著。'"① 董仲舒天人三策提出的大一统、天人感应说及德政思想,在汉代不仅具有现实意义,且具有深远的历史意义。

《汉书·公孙弘卜式儿宽传》载:"(公孙弘),年四十余,乃学春秋杂说。武帝初即位,招贤良文学士,是时弘年六十,以贤良徵为博士。……时对者百余人,太常奏弘第居下。策奏,天子擢弘对为第一。召入见,容貌甚丽,拜为博士,待诏金马门。"② 公孙弘由尧舜之时的民勤国富说起,引出"不夺民时,不妨民力,则百姓富,桀纣行恶,受天之罚;禹汤积德,以王天下"之道理,而施以教化。

"韦元成、匡衡之伦,以明经至宰相封侯。"韦元成,韦贤之子,通晓经典,素有声名。《汉书·韦贤传》载:"(韦贤)少子玄成,复以明经历位至丞相,故邹鲁谚曰:'遗子黄金满籝,不如一经。'"③ 韦玄成死后,匡衡亦以明经至相位。《汉书·郊祀志》载:"元帝好儒,贡禹、韦玄成、匡衡等相继为公卿。"④ 匡衡,见前文解释。

"思欲本司徒之三物,崇乐正之四术"中"三物",见《周礼·地官·大司徒》:"以乡三物教万民,而宾兴之。一曰六德,知、仁、圣、义、忠、和;二曰六行,孝、友、睦、姻、任、恤;三曰六艺:礼、乐、射、御、书、数。"⑤ 三物指"六德、六艺、六行"。即用"德、

---

① 班固撰,颜师古注:《汉书·董仲舒传》,中华书局1962年版,第2495—2523页。
② 班固撰,颜师古注:《汉书·公孙弘卜式儿宽传》,中华书局1962年版,第2613—2617页。
③ 班固撰,颜师古注:《汉书·韦贤传》,中华书局1962年版,第3107页。
④ 班固撰,颜师古注:《汉书·郊祀志下》,中华书局1962年版,第1253页。
⑤ 李学勤主编:《十三经注疏·周礼注疏》卷10,北京大学出版社1999年版,第266页。

艺、行"三方面的内容来教育万民，而荐举贤能者。一是明白事理、爱人及物等六种品德；二是孝敬父母、和睦九族等六种品行；三是五类礼义、六种歌舞等六类技艺。《宋书·文帝纪》载："故诏以三德，崇以四术，用能纳诸义方，致之轨度。"①"四术"，《礼记·王制》载："乐正崇四术，立四教，顺先王《诗》《书》《礼》《乐》以造士。春秋教以《礼》《乐》，冬夏教以《诗》《书》。"②乐正，乐官之长，掌握对国子，即贵族子弟的教育。四术、四教，皆谓《诗》《书》《礼》《乐》。

这道策问的大意是说：西汉董仲舒和公孙弘在殿廷上对答天子的问卷，强调人天合一的关系，并实施到教化上。韦玄成和匡衡凭借通晓儒家经典而封爵拜侯，官至卿相。这是依据王天下的道理而推及人事。当今通过文章和经义的学习使人们取得了官位和俸禄，但文辞越发变得绮靡华丽，逐渐失去了古代的风尚。学问也拘泥于死记硬背而无法穷尽经义。解说没有师长递相传授的方法，经书代表不了一个学派的观点，这是主管部门的过失，他们哪敢不在内心自责呢？考虑着大司徒在乡间学校实行的六德、六艺、六行，推崇大乐正在国立学校讲授的《诗》《书》、礼、乐的四种经术，对于不服教育的就遗弃到偏远地方，那么声名和道义就会更加得到加强，社会风俗会更加淳厚。请参阅孝廉和秀才之根本，参酌周朝和汉代原有的制度进行改革，这可能很难。③

这道策问有四层意思：第一，由历史上著名的公孙弘、董仲舒对策及韦元成、匡衡治经之精说开，指出他们的学习态度是"皆本王道，以及人事"。第二，由古及今，指出"今虽以文以经贵禄学者，而词绮靡于景物，浸失古风"的现实问题。第三，提出解决的办法，即"本司徒之三物，崇乐正之四术"。第四，对如何仿效古人学习之法，如何进行教育改革，要求举子进行对策论述，发表自己的看法。

唐开元天宝以来，时人仍以追逐浮华的丽句为时尚，因此，权德舆的这道策问，主要意思就是针对当时绮靡的文风所作的批评。权德舆认为，学习的要旨就是要以"通达、明理、识义"为主，他认为"今虽

---

① 沈约撰：《宋书·文帝纪》，中华书局1974年版，第89页。
② 李学勤主编：《十三经注疏·礼记正义》卷13，北京大学出版社1999年版，第404页。
③ 杨寄林等编：《中华状元卷·大唐状元卷》，山西教育出版社2001年版，第402页。

以文以经贵禄学者,而词绮靡于景物,浸失古风。学因缘于记问,宁穷典义"。即当时文人士子一味追求辞采的华美,而拘泥于景物,使诗风内容绮靡空虚,从而使世人迷失了学习的要旨与目的,诗歌的教化功能也逐渐萎缩,使风雅之大道不存,导致了礼教的沦丧。如何解决"甲赋律诗、丽偶对属"华而不实的学风,是很让权德舆伤脑筋的事。他在《答柳福州书》中说:"是以半年以来,参考对策,不访名物,不征隐奥,求通理而已,求辨惑而已。"除过"通理、辨惑",改变这种局面最好的方法就是"崇乐正之四术","四术"即"诗、书、礼、乐"。即用"诗、书、礼、乐"来加强学习的要旨,来强化社会风气的淳厚。这和白居易的"弘四术之正义,崇九经之格言"有相通之处。而这种"程孝秀之本业,参周、汉之旧章,虑难改作"。要想达到"明义益修,风俗益厚"的效果,实际操作起来困难重重。德舆在这里有感于现实社会王权、儒教权威的沦丧,对迷失学习要旨和目的的行为进行了批评。

三　对选举流弊的思考

选举制度是封建统治者惯用的选拔人才的主要方法,随着科举制度的发展,也难以避免地露出它的弊端。对于这一点,权德舆亦有他敏锐的发现,如何避免科举制的弊端,如何使科举能真正达到公平、公正之目的,如何为国家选拔出真正有用的人才,也是权德舆在国家选拔制度中深深思考的一个问题。比较典型的是权德舆元和元年(806)吏部试上书人策问三道第三问:

> 问:四方之人,萃于选部。六品以下,实繁有司。积资者岂尽获吏能?
>
> 考言者或见遗敏行。一日之鉴固不能周,四方所稽,亦虑未尽。近自甸内,达于海隅,命官亲人,利弊所属。欲使举皆称职,吏必当公。则轮辕适官,鳏寡受赐,企闻体要,一二言之。

这道策问的主旨主要是对选举制度弊端的思考。

这道策问的大意是说:来自各地的待选之人,都汇聚在吏部。六品以下职官实在是太多了。那些累积升官之人难道都有为官的才能吗?主考官也许遗漏了思维敏捷的人才。吏部一天的考查固然不周全，各地方上的考查恐怕也不够详备。近自王城，远到偏僻的地域，任亲为官之风盛行，这是选举制有利有弊的属性所造成。想要使荐举之人都称职，考官必须坚持公正公平。这样，出身低微的人适合条件的话也能做官，失去妻子的男子和寡居的女子也能得到封赐。希望知道你们切实而深刻的认识，要你们作条理清楚的阐述。

如何选贤任能是权德舆此道策问思考的中心问题，"积资者岂尽获吏能？考言者或见遗敏行"。并非所有的待选之人都有为官的才能，一些胸怀治国方略之才往往被拒于吏选之外。《新唐书·选举志下》记载："肃、代以后兵兴，天下多敌，官员益滥，而铨法无可道者。至德宗时，试太常寺协律郎沈既济极言选举其弊曰：'近世爵禄失之者久，其失非他，四太而已。入仕之门太多，世胄之家太优，禄利之资太厚，督责之令太薄。臣以为当轻其禄利，重其督责。夫古今选用之法，九流常叙，有三科而已，曰德也，才也，劳也；而今选曹，皆不及焉。且吏部甲令，虽曰：度德居任，量才授职，计劳升叙，然考校之法，皆在书判簿吏、言辞俯仰之间，侍郎非神通，不可得而知。则安行徐言，非德也；空文善书，非才也；累资积考，非劳也。苟执不失，犹乖得人，况众流茫茫，耳目有不足者乎？盖非鉴之不明，非择之不精，法使然也。'"① 沈既济的这段论述，尖锐地指出当时的选举流弊，即"非鉴之不明，非择之不精，法使然也"。法令的松弛是造成这种流弊的根本原因。

权德舆在这道策问中尖锐地指出目前选举制度的弊端是"近自甸内，达于海隅，命官亲人，利弊所属"。选部汇集了来自五湖四海的学子精英，但任亲为贤、命亲为官的选拔制度的弊端严重阻挠了贤才的入仕。如此一来，就会造成贤才难以进身、君王难以纳贤的不利局面。赵匡曾论唐代选举情况说："举人大率二十人中方收一人，故没齿而不登科者甚众。其事难，其路隘也如此。而杂色之流广通其路也，此一彼十，此百彼千，揆其秩序无所差降，故授官多……故士子舍学业而趋末技，其弊四也，收人既少，则争第急切，交驰公卿，以求汲引，毁誉同

---

① 欧阳修、宋祁撰：《新唐书·选举志下》，中华书局1975年版，第1178—1179页。

类，用以争先，故业因儒雅，行成险薄，非受性如此，势使然也。浸以成俗，亏损国风。"① 时考试二十人中方选一人，竞争非常激烈，举子争相托人，以求引见，为了及第，不惜诋毁同门及其他举子，人的劣根性可谓暴露无遗。赵匡的这段话使我们清楚地看到当时科考的惨烈程度。唐代"行卷"之风盛行，就是把作品写在卷子上呈递当时有影响力的人以自我举荐。可以毫不夸张地说，对于唐代的士子来说，无推荐援引将与入仕无缘。权德舆作为中唐著名文学家、政治家、科场重臣，自然也是被"行卷"的重要对象之一。有许多人都是举荐的受益者，其中经他知贡举登进士科的有柳宗元、刘禹锡等。白居易、元稹也于本年登制科。柳宗元，贞元八年应进士考，遂拜谒权载之，并有《上权德舆补阙温卷决进退启》，言辞恳切，委婉陈情。第二年柳宗元进士及第，这与权德舆的揄扬不无关系。

而荐举风气在一定程度上滋生了科举的作弊现象，师门关系，熟人亲朋等一切世俗的关系网，将许多胸怀雄才大略的布衣拒之门外。因此，纠正科考的弊端，恢复选举制的公平、公正，为朝廷选拔出真正的人才迫在眉睫。最后提出自己的观点，"欲使举皆称职，吏必当公"，只有如此，才能达到"则轮辕适官，鳏寡受赐"的良好选拔制度。

在贞元十九年（803）宏文、崇文生策问二道中，权德舆也对贵族子弟选举的流弊进行了探索和深深的思考。

第一问：

问：儒馆设科，以优华绪，亦明劝学，然后审官。诸生或以纨绮之年，讲诵未暇，在琢玉之或怠，于制锦而如何？傥稍举章程，以明课试，因粲粲之质，加孳孳之勤，可以远图，固为尽善，但因循既久，虑物议为难。盍自言之，将求折中。

思谋改革弘文、崇文特权阶层选举制度是这道策问的主旨。

这道策问的大意是说：国家设立弘文馆、崇文馆，规定考试科目，是为了给贵族子弟提供优惠，也是为了鼓励学习，然后才是考查并提拔

---

① 杜佑：《通典》卷17《选举五·杂议论中》，商务印书馆1935年版，第97页。

为官吏。这些学子有的在少年时代，在讲习、诵记方面没有时间顾及。那么，在应该用心考虑学习之时有的人却懈怠了，这样的人出仕从政又能怎么样啊？倘若列出章程，来彰明科目和考试制度，以其聪颖的天资，加上勤勉、不懈的努力，可使学子大有作为，这本当是很好的。但因循旧的风气已久，担心这样做会遭到众人的非议，实施起来就有困难。你们何不各自发表意见，希望寻求适中的办法。

第二问：

问：左掖东朝，载宏学敩，贵游门子，于是翔集。法禁或弛，艺实难征。推恩补员，据阙升第。或人疑张禄，词假葛龚。诚瑕不掩瑜，岂仕优方学。澄汰则众心未允，因循则流弊寖深。有司病诸，幸喻其术。

权德舆的这两道策问都是针对崇文、宏文生在科考中的特权及弊端所作的命题。

"或人疑张禄，词假葛龚。"张禄即范雎的别名，春秋时魏国著名辩士。《史记·范雎蔡泽列传》载，范雎在随从须贾使齐时，因齐襄王"闻其辨口，乃使人赐雎金十斤及牛酒，雎辞谢不敢受"而受魏国诸公子魏相使人毒打，后范雎逃脱，化名张禄。①《史记·穰侯列传》亦载："于是魏人范雎自谓张禄先生，讥穰侯之伐齐，乃越三晋以攻齐也，以此时奸说秦昭王。昭王于是用范雎。"②"葛龚"，东汉官吏，骁勇过人，以善文记著称。《后汉书》卷80有传："葛龚字元甫，梁国宁陵人也。和帝时，以善文记知名。性慷慨壮烈，勇力过人。安帝永初中，举孝廉，为太官臣，上便宜四事，拜汤阴令。辟太尉府，病不就。州举茂才，为临汾令。居二县，皆有称绩。著文、赋、诔、书记凡十二篇。"③

这道策问的大意是说：隶属于门下省的宏文馆和隶属于东宫的崇文馆，担任着广大学子的教导任务，贵族弟子，都聚集在这里。倘或法禁稍宽，真正有技艺和才能的人确实难以寻求。广施仁爱，增补人员，根

---

① 司马迁撰：《史记·范雎蔡泽列传》，中华书局1982年版，第2401—2418页。
② 司马迁撰：《史记·穰侯列传》，中华书局1982年版，第2329页。
③ 范晔撰，李贤等注：《后汉书·文苑列传》，中华书局1965年版，第2617—2618页。

据缺额来及第升迁。人们猜度他们或许是战国时著名的政治军事谋略家张禄下凡,猜度他们或许有东汉善于文记的葛龚的辞采。实在是缺点掩盖不了优点,难道是当官后才能学知识吗。淘汰掉这种制度众人恐怕不许可,继续沿袭弊端就会逐渐加深。主管部门认为这是祸害,希望你们来说说有什么好的方法。

《唐会要》载:"宏文、崇文生,缘是贵胄子孙,多有不专经业,便与及第,深谓不然。自今以后,一依令式考试,至天宝十四载二月十日,宏文馆学生,自今以后,宜依国子监学生帖试。明经、进士帖经并减半,杂文及策皆需粗通,仍永为恒式。"① 陈飞先生在《唐代试策考述》中说:"大抵可知,宏文生参加科举考试亦即省试,因其'资荫全高',故可以不拘'常例',另有办法。即可另行,则不与一般考试混同,所以有'礼部试宏文、崇文生'的表述,这意味着礼部省试时间可能是将宏、崇生区别对待,单独命题或评定的。之所以这样做,显然是为了照顾和优惠这些皇亲国戚和高级官僚贵族子孙。今存权德舆《宏文、崇文生策问三道》,可证其单独命题考试为可信。"② 从这两段材料中我们可知,宏文、崇文主要是贵族子弟,不仅课业要求低,而且在参加科举考试时也有特殊照顾。即唐代存在单独的宏文、崇文生进士、明经。单独命题、分别考试,仅要求"粗通文义"即可,在及第标准上也相对宽松。唐代之所以单独设立宏文、崇文馆,目的就是要照顾贵族子弟,确保他们顺利入仕。这种"以优华绪"的选举制度,导致的后果是"法禁或弛,艺实难征。推恩补员,据阙升第"。权德舆认为这种制度弊端极大,"因循则流弊浸深",应该予以纠正,但又担心"澄汰则众心未允","但因循既久,虑物议为难"。对于二馆的改革,权德舆虽然深知其危害性,但考虑到这种改革将危及皇亲国戚的切身利益,所以一直举棋未定,就将这关系到社稷兴衰的重大问题作为策问题让众考生对策。

崇文、弘文生在科考中的特权,不仅使科考本身丧失公平公正性,更重要的是不能征求到治国方略,不能选拔出真正的贤才。权德舆的这两道策问都是针对崇文、宏文生在科考中的特权及弊端所作的命题,并

---

① 《唐会要》卷77《宏文崇文生举》,中华书局1995年版,第1402页。
② 陈飞:《唐代试策考述》,中华书局2002年版,第207页。

就以上弊端提出了问题：要么废止宏文、崇文馆这种科举考试中的特权；要么继续沿袭这种弊端。这个问题直接牵扯到贵族阶层的贴身利益，朝廷对此有不同意见。而这是中唐科举考试中一个严峻的现实问题，因此，权德舆借科举考试的机会提出现实问题，向众举子征询解决的良策。

四 对中唐教育体制的思考与评骘

权德舆掌诰九年，三知贡举，位历卿相，在贞元、元和年间执掌文柄，名重一时。在知贡举期间，他以敏锐的洞察力不仅将"安史之乱"后中唐的社会、经济、政治、文化现实内容纳入科考，而且深谋远虑，将中唐科举教育制度纳入科考。身为卿相、文坛盟主的权德舆清楚地懂得，教育的好坏，在某种程度上直接关系到一个政权的存在与否。

贞元十九年宏崇生问一道，体现的就是权德舆对中唐教育、科举制度的思考与评骘。

> 问：乡赋国庠，已有定制，又辟两馆，以延诸生。盖砥砺贵游，而进之于学也。二三子江夏童年，颇闻岐嶷，舞雩春服，皆已鲜明。虽异宾兴，亦称讲业，于经书所好何句？于古哲所慕何人？兼陈从政之方，用辩保家之美。

这也是一道关于唐代教育体制问题的策问。

在策问里，可以清晰地感受到权德舆通过《策问》，意在深入了解举子群体的思想动态、看法和主张，从而考查他们评判、解决问题的能力。既能通过对策为国家选拔贤良，又能在举子们的对策中找到解决教育、科举流弊的良方。比较清晰地反映了权德舆对中唐教育、科举制度的思考与主张。

"乡赋国庠"，"乡赋"，犹乡贡。杜甫《奉赠鲜于京兆二十韵》："学诗犹孺子，乡赋念嘉宾。"仇兆鳌注："乡赋，谓乡举。""国庠"，指国家开设的学校。《旧唐书·文宗纪下》载："皇太子方从师傅传授六经，一二年后，当令齿胄国庠，以兴坠典。"

"又辟两馆"，即"崇文、弘文馆"，是唐代专门为贵族子弟开设的学校，分别隶属于太子东宫和门下省。《唐六典》载："其弘文、崇文官学生虽同明经、进士，以其资荫全高，试取粗通文义。"① 同书《尚书吏部》云："弘、崇生虽同明经、进士，以其资荫全高，试亦不拘常例。"②《册府元龟》亦有记载："广德元年七月，是月，勅弘文、崇文两馆生，皆以资荫补充……贞元六年九月勅：本置两馆学生，皆选勋贤胄子，盖欲令其讲艺，绍习家风，固非开此倖门，堕紊典教……"③ 由于崇文、弘文子弟资荫较高，所以在学校学习的内容比太学等少，考试的要求也低。再加上崇文、弘文皆贵胄子弟，因此进士、明经考试浅显，多不专经传，便与及第。对弘崇生考试的优惠和照顾，《唐六典》有精确的记载："礼部试弘文、崇文生举例：习经一大经、一小经；史习《史记》《汉书》《后汉书》《三国志》，各自为业，及试时务策五条、经史皆读文精熟，言音典正；策试十道，取粗解注义。经通六，史通三；其时务策须识文体，不失问目意，试五得三。"④ 这里的表述虽然不是非常明晰，但和普通进士、明经考试相比较，大大减轻了考试的难度。由此可知，弘、崇生参加考试（省试）因其"资荫全高"，故"不拘常例"，应该另有优惠政策或办法。陈飞在《唐代试策考述》中说："所以有礼部试弘文、崇文生的表述，这意味着礼部省试时间可能是将弘、崇生区别对待，单独命题或评定的。之所以要这样做，显然是为了照顾和优惠这些皇亲国戚和高级官僚贵族子孙。今存权德舆《宏文、崇文生策问三道》可证其单独命题考试可信。"⑤ 除此之外，其实，对弘崇生考试的优惠和照顾还表现在及第标准的相对宽松上。总体要求只是"粗通文义""取粗解注义""须识文体，不失问目意"，因此，唐代对弘崇生考试不仅单独命题、试题内容难度降低，质量上也放得很宽，较于通常的省试更易于及第，对贵胄子弟的照顾显而易见。这也是

---

① 李林甫等撰，陈仲夫点校：《唐六典》卷四《尚书礼部》，中华书局2014年版，第109—110页。

② 李林甫等撰，陈仲夫点校：《唐六典》卷二《尚书吏部》，中华书局2014年版，第45—46页。

③ 《册府元龟》卷640《贡举部·条制二》。

④ 李林甫等撰，陈仲夫点校：《唐六典》卷八《弘文馆》，中华书局2014年版，第255页。

⑤ 陈飞：《唐代试策考述》，中华书局2002年版，第207页。

唐代科举考试的一大弊端。

"砥砺贵游","贵游"《周礼·地官·师氏》曰:"掌国中失之事以教国子弟,凡国之贵游子弟学焉。"郑玄注:"贵游子弟,王公之子弟。游,无官司者。"亦泛指显贵者。即指勉励显贵者。

"二三子江夏童年","二三子",犹言诸君;几个人。这里应该指的是大家,你们这些人。《论语·八佾》:"二三子何患于丧乎?天下之无道也久矣,天将以夫子为铎。""江夏童年"指的是江夏安陆(今湖北云梦)人黄香,东汉时期官员、孝子,是"二十四孝"中"扇枕温衾"故事的主角。他年方九岁时,便知事亲之理,名播京师,号曰"天下无双,江夏黄香"。后任郎中、尚书郎、尚书左丞、尚书令,任内勤于国事,一心为公,晓熟习边防事务,调度军政有方,受到汉和帝的恩宠。出任魏郡太守期间,于水灾发生时以自己的俸禄赏赐来赈济灾民。不久被免职,数月后在家中去世。其子黄琼、曾孙黄琬,都官至太尉,闻名于天下。

"舞雩春服",见《论语·先进》:"莫春者,春服既成,冠者五六人,童子六七人,浴乎沂,风乎舞雩,咏而归。"① 春服舞雩,形容春光、春景,或用以比喻志向不俗。舞雩,地名,在山东省曲阜县,原是祭天求雨的地方。

"宾兴",周代举贤之法,亦指乡试。谓乡大夫自乡小学荐举贤能而宾礼之,以升入国学。《周礼·地官·大司徒》:"以乡三物教万民而宾兴之。"② 郑玄注:"兴,犹举也。民三事教成,乡大夫举其贤者能者,以饮酒之礼宾客之。既则献其书于王矣。"

"讲业",指研习学业。《史记·太史公自序》:"讲业齐鲁之都,观孔子之遗风。"

这道策问的大意是说:无论是乡贡还是国家开设的学校,早就有了固定的规模和标准,现在又设立了崇文、弘文两个学馆,为了延及照顾贵胄子弟。大概是为了勉励王孙贵族,促进他们好好研习学业。有几个

---

① 李学勤主编:《十三经注疏·论语注疏》卷11,北京大学出版社1999年版,第172—173页。

② 李学勤主编:《十三经注疏·周礼注疏》卷10,北京大学出版社1999年版,第314页。

人能有快乐的童年,我觉得很有歧义,春服舞雩,唱着歌儿自由自在地回家,非凡的志趣已经很清楚了。虽然和周代的选贤之法不同,但也注重研习学业。对于四书五经,你最喜欢的是哪些?对于古代的哲人,你最崇拜的都是谁?请在陈述治国方略的同时,兼论保家之美的良策。

这道策问有三层意思。

第一层意思主要说唐朝的科举教育制度。虽然由于官办学校,也有一定的规模和标准。但为了照顾贵族子弟,又在门下省和东宫设置了弘文馆和崇文馆。无论就考试的难度和及第的标准来说,弘文馆和崇文馆子弟的科考题都比正常的考试要简单很多。从两馆弟子参加省试时的优惠政策看,唐代的科举考试并不是完全公平公正的选拔,明显含有一定的弊端。

第二层意思主要讲唐代的选贤之法,尽管不同于周代,但也注重研习学业。

第三层意思主要讲权德舆主要针对考生来发问,要求举子们通过对四书五经要点进行陈述,从而考查他们对经学的掌握情况以及熟练程度。还要求考生们对古代圣贤、哲人进行评价。并且鼓励举子们提出教育之良方。

科举制的推行,有助于消除贵族阶级对政治垄断的弊端,给大多数贫寒子弟提供了步入政坛的机会,同时也给贵族阶级子弟以资荫入仕提供了一定的空间。弘、崇馆的贵胄子弟入仕不一定要通过科考,他们靠门荫得官者日益增多。由于门荫得官者的增多、贵族子弟科考的优惠政策,取非常之才的制科所取人数就非常有限。沈既济在《选举论》中尖锐地指出这种弊端:"入仕之门太多,世胄之家太优,禄利之资太厚,督责之令太薄。"贫寒出身的子弟,入仕的唯一途径就是科举考试。千军万马都拼命挤上这座独木桥,"得仕者如升仙,不仕者如沉泉"而这种途径却被唐王朝庞大的官僚集团所堵塞。这种原本"待非常之才"的初衷随着科举制度的发展出现了不少弊端。正如《礼记·大学》曰"见贤而不能举,举而不能先,命(读音慢)也"。[①]

"安史之乱"极大地削弱了唐开国者所确立的李氏王朝的法统,其

---

① 李学勤主编:《十三经注疏·礼记正义》卷 60,北京大学出版社 1999 年版,第 1871 页。

强大的实力、高度的自信、繁荣的经济、开放的胸怀都遭到不同程度的破坏。这就需要一批有远见卓识的"非常之才"能勇挑重担，能挽救民族于水火之间。而科举考试出现的弊端，尤其是两馆子弟的特权，无形中给选拔人才设置了障碍。这充分说明唐代的教育体制存在一定的弊端。这种体制下，能否选拔出朝廷急需的人才？又能否选拔出能使天下太平、百姓"舞雩春服"的非常之才？还都是一个未知数。权德舆把这个棘手的问题抛到科举考试当中，一来可通过对策考查举子分析问题、解决问题的能力，二来可通过对策选拔真正意义上的"非常之才"。

五　唐代科举取士的疏漏及弊端

众所周知，唐代士子入仕为官的途径除建立军功、秉受门荫外，主要依靠科举考试。唐承隋制的科举考试打破了魏晋以来的九品中正制，开创了选人、用人的新时代，这是科举制度有利的一面，但军功、门荫的优惠政策无形中使科举选仕存在一定的弊端。针对这种情况，权德舆在贞元十九年礼部策问进士五道第五问中，对这种现状进行了陈述、披露和思考，旨在通过唐代科考存在的问题，引起中唐统治者对教育制度的关注。并鼓励举子们在对策中提出更好的解决办法，以达到选拔"非常之才"的目的。

第五问

有司之求才，与多士之求进，其心不相远也。诸生知之乎？计偕者几乎五百，籍奏者不逾二十，盖二十之一也。诸生又知之乎？雕龙之辨，皆谓有余；灵蛇之珠，无非在握。射或失鹄，瑜宁掩瑕，虽泾渭终分，而蓬麻未直。匿名飞语，诋诎云云，诚无他肠，时有谗口。岂有司之道未至，复诸生之所习难化耶？异时有司，固诸生之所履也，复如何哉？非有防川之心，愿闻易地之说。

在这道策问中，权德舆以发问的形式，既指出了科举考试存在的问题，又明确表达了自己对中唐教育、科举考试的主张。

"有司"，指主管某部门的官吏。古代设官分职，各有专司，所以叫有司。《书·大禹谟》云："好生之德，洽于民心，兹用不犯于有司。"①

"计偕"称举人赴京会试。"籍奏"编造名册奏上，即指录取的人员名单。

"雕龙之辨"，战国时齐人邹衍，善谈天地自然之事，雄辩恢奇，颇动人心，梁惠王待以上宾，平原君拂席为敬，燕昭王拥彗扫除而迎，均极为礼敬；稍后有驺奭，采驺衍之术以纪文，甚得齐王嘉赏，命为列大夫，专营高门大屋为居处，以示尊重，以博能致天下贤士之名。国人因颂为"谈天衍，雕龙奭"。后因以"雕龙"比喻善于文辞，刘勰《文心雕龙》书名就取此意。

"灵蛇之珠"，即随珠，原比喻无价之宝，后也比喻非凡的才能。曹植《与杨德祖书》"当此之时，人人自谓握灵蛇之珠，家家自谓抱荆山之玉也。"

"射鹄"，箭靶的意思。

"瑜不掩瑕"，瑜，玉的光彩，比喻优点；瑕，玉上的斑点，比喻缺点。比喻优点遮盖不了缺点。

"蓬麻未直"，见荀况《荀子·劝学》："蓬生麻中，不扶而直，白沙在涅，与之俱黑。"即蓬草长在麻地里，不用扶持也能挺立住，比喻生活在好的环境里，能得到健康成长。而"蓬麻未直"在此意为蓬麻没有生长在好的环境中，因此还需要人的扶持。

这道策问的大意是说：主管部门求取贤才，与你们这些读书人求得进取，在用意上并没有太大的差别。你们了解这一点吗？每年赴京参加会试的举子将近五百名，可录取的却不过二十人，大约是 1/25 啊。众位考生了解这种情况吗？像战国时期邹衍、邹奭那样善于雄辩文辞者，没有被科举选拔出的还有很多；而像灵蛇宝珠之类的贤才，朝廷也没有全部都掌握在手中。有的人射箭没射到靶心，长处怎么能遮掩住短处呢？尽管泾清渭浊到最后分辨出来了，可蓬草生长在桑麻底下还没有长直。至于匿名的一些流言蜚语、诋毁诽谤的一些言论，的确没有其他的用心，不过是时不时有诽谤的话头。难道是主管部门的录取标准和方法

---

① 李学勤主编：《十三经注疏·尚书正义》卷4，北京大学出版社1999年版，第109页。

不合适，还是诸位考生所学习的东西太难化导呢？到一定的时间，主管部门原本就是诸位考生要负责任职的地方啊！那时，你们又会怎么做呢？我没有阻塞人们言论的打算，希望听到你们各自不同的看法。

这道策问有四层意思。第一层讲唐代的选举制度。"计偕者几乎五百，籍奏者不逾二十，盖二十之一也。"千军万马挤上科举这座独木桥，五百人里面及第者不过二十多人，录取率仅仅只有百分之四五，科举取士的压力很大。第二层紧接着列举科举取士的疏漏。虽然说科举是基本公平的选拔人才，但由于各种原因，即使像战国时期邹衍、邹奭那样善于雄辩的大家，虽然很多；但宝贵的贤才朝廷并没有全部纳入掌中，为朝廷效命。第三层讲科举选士存在的弊端。唐代"温卷"之风盛行，"温卷"亦称"行卷""干谒"，到了中唐，干谒之风有增无减。无论是贫寒子弟还是达官显贵都挤上科举这条独木桥，一部分人为了生计，一部分为了求仕。"学而优则仕"的儒家传统逼迫着读书人朝着仕进之路前行。

"温卷"或"行卷"，即举子在科考前要带上自己认为最得意的文章去拜谒当时的权贵人物，以求得权贵的荐引，否则，即使考试成绩再好，也不排除落第的可能。韩愈入仕前为干谒殚精竭虑，他在《与李翱书》中说："仆在京八九年，无所取资，日求于人，以度时日。"被时人誉为"文坛宗师""一代宗匠"的权德舆，常常是举子干谒的对象，一个原因是权德舆在中唐文坛、政坛权倾一时，声名显赫，另一个原因是他"行为人高，言为人信"的品行。权德舆善于选拔贤良，"不以其人布衣不用"，在选拔人才上任人唯贤，"不以员拘"，"擢进士七十有二，登辅相之位者前后十人"①。

许多贫寒之士都情愿向他"行卷"。著名的政治家、文学家杨嗣复、白居易、元稹、柳宗元等都先后出其门下。元稹有《上兴元权尚书启》，韩愈有《燕河南府秀才》得生字，柳宗元有《上权德舆补阙温卷决进退启》，他们先后及第，都与权德舆的揄扬不无关系。"温卷"有利有弊，很容易造成人云亦云，权德舆在这里指出的"匿名飞语，诋訾云云，诚无他肠，时有逸口"，就是唐代科举制度中"温卷"的弊端，

---

① 杨嗣复：《权德舆文集序》，见《全唐文》卷611，中华书局1983年版，第6176页。

这种风气，可能会使有才华的人得到朝廷重用，也可能会因为荐举之人的"诚无他肠，时有谗口"而名落孙山，抱憾终身。

在策问中，权德舆通过"计偕者几乎五百，籍奏者不逾二十，盖二十之一也"真实描写了中唐科举制度的现状、压力，面对录取率仅仅只有百分之四五的科举取士，德舆不仅深深担忧，科举是否能真正选拔人才？是否所有的有志之士、胸怀大略的贤才都能入选？而事实上，普通举子通过科举选仕入选的仅仅是凤毛麟角。有相当一部分"雕龙之辨，皆谓有余"；"灵蛇之珠，无非在握"，他们虽然饱读诗书，一身才华，由于教育、科举制度的问题，依然没有机会、没有资格进入仕途为唐代统治阶级服务。军功入仕、门荫入仕占据了科举考试的部分名额；再加上"崇文、弘文馆"贵族子弟科考中的特权，无论就考试的难度和及第的标准来说，弘文馆和崇文馆子弟的科考题都比正常的考试要简单很多。可以说，唐代的科举考试并不是完全公平公正的选拔，明显含有一定的弊端。这种教育、科举制度的弊端无形当中将一些贤良之才拒之门外。尽管"有司之求才，与多士之求进，其心不相远也"，但还是"雕龙之辨，皆谓有余；灵蛇之珠，无非在握"，科举制度的疏漏和弊端完全把一些有志之才遗落在外，有司选才和举子及第其二者初衷完全相同，但却和中唐的教育、科举制度产生了矛盾。一声"诸生知之乎""诸生又知之乎"道出权德舆心中无限的遗憾、不平和担忧。

杨嗣复在《权德舆文集序》中说他善于选拔贤良，"不以其人布衣不用"，在用人上任人唯贤"不以员拘""擢进士七十有二，登辅相之位者前后十人"。为唐王朝选拔无数精英人才的权德舆，面对"雕龙之辨，皆谓有余；灵蛇之珠，无非在握"的现实，更多的是深深的忧虑和义不容辞的责任。他尖锐地指出"射或失鹄，瑜宁掩瑕，虽泾渭终分，而蓬麻未直"。长处始终是掩盖不了短处的，泾渭最终会区分清楚，他坚信，教育、科举制度的弊端并非没有引起朝廷的注意，只不过是时机尚未成熟罢了。"岂有司之道未至"，权德舆在这里反问，难道是录取人才的主管部门的制度不合适吗？而事实上，录取的部门权力有限，仅仅是执行制度而已，正如他在策问中所说"有司之求才，与多士之求进，其心不相远也"。而真正造成"灵蛇之珠，无非在握"局面的是中唐不合适的教育体制。儒学不振，百废待兴，教育是重中之重。身为朝廷重臣的权德舆深深懂得，教育关乎一个国家一个政权的兴亡。他利用执掌贡举的便利机会，将这一严峻的社会现实引入科举考试，不仅明确自己对中唐科举、考试制度的看法，而且对这一现象进行了中肯的评价。权德舆坦诚地鼓励举子们自己"非有防川之心，愿闻易地之说"，要考生们针对这一问题，畅所欲言，提出有效的解决办法。

六　求贤选能之方的探索

在元和元年吏部试上书人策问三道第二道中，权德舆就圣人求学选贤之道向举子发问：

> 问：圣人虚心，思天下之理至矣，求天下之士勤矣。搜于中林，縻以好爵者，往往至焉。吾子澡身聚学，被褐藏器。公伯上荐，贲然而来。与夫充赋计偕者，异而论也。其何以佐理道、陈嘉猷、去徭戍而徼塞无虞，减农征而财用不乏？固所蕴积，悉期指明。

这道策问主要讲圣人尊贤的态度、求贤的途径及方式。

"搜于中林，縻以好爵者，往往至焉。""中林"为林野之意。《诗经·周南·兔罝》："肃肃兔罝，施于中林。"《毛诗故训传》："中林，林中。"马瑞辰《毛诗传笺通释》："《尔雅》：'牧外谓之路，野外谓之林。'中林犹云中野。"白居易及第后《忆旧山》中说："偶献《子虚》等上席，却吟《招隐》忆中林。"中林借指贤士隐逸于乡野。縻，本指牛缰绳，为笼络，获于己身意；"爵"，本酒器，贵族等级不同，所用爵器不同，"好爵"指官职好运。"縻以好爵"源于"好爵自縻"，见《周易·中孚》九二爻："鸣鹤在阴，其子和之。我有好爵，吾与尔縻之。"[①] 意即自己主动修德修贤，以获取官职，自求好运。这里指皇帝征诏人才，连乡野贤士也不遗漏，使积极世事者应征而来。

"吾子澡身聚学，被褐藏器。""澡身聚学"源于"澡身浴德"，见《礼记·儒行》："儒有澡身而浴德，陈言而伏，静而正之，上弗知也，

---

① 李学勤主编：《十三经注疏·周易正义》卷6，北京大学出版社1999年版，第243页。

粗而翘之，又不急为也；不临深而为高，不加少而为多；世治不轻，世乱不沮，同弗与，异弗非也。其特立独行有如此者。"① 澡身，谓能澡洁其身，不染浊也。儒者用德以洁身，恭听君命而坚守正道；对与自己意见相同的人不结一伙；对意见不同的人不加非毁，这就是儒者独特的处世原则。"被褐藏器"中"藏器"见《周易·系辞下》："君子藏器于身，待时而动，何不利之有？"孔颖达《正义》："犹若射人持弓矢于身，此君子若包藏其器于身，待时而动，何不利之有？"② 以此喻人有才德而深藏不露。

"充赋计偕"。"充赋"，犹凑数，被官吏荐举给朝廷的谦辞。《汉书·晁错传》中晁错云："今臣窑等乃以臣错充赋，甚不称明诏求贤之意。"颜师古注："如淳曰：'犹言备数也'。"臣瓒曰"充赋，此错之谦也，云如赋调也。"③ "计偕"，见《史记·儒林传》："郡国县道邑有好文学，敬长上，肃政教，顺乡里，出入不悖所闻者，令乡长丞上属所二千石，二千石谨察可者，当与计偕，诣太常，得受业如弟子。"司马贞《索隐》："计，计吏也。偕，俱也。谓令与计吏俱诣太常也。"④ 计偕，后遂指举人赴京会试。

这道策问的大意是说：圣人虚心，以待竭尽全力思谋治理天下的道理，频繁访求天下贤才。遍求乡野中品德高尚、智慧非凡的贤才，那些积极世事、自修而不甘沉没之人往往响应而来。你们这些学子都是洁身自好，有才德却深藏不露的君子。经公卿大臣的举荐，风风光光而来做官。与那些被普通官吏举荐给朝廷或赴京会试的举人相比，不可相提并论。如何来辅佐国家的治理之道、陈述治国的好计划，使国家远离戍守征战之苦而保持边疆的太平，并且在减轻农民赋税的前提下使国库不会贫乏？原本就蓄积了很多问题，希望予以指明。

这道策问主要有两层意思。

第一层主要讲了古代明君求贤的途径、尊贤的态度以及举贤的政策。圣人因为虚心，而"思天下之理至矣，求天下之士勤矣"。阐述明

---

① 李学勤主编：《十三经注疏·礼记正义》卷59，北京大学出版社1999年版，第1587页。
② 李学勤主编：《十三经注疏·周易正义》卷8，北京大学出版社1999年版，第306页。
③ 班固撰，颜师古注：《汉书·晁错传》，中华书局1962年版，第2292页。
④ 司马迁撰：《史记·儒林列传》，中华书局1982年版，第3119—3120页。

君求贤若渴的精神，即圣人懂得贤才的重要作用，为求贤才，不惜踏遍千山万水"搜于中林，縻以好爵者，往往至焉"。

第二层主要是对这些考生的鼓励和期望，权德舆期望选出优秀的人才为朝廷效力。他说："吾子澡身聚学，被褐藏器。公伯上荐，贲然而来。"在权德舆看来，众考生曾饱读诗书、胸怀大志，应该怀揣经世治国之大略，因此，希望举子们能直言极谏，多为朝廷进言献策，阐述富国强民之方略。

在贞元二十一年礼部策问五道第一问中，他说：

> 问：古之善为政者，在得人而已，在求理而已。周以功德诏爵禄，秦以农战居要员，汉武帝诏察茂异可以为将相者。夫功与德，非常才所及也。农与战，非筮仕所宜也。安危注意之重，非设科可俟也。是三者，固有利弊，幸错综言之。又三适之宜，九品之法，或计户以贡士，或限年以入官，事有可行，法有可采。制度当否，悉期指明。

权德舆这道策问的主旨主要是强调贤才对为政的重要性。

"筮仕"，《左传·闵公元年》载："初，毕万筮仕于晋，遇屯。之比。辛廖占之，曰：'吉。屯固，比入，吉孰大焉？其必蕃昌。'"[①]古人迷信占卜，凡事都要先卜测吉凶，士人出仕做官也一定要先进行占卜，后称初次做官为"筮仕"。

"三适之宜"，见《汉书·武帝纪》："有司奏议曰：'古者，诸侯贡士，壹适谓之好德，再适谓之贤贤，三适谓之有功，乃加九锡。'"臣瓒注曰："九锡备物，伯者之盛礼，齐桓、晋文犹不能备，今三进贤便受之，似不然也。当受进贤之一锡。"臣瓒引《尚书大传》云："三适谓之有功，赐以车服弓矢"是也。[②]李白《为宋中臣自荐表》"若三适称美，必九锡光荣"即此意，三适为上古依功德授官职的制度。

"九品之法"，即九品中正制，亦称九品官人法。《宋书·恩倖传》

[①] 李学勤主编：《十三经注疏·春秋左传正义》卷11，北京大学出版社1999年版，第305页。

[②] 班固撰，颜师古注：《汉书·武帝纪》，中华书局1962年版，第167页。

载:"汉末丧乱,魏武始基,军中仓卒,权立九品,盖以论人才优劣,非为世族高卑。因此相沿,遂为成法。自魏至晋,莫之能改,州都郡正,以才品人。而举世人才,升降盖寡。"①《通典》卷十四《选举二》载:"延康元年,吏部尚书陈群以天朝选用不尽人才,乃立九品官人之法,州郡皆置中正,以定其选择。"②九品中正制是魏晋南北朝时期重要的选官制度,上承两汉察举制,下启隋唐科举,在我国古代政治制度史上占有十分重要的地位。

这道策问的大意是说:古代善于治理国家的帝王,主要在获得人才,在谋求大政方针。周代依据功勋和德业来封赐爵位俸禄,秦国依据农耕和战争任命在职的官员,汉武帝诏命各地访查有卓异才能可以担任将帅丞相的人。功勋与德业,并不是普通人所能达到的。农业与战争,并不是初次做官的人所能适应的。对国家安危关注的重任,并非科举考试选拔的人就能胜任,这三个方面,本来就有利有弊,希望你们能将这三者综合起来论述。另外,周代由诸侯向王室接连三次都推荐了合格人才的做法,以及魏晋的九品中正制,有的根据户口人数的比例来向朝廷推荐人才,有的限定年龄来进入百官的行列。这些事例中有没有可行的东西,办法有没有可以采取的地方。他们制度恰当与否,全都期望你们来指明。③

这道策问以古代善为政者起首,历数周代、秦国以及汉代为政者的"善得人"与"善为政",指出"功"与"德"的造诣,非常人所能达到;"农与战"谐和发展,也并非一般初入仕途之人所能做到;"安"与"危"之间关系之重大,也绝非设科取士就能解决得了。"是三者,固有利弊,又三适之宜,九品之法,或计户以贡士,或限年以入官。"这三者各有利弊,真诚希望众举子能综合进行评述。对于当前的制度是否可行,要举子"悉期指明"。

科举制度选拔的是人才,人才对君王、国家的重要价值不言而喻。国家治理的好坏,在很大程度上取决于人才数量的多寡、人才素质的高低。因为人才是辅佐君政的重要力量,所以,历代君王无不施展各种策略招徕贤才。文王以子牙为相而成就了千秋大业;齐桓公重用管仲实现

---

① 沈约撰:《宋书·恩倖传》,中华书局1974年版,第2301页。
② 杜佑撰:《通典》,商务印书馆1935年版,第77页。
③ 杨寄林等编:《中华状元卷·大唐状元卷》,山西教育出版社2001年版,第406页。

了国富兵强；刘备三顾茅庐亲访诸葛亮得以成就霸业。这些古代明君礼贤的佳话无不说明人才对于求功图霸的重要性。如何求贤选能，是否能求贤选能，关系着一个王朝的政权统治，这是封建统治阶级敏感的话题，因此，以选拔人才为内容的策问就经常出现在科举考试当中。

七 重视人才的儒家情怀

贞元二十一年（805）礼部策问五道（乙酉科）第四问

问：昔尹伊耕莘，传说胥靡，竟昌殷道，以阜王业。春秋时，观丁父、彭仲爽，申、都之俘也，克州、蓼，封陈、蔡，楚邦赖之。汉廷韩安国徒中拜二千石，张释之以赀为郎，并称名臣，焯叙前代。然则俘徒作役，或财用自发，前代取之，而得人如是。魏晋以降，流品渐分，筮仕之初，率先文学。或荐贤推择，皆秀发州闾，而致理之风，颇未反古。岂朴散寖久，或求之太精，斯何故也？尝有所懵。今四门大辟，百度为贞，执事者固欲上副聪明，悉搜才实。幸酌古道，指陈所宜。

这是一道有关乎选贤举能、重视人才的策问。

封建专制制度，从本质上讲，是"人治"的制度。一个政权的好坏，很大程度上取决于人才数量的多寡，人才素质的高低。因此，人才是辅君佐政的重要力量。从尧舜禹开始，历代的君王无不把笼络人才作为为政的重点之一。尧赏识舜，把自己的两个女儿嫁给他；舜发现了禹这个人才，把王位禅让于他；周文王渭水三次礼遇姜子牙，成就不朽霸业；刘备三顾茅庐低声下气造访诸葛亮，成就了三足鼎立局面；曹操思贤若渴，在《短歌行》中唱道："明明如月，何时可掇？忧从中来，不可断绝。"表达了对人才的渴望和思慕。唐代尤其注重对人才的笼络。唐太宗知人善用，任人唯贤，倚重房玄龄、魏征等忠烈之士，开创了"贞观之治"的局面；唐玄宗重用姚崇等人才，成就了"开元盛世"的辉煌时代。唐太宗曾说："今所以择贤才者，盖为求百姓安也。"[①] 可见

[①] 吴兢：《贞观政要·论公平第十六》，见谢保成《贞观政要集校》，中华书局2003年版，第279页。

人才对于一个政权一个国家的重要性。中唐社会，求贤是君王政治生活中的要务之一，专门把举贤作为一种制度加以实施。唐德宗专门就求贤纳才颁令荐举。为了吸纳人才，振治朝纲，权德舆在策问中多次引入有关重视人才的话题。

"尹伊耕莘"伊尹，商初大臣。名伊，尹为官名。今莘县人。出仕前，曾在"有莘之野"躬耕务农。后为成汤重用，任阿衡，委以国政，助汤灭夏。他为商朝理政安民六十余载，治国有方，权倾一时，世称贤相。

"胥靡"《荀子·儒效》："乡也，胥靡之人，俄而治天下之大器举在此，岂不贫而富矣哉！"王先谦《集解》引王引之曰："胥靡者空无所有之谓，故荀子以况贫。胥之言疏也；疏，空也；靡，无也；胥靡犹言胥无。"

"观丁父、彭仲爽"：观丁父，即观射父，楚昭王时大夫，春秋末期楚国宗教思想家。地位极为显赫，被楚国奉为第一国宝。《左传·哀公十七年》说："观丁父，鄀俘也，武王以为军率，是以克州、蓼，服随、唐，大启群蛮。""彭仲爽"，春秋时申国人，后申国为楚国所灭，彭仲爽遂入楚，因有才能，代表楚王行使中央政府权力，后官至令尹，成为楚国贵族。《左传·哀公十七年》载："彭仲爽，申俘也，文王以为令尹。武王时令尹斗祁，文王时令尹彭仲爽。""斗祁"和"彭仲爽"是见于史籍记载的最早两位楚国令尹。春秋初期，楚文王伐申国（今河南南阳），授仲爽为令尹（为楚国的最高官职，掌军政大权），先助楚文王灭掉申国，后于公元前680年又灭掉息国（为西周分侯的诸侯国，在今河南息县西南），因相楚有功，楚文王赐仲爽广地，其家世为楚大夫（在诸侯国中，国君之下有卿、大夫、士三级。大夫为任官职者之称）。

"张释之"，汉文帝时，张释之捐官出仕为骑郎，十年未得升迁，后经袁盎推荐，任为谒者，因向文帝陈说秦汉兴亡之道，而补任为谒者仆射，累迁公车令、中大夫、中郎将等职。后升任廷尉，严于执法，当皇帝的诏令与法律发生抵触时，仍能执意守法，以执法公正不阿闻名。时人称赞"张释之为廷尉，天下无冤民"。

这道策问的大意是说：从前伊尹在莘地亲自躬耕，传说他也只是一个一无所有之人，可竟然使商朝的统治昌盛起来，丰富了称王天下者的大业。春秋时期的观丁父（观射父）和彭仲爽，二人曾经分别是鄀国和申国的俘虏，后分别为武王、文王重用。攻灭了州国、蓼国，使得陈国和蔡国前来朝拜，楚国的兴盛真正靠的是这两个人。西汉的韩安国在服刑中被封拜为二千石官员，张释之凭借捐钱当了骑郎，后来都成了名臣，在前代史书中得到记载。那么，身为俘虏、服刑者或打杂做苦工之人，有才华就会自己显露出来，古代就会重用他们，这就是古代选贤的方法和程度。魏晋以后，类属和等级逐渐区分出来，在预测入仕之前，全都把文章放在首位。有的荐举贤才，进行推荐择取，无论如何都是本地选取的优秀之人，但循着客观事物本身规律办事之风，还远远赶不上古人。这恐怕是因为质朴的风尚遗失太久的缘故吧？或许是追求太精细？其中的原因究竟是什么？常常有弄不懂的地方。现在向四方征询意见的大门完全敞开，各项制度都非常完备，主考官的确想替皇帝选拔出人才，仔细搜罗有真才实学的贤才。希望你们能学习古人之道，指出并陈述适宜于当今的方略。

这道策问有五层意思。

第一层意思主要讲古代选贤的方法和思贤若渴的程度。从"昔尹伊耕莘，传说胥靡，竟昌殷道，以阜王业"，到"观丁父、彭仲爽，申、鄀之俘也，克州、蓼，封陈、蔡，楚邦赖之"，到"汉廷韩安国徒中拜二千石，张释之以赀为郎，并称名臣，焯叙前代"，说明古人对人才的重视程度。无论是躬耕为生、一贫如洗的尹伊，还是身为阶下囚的观丁父、彭仲爽；是服刑中的韩安国，还是凭借捐钱当了骑郎的张释之，古人并没有因为出身、身份而嫌弃他们，而以才学为重，不惜重金招安，因此才有了"竟昌殷道，以阜王业"商朝的昌盛。文王、武王不顾观丁父、彭仲爽阶下囚的身份而重用他们，使得诸侯称臣、国运昌达。

第二层意思主要讲魏晋以来的人才选拔制度，主要以文章诗赋为主。

第三层意思表达了权德舆对古人不计前嫌荐举贤才途径、方式的渴望。对魏晋以来的荐贤策略，权德舆认为"荐贤推择，皆秀发州间，而致理之风，颇未反古"。

第四层意思探究魏晋以来的荐贤制度，并对是否所有有才能的人都能得到选拔心怀疑虑，对此，权德舆发出了"岂朴散浸久，或求之太精，斯何故也"的慨叹。

第五层意思表明科考的目的"今四门大辟，百度为贞，执事者固欲上副聪明，悉搜才实"的确是想通过考试为朝廷选拔优秀人才。末尾主要对考生予以鼓励和期望"幸酌古道，指陈所宜"，权德舆希望众考生能斟酌古今，直言敢谏，为朝廷进言献策，阐述富国强民之方。

这道策问从古代选贤起笔，"昔尹伊耕莘……竟昌殷道""观丁父、彭仲爽，申、都之俘也，克州、蓼，封陈、蔡，楚邦赖之"，历数古代先贤求贤选能之方，指出先辈的用人标准，无论是阶下囚还是躬耕的农夫，只要有雄才大略，一样为朝廷重用。进而指出魏晋以来以文章诗赋为主的科举考试，类属和等级逐渐区分出来，绝非能做到不计前嫌网罗人才。比较之下，权德舆更认同古人的选贤策略。

第六节　权德舆策问的文论主张

权德舆在策问中反映出明确的文论主张。他提倡"尚气、尚理、有简、有通"的文风，为文讲究"言而蕴道"、要做到言之有物、平易畅达，赞成"采诗辨志、升歌发德、系于风俗"，又讲"体物导志""抒愤懑"。首先，他认为文章的根本作用就是助王道、经教化。其次，诗文固然与政治关联，但诗文对政治的兴废却不起决定作用。从这个观点出发，他主张为文要抒写情志，"言为心声"，诗文应该"缘情而发"，即诗文是个人情感的反映。权德舆对诗歌、文章作用的认识深刻而有社会现实意义，并在三掌贡举期间，将这种文论主张体现在选拔试策中。

一　文以述志

贞元二十一年礼部策问五道第五问：

问：言，身之文也。又曰"灼于中，必文于外"。司马相如、杨雄，籍甚汉庭，其文盛矣。或奏琴心而涤器，或赞符命以投阁，其于溺情败节，又奚事于文章耶！至若孔融、祢衡，夸傲于代，祸不旋踵，何可胜言。两汉亦有质材敦厚之科，廉清孝顺之举，皆本于行而遗其文。复何如哉？为辨其说。

强调文章抒写情志是这道策问的主旨。

"或奏琴心而涤器,或赞符命以投阁。""或奏琴心而涤器"见《史记·司马相如列传》:"令既至,卓氏客以百数。至日中,谒司马长卿……是时卓王孙有女文君新寡,好音,故相如缪与令相重,而以琴心挑之。相如之临邛,从车骑,雍容闲雅甚都;及饮卓氏,弄琴,文君窃从户窥之,心悦而好之,恐不得当也。既罢,相如乃使人重赐文君侍者通殷勤。文君夜亡奔相如,相如乃与驰归成都。家居徒四壁。卓王孙大怒曰:'女至不材,我不忍杀,不分一钱也。'……相如与俱之临邛,尽卖其车骑,买一酒舍酤酒,而令文君当鑪。相如身自著犊鼻裈,与保庸杂作,涤器于市中。"① 司马相如,字长卿,西汉大辞赋家,代表作品《子虚赋》。曾与文君于市中洗涤酒器卖酒度日,《汉书》卷五十七下亦有传。"或赞符命以投阁",指西汉学者杨雄因刘向献符命受牵连跳楼一事。符命,上天预示帝王受命的附照。投阁,即跳楼。《汉书·杨雄传》载:"王莽时,刘歆、甄丰皆为上公,莽既以符命自立,即位之后欲绝其原以神前事,而丰子寻、歆子棻复献之。莽诛丰父子,投棻四裔,辞所连及,便收不请。时雄校书天禄阁上,治狱使者来,欲收雄,雄恐不能自免,乃从阁上自投下,几死。莽闻之曰:'雄素不与事,何故在此?'问请问其故,乃刘棻尝从雄学作奇字,雄不知情。有诏勿问。然京师为之语曰:'惟寂寞,自投阁;爱清静,作符命。'"② 杨雄,字子云,西汉后期著名学者,精通《易经》《老子》,善辞赋。王莽篡位后,杨雄不参与朝政,在天禄阁校书、著书,后因刘向进献符命受到牵连,遭逮捕,跳楼自杀未遂。

"孔融、祢衡,夸傲于代,祸不旋踵。"孔融,东汉文学家,建安七子之首。《汉书》卷七十有传:"孔融字文举,鲁国人,孔子二十世孙也。融幼有异才。……融负其高气,志在靖难,而财疏意广,迄无成功。"③ 孔融恃才自傲,与曹操政治见解不同,最终被曹操所杀,时年五十六岁。祢衡,东汉末年名士,文学家,与孔融等人亲善。《汉书》卷八十有传:"祢衡字正平,平原般人也。少有才辨,而尚气刚傲,好

---

① 司马迁撰:《史记·司马相如列传》,中华书局1982年版,第3000页。
② 班固撰,颜师古注:《汉书·杨雄传》,中华书局1962年版,第3584页。
③ 班固撰,颜师古注:《汉书·郑孔荀列传》,中华书局1962年版,第2261—2279页。

矫时慢物。……融既爱衡才,数称述于曹操。操欲见之,而衡素相轻疾,自称狂病,不肯往,而数有恣言。操怀忿,而以其才名,不欲杀之。"① 因出言不逊触怒曹操,被遣送荆州刘表处,后又因出言不逊,被送江夏太守黄祖处,终被黄祖所杀,终年二十六岁。

这道策问的大意是说:言辞是自身文采的表现。人们常说"有真知灼见的人必然会写出好文章来"。司马相如和杨雄在西汉朝廷享有盛誉,他们的文章可谓是文采焕然。可是,两人中有的向女子奏琴表达爱慕之心并同她一起卖酒洗涤酒器;有人却在校书阁由于受到他人给王莽写的符命受牵连而想坠楼自杀。他们沉醉于男女私情以及败坏伦理纲常的行为,又怎么会写进文章里啊!至于三国时的孔融、祢衡,恃才自傲,灾祸接踵而至,说也说不完。西汉、东汉都有质朴敦厚和廉清孝顺的荐举科目,全都是依据品行来选拔人才而忽略文采。这又该如何解释呢?请你们予以辨析。②

在这道策问中,权德舆非常清楚地表明了自己的文论观点,他认为"言为心声",好的诗文,应该是作者心灵激荡的反映,是作者抒发心志的产物,好的文章应该"灼于中而文于外",同时,作者本人还应该有较高的品德修养,否则,很可能会出现杨雄之流文盛而德败的情形。他强调为文作诗,必须以修身立德为基础,否则,诗文再好也会像杨雄等一样贻笑天下。所以,权德舆一贯坚持"诗言志"的传统,即诗文是述志之作,是一个人品行、修养及精神生活的写照。他在《送从兄南仲登科后归汝州旧居序》中写道:"古者采诗以辨志,升歌以发德,系于时风,播于乐章。有不类者君子羞之。"权德舆认为这就是君子为文作诗的原则。因此,策问中对于"孔融、祢衡,夸傲于代",造成"祸不旋踵"的局面,权德舆是极不赞成的。李华在《崔沔集序》中说:"文章本乎作者,而哀乐系乎时。本乎作者,六经之志也;有德之文信,无德之文诈。"③ 李华不仅强调宗经,还强调文章与作者品德的关系,权德舆的文学思想确与李华一脉相承。罗宗强先生说:"李华比肖颖士

---

① 班固撰,颜师古注:《汉书·文苑列传》,中华书局 1962 年版,第 2652—2658 页。
② 杨寄林等编:《中华状元卷·大唐状元卷》,山西教育出版社 2001 年版,第 407 页。
③ 李华:《崔沔集序》,见《全唐文》卷 315,中华书局 1983 年版,第 3196 页。

更进一步的地方，是除了宗经之外，还强调了文章和作者品德的关系。"① 权德舆在宗经之外也强调文章与作者品德的关系。

权德舆一生出入儒、释、道三家，故其论述文章的社会作用并不局限于儒家的"本于王化，系于风俗"的社会功用。他认为，文章应"缘情咏言，感物造端，发为人本，必本王泽"（《右谏议大夫韦君集序》），"感物造端，能赋可以图事，称诗可以谕志"（《司徒张公文集序》）。也就是说，文章是书写作者情志、抒发作者感想的述志之作，即德舆所说的"体物导志"和"舒愤懑"。他的文论观点在《唐故相尚书比部郎中博陵崔君文集序》中亦有反映，他批评那些"词或侈靡，理或底伏"的空洞的文风，强调文的作用是"经纪万事，章明群类"。主张为文要"简实粹清""朗拔章明"。他提出诗歌创作要继承汉乐府的"感于哀乐，缘事而发"的传统，强调诗歌创作要"发乎情，止乎礼"，歌诗要有真情实感，要缘事而发，不做空洞的无病呻吟。如他的《舟行夜泊》："萧萧落叶送残秋，寂寞寒波急瞑流。今夜不知何处泊，断猿晴月引孤舟。"这首诗真实生动地反映了德舆早期处于矛盾、彷徨中的心境，感情真挚，气势雄宏、壮阔，大有盛唐诗风。严羽《沧浪诗话·诗评》评之曰"有绝似盛唐音，有似韦苏州、刘长卿处"。②

二 言而蕴道、尚气、尚理、有简、有通

权德舆为文讲究"言而蕴道"。他在《中岳宗元先生吴宗师集序》中云："道之于物，无不由也，无不贯也，而况本于览，发为至言。言而蕴道，犹三辰之丽天，百卉之丽地……遣言则华，涉理则泥。"③ 他认为文章要言而蕴道，文章好坏的标准是"至"；道是第一位的，如果言不蕴道，纵然发为文辞，亦将流于浮华，纵然论理，不免会拘于生涩。权德舆反对绮靡的骈俪之风，提倡宗经明道，但他并不盲目崇古，而要在精神上师法古人。针对大历、贞元时期绮靡的文风，权德舆进一步提出了"尚气、尚理、有简、有通"的为文四原则（《醉说》）。即

---

① 罗宗强：《隋唐五代文学思想史》，中华书局1999年版，第192页。
② 严羽著，郭绍虞校释：《沧浪诗话》，人民文学出版社1998年版，第159—160页。
③ 权德舆著，霍旭东点校：《权德舆文集》卷23，甘肃人民出版社1999年版，第323页。

行文要讲究"气、理、通、达"。他在"宗经明道"学术思潮中提出的这些文论观点，清晰地反映在他的策问中。如贞元十九年（803）道举策问二道《通元经》：

> 第二道：
>
> 问：文子虚元，师其言于老氏，计然富利，得其术者朱公。疑传记之或差，何本末之相远？人分五位，智辩居忠信前，体苞五脏，耳目乖肺肝之主。皆何故耶？当有其说。至于积德积怨，实昧其图，上义下仁，愿聆其旨。大辩若讷，大道甚夷，岂在颠之倒之，使学者泥而不通也？

"文子虚元，师其言于老氏，计然富利，得其术者朱公。"文子，字计然，是老子的弟子，春秋时期著名的战略家、思想家和经济学家，博学多才，无所不通，尤长计算。著有《文子》一书，即《通玄经》。《汉书·艺文志》记载："文子九篇。注：老子弟子，与孔子并时，而称周平王问，似依托者也。"①《文子》主要解说老子之言，阐发老子思想，继承和发扬道家"道"的学说。朱公，春秋时楚国人范蠡，曾师从文子学艺。《史记·货殖列传》记载："昔者越王勾践困于会稽之上，乃用范蠡、计然。……范蠡既雪会稽之耻，乃喟然而叹曰：'计然之策七，越用其五而得意。即以施于国，吾欲用之家。'乃乘扁舟，浮游江湖，变名易姓，适齐为鸱夷子皮，之陶为朱公。朱公以为陶天下之中，诸侯四通，货物所交易也。乃治产积居，与时逐而不责于人。故善治生者，能择人而任时。十九年之中三致千金，再分散于贫交疏昆弟。此所谓富好行其德者也。后年衰老而听子孙，子孙修业而息之，遂至巨万。故言富者皆称陶朱公。"裴骃《集解》："徐广曰：'计然者，范蠡之师也，名研，故谚曰"研、桑心筹"。'骃案：范子曰：'计然者，葵丘濮上人，姓辛氏，字文子，其先晋国亡公子也。尝南游于越，范蠡师事之。'"②《吴越春秋》谓之"计倪"。《汉书·古今人表》计然列在第四，则"倪"之与"研"是一人，声相近而相乱。文子善于富贵之术，

---

① 班固撰，颜师古注：《汉书·艺文志》，中华书局1962年版，第1729页。
② 司马迁撰：《史记·货殖列传》，中华书局1982年版，第3256—3257页。

后授范蠡七策，范蠡献七策于越王，越用五策就大破吴国。范蠡帮越王勾践灭吴后，离开越国去齐国经商，运用文子所授之术经商，因善于经商，"遂至巨万"，后定居陶地，改名朱公，后人把陶朱公当作富翁的代名词。

"虚元"，指道家思想，元，同"玄"。

从老子的虚玄无为、淡泊名利到文子的精通富利之术，这两者从本到末相差甚远。这道策问在质疑经典的同时，蕴含对气理通达文章的倡导。对经典中"言在此而意在彼"含糊的表述进行了批评。对《通玄经》真伪的怀疑，始于柳宗元，由此，千年来遂质疑不断。唐代尤甚，以啖助、赵匡等为代表的新春秋学派进一步推动了疑经思潮的大发展。在"学以致用"思想的指导下，他们怀疑一切经典的真实性、社会性、政治性。权德舆也不例外，他通过对经典"本末倒置"的质疑，主要目的在于引导士人在为文方面要讲究气理通达，切忌含混不清、模棱两可。

"人分五位，智辩居忠信前"见《孔子家语》第七篇孔子曰："人有五仪，有庸人，有士人，有君子，有贤人，有圣人。审此五者，则治道毕矣。"

"体苞五脏"，即人体内心、肝、脾、肺、肾五个脏器的合称。脏，古称藏。五脏的主要生理功能是生化和储藏精、气、血、津液和神，故又名五神脏。由于精、气、神是人体生命活动的根本，所以五脏在人体生命中起着重要作用。

"上义下仁"老子三十八章曰："上仁为之而无以为；上义为之而有以为；上礼为之而莫之应，则攘臂而扔之。"[1] 道、德、仁、义、礼是治国齐家的大道，是修身立命的本始，顺应它就吉祥，违背它就会遭受祸患。上义的君主原本以仁为体，以义为用，处世自然有刚断的妙处。

"大辩若讷，大道甚夷。""大辩若讷"见《老子》四十五章："大直若屈，大巧若拙，大辩若讷。"[2] 真正有口才的人好像嘴巴很笨拙。

---

[1] 陈鼓应：《老子今注今译》，商务印书馆2003年版，第215页。
[2] 陈鼓应注译：《老子今注今译》，商务印书馆2003年版，第243页。

"大道甚夷"见《老子》五十三章："大道甚夷，而人好径。"① 是说大道很平坦，而人却喜欢走捷径。

这道策问大意是说：文子的道家思想，来源于老子，计然（文子）博学多才，无所不通，精通富利之术，得到其术的当数范蠡。怀疑传记或许存在差错的地方，为什么本末相去甚远？孔子说过，人分为五等，按人品高低把人分为五等，从低到高依次为庸人、士人、君子、贤人、圣人，智辩居于忠信前面；人体有五脏六腑，耳、目是肝肺的重心。这是为什么？应当有其原因。至于是积德还是结怨，还是隐藏他们真正的目的，或者是要顺应道、德、仁、义、礼的治国齐家大道，希望能聆听你们的见解。真正有口才的人不善于表达，大道很平坦，而人却喜欢走曲折捷径。难道故意颠来倒去，使学习者稀里糊涂而不能做到融会贯通？

最善辩的人表面上不善言谈，至理名言都是用最平易通俗的话语来表述，即大道理都是很平实的，怎么能够用邪曲、让人迷惑的方式阐述，使学习的人拘泥于艰涩的文义而不能通达经义？这道策问以阐述道家的大智、大辩、大道为基础，引申出学习、写作上要达到简易通达，否则就会造成学子"泥而不通"的局面，这一点是与权德舆的文学主张相通的。权德舆主张为文要气理通达，他对史传记载的这种"颠之倒之，使学者泥而不通"的为文方法提出了批评。在《中书门下贺诞日麟德殿三教论议状》中，权德舆也明确表示了相同的观点："右，三教源流，久无错综，或使后学，泥于通途。陛下遂万物之宜，御六气之辩，征缃黄之侣，振元故之风。精义入神，微言尽性。"②

权德舆赞赏"文达而理举"的文章，提倡"尚气、尚理、有简、有通"的行文原则。"气"即指"文气""文势""浩然之气"，即文章要讲究气势；"理"即是文章的条理和脉络，即为文要条理清楚，逻辑严密，说理透彻；"简"即语言要简明平易；"通"即行文的通畅顺达，即文章要文从字顺，要通达洒脱。权德舆在《扬君集序》中也明确提

---

① 陈鼓应注译：《老子今注今译》，商务印书馆2003年版，第268页。
② 权德舆著，霍旭东点校：《权德舆文集》卷23，甘肃人民出版社1999年版，第540页。

第三章 权德舆策问思想内容研究（下）

出"尚气者或不能精密，言理者或不能彪炳"。① 即"气""理"要适中，要中节、和谐，权德舆提倡为文"气理并存，简明通达"的为文治学态度和"文约旨明，文从字顺"的创作原则。他的文论观点在他的各种文体中均有反映，对后世学者产生了很大的影响。

他提出的"歌诗要缘情而发""诗言志""尚气、尚理、有简、有通"等文论主张，无疑为日后的古文运动提供了一定的理论依据。从某种意义上来说，权德舆有开中唐古文运动先河之功。对于权德舆在文体文风改革中的作用，罗宗强先生在《隋唐五代文学思想史》中有公正的评价："元结、李华、肖颖士和接着而来的独孤及、梁肃、陆贽、权德舆、柳冕等人，在创作实践中差不多已经为韩、柳的文体文风改革准备了相当充分的基础。"② 权德舆是继李华、独孤及、梁肃后古文的开创者和推动者。葛晓音先生在《论唐代的古文革新与儒道演变的关系》一文中对权德舆在古文运动中的作用给予了高度的评价。她敏锐地指出，"在李华、独孤及、梁肃等人到韩柳之间，权德舆是个承前启后的重要人物"。③ 权德舆提出的这些文学革新理论，直接影响到韩、柳日后提出的"文从字顺、气盛言宜"，因此，许多学者把权德舆定位为古文运动的先驱和大家也是很准确的。

权德舆前后创作策问五十道，内容庞博而丰富，涉及中唐社会的政治、经济、文化、礼仪、风俗、农、工、商、军备等方方面面，涵盖了中唐社会的各个层面，反映了中唐整体社会存在的现实问题，可以说是中唐社会的一个缩影。

---

① 权德舆著，霍旭东点校：《权德舆文集》卷 23，甘肃人民出版社 1999 年版，第 320 页。
② 罗宗强：《隋唐五代文学思想史》，中华书局 1999 年版，第 185 页。
③ 葛晓音：《论唐代的古文革新与儒道演变的关系》，见《汉唐文学的嬗变》，北京大学出版社 1995 年版，第 163 页。

第四章

权德舆策问的特点

策问作为我国古代最早的正式考试文体，历来是统治阶级选拔人才的主要考试文体。从隋唐开始，科举制度代替了以荐举为主的选士制度，但策问与对策仍然是科举考试的重要内容。自从汉文帝策问贤良至有唐以来，唐代策问创作的数量非常多，仅《文苑英华》就收录有唐代策问三十卷，① 但策问的形式、内容、结构都大同小异。权德舆的策问是典型的唐策，我们这里所说的权德舆策问的特点，既呈现了唐代策问的共同特点，又能体现出一定的独特之处。

第一节 文体特点

首先，策问是一种文章。

策问大都是与时政有关的文章，一般具有较强的独立性，具备完整的内容。策问与对策统称策论，都属于文章学的范畴。对于策问为什么是文章，吴承学先生说："策问是用语言文字来表达的，语言文字表达能力有高下，技法有巧拙，策问通常注重文采辞藻，讲究用典，语言骈俪，所以确也体现出策问者的文学艺术才能。一句话，在古代，策问属于'事出于沉思，义归于翰藻'的文章，这大概就是策问之所以被称为文的原因吧。"② 翰藻，指的是文采和辞藻。也就是说，策问是用华美的语言表达出来的，而且试题是建立在出题者深入思考基础上的。因而具备文章的条件。吴承学先生还认为策问"它不仅仅是发问，往往是

---

① 李昉等编：《文苑英华》卷473至卷476，中华书局1966年版。
② 吴承学：《中国古代文体形态研究》，中山大学出版社2000年版，第49页。

以论带问,甚至是以论为主,篇末见问,其论的本身也是一篇短小论文"。① 策问不仅是独立完整的文章,他还以论带问,甚至是通篇以论为主,在论的过程中,引出所要发问的问题。

权德舆策问这种以论带问、夹叙夹议、篇末发问的特点表现得非常突出。如:贞元二十一年明经策问七道《穀梁传》问:"《穀梁传》名经,兴于鲁学;刘向博习,称于汉庭。"先陈述《穀梁传》的源流,再夹叙夹议弊端"或贬绝过深,或象类无据。同乎他人,岂谓齐侯之子。异端颇盛,后世难从"。最后提出问题:"何词所谓近乎情?何议所谓失于短?凡厥师授,为予明之。"从这道策问来看,权德舆的策问是有头(陈述问题),有身子(叙议结合),有尾(就所提问题发问),结构完整,可以说是一篇独立的文章。陈飞先生在《唐代试策的表达体式》中说:"唐代试策文是'策问文'与'对策文'的统一体,策问文具有更强的相对独立性。"② 一篇完整的试策一般由"策题+策问+对策"三者构成。策问具有提出问题,要求对策针对问题分析、解答,内容完整,有很强的独立性。

其次,策问一般情况下都暗含谜底。

陈飞先生认为:"策问在某种意义上也是对策题的解答,其自身也具有一定的论述性和发明性。大部分策问的问题都是有'谜底'的,因此在提出问题的同时也就意味着某种程度的解决问题。"③ 事实上,执笔大臣在为君主出题的同时也要替君主想好答案,因此,策问本身就暗含着答案,即通过策问,可以推测出出题者的意图。客观来说,策问的制作具有较高的难度,既要发问又要蕴含问题的答案,否则,对策千姿百态,就不会有统一的评判标准。对于这一点,陈飞先生亦有精辟的见解:"执笔臣僚不仅要为君主代作策问文,而且也是在替君主提出问题和解答问题。他在设计和表述问题的同时,一般应备有答案,否则将无以面对君主可能的垂询,也难以判别考生对策的高下。"④ 也就是说,策问在制作和表述上有很高的难度,既要针对时政提出问题,还要揣摩

---

① 吴承学:《中国古代文体形态研究》,中山大学出版社2000年版,第49页。
② 陈飞:《唐代试策的表达体式》,《文学遗产》2008年第1期。
③ 同上。
④ 同上。

出策问的答案,即如何对策。这些特殊性就要求出题者具有相当高的文学素养和文化功底,这样,才能将策问的答案也隐含其中。正是策问暗含谜底的这种文体特点,使大多举子在应试前就揣摩出题者的意图,模拟了许多对策的卷子。侯吉永也说:"殿试科举本身是一种政治录用,它选拔的是文官而不是思想家,它需要用儒家思想(官方意识形态)来检测士子的政治素质,也需要在政治思想方面对应考士子作出引导与规范。策问以儒家经典为发论依据,促使士子只能在体制下言说,但它同时也让答题士子学会了偷懒和取巧,因为答案已经隐含其中。"① 也就是说,一般的策问从整体上来说大都已经暗含"谜底",从策问的发问、语气等可以推测出答案来。因此,士子们学会了偷懒和取巧,他们往往对前人的策问与对策进行精细的研究和揣摩,并依据及第者的对策作一些模拟卷子。白居易的《策林》七十五篇就是当年应试前作的模拟对策。

事实上,权德舆的策问大都暗含谜底,但也有少数的策问由于问题本身就带有选择性,答案并没有暗含在策问中。比如贞元十九年(803)宏文、崇文生策问二道,权德舆是想借助科举来解决科举中的问题。尽管提出了问题,但如何去解决、处理这些贵族子弟的特权,权德舆无法左右,也无法预料。权德舆只是将二馆在科举考试中享有的特权以及产生的弊端指了出来,说明国家可能有取消他们特权的想法,但到底要怎么做,我们是看不到答案的。因为连权德舆自己都举棋未定,不知道该如何来做,于是只能把它当作时事问题交与考生,来征询举子的意见。②

最后,策问结构由"问头—问项—问尾"三部分组成。

根据陈飞先生对策问表达体式的分类,我们把策问的结构可以概括为"问头—问项—问尾"。陈飞先生认为:"'问头'是发动策问,并将问题引向'疑问',是策问的起首,也是其第一个环节和要素,因而为一般正规考试之策问文所具备。至于问头的方式和内容,既可以因'题'而异,也可以因'人'而异,或以议论起,或以经典起,或以史

---

① 侯吉永:《古代殿试策问发论刍议》,《河南师范大学学报》(哲学社会科学版) 2009 年第 4 期。
② 详情请参阅本书第三章第三节三对选举流弊的思考。

传起,或以近事起。"① 也就是说,策问的问头起着统领全文的作用,有的以议论引起全文,有的以经典导入所要引出的问题,有些借历史典故引出下文的发问,有些就现实生活问题提出问题,等等。问项是整个策问的关键环节,是指问题的设计、提炼、疑问的落脚点等,是策问之所以能成为策问的核心和关键,是所有的策问不可缺少的环节。策问的本职和目的是要将问题告诉对方并求得答案,因而"诉求"在策问中有至关重要的地位和作用,可以说"诉求"决定着策问的高下成败。因此,策问制作者莫不精心策划,用心构思。

如权德舆贞元十三年(797)"中书试进士策问两道",其中第二道:

> 问:乃者西裔背盟,劳师备塞。今戎王自毙,边遽以闻。而议者或曰"因其丧而吊之,可以息人"。或曰"乘其虚而伐之,可以开地"。或曰"夷实无厌,兵者危事,皆所以疲中国也,不若如故"。是三者,必有可采,思以辨之。

唐德宗建中四年(783),唐蕃"清水会盟",吐蕃大相尚结赞心怀叵测,无有诚意,在德宗的一再退让下,相互达成和平盟约。贞元三年(787),最终酿成"平凉劫盟"的恶果。时隔不久,吐蕃赞普乞立赞亡故。权德舆以此事为策头提出问题,引出策问的落脚点问项:大臣的三种意见。从而将问题告诉考生,希望得到答案。整篇策问问头、问项、问尾结构紧凑,简洁明了,突出体现了权德舆策问的结构特点。

第二节 写作特点

一 广征博引、立意高远

大量用典、立意高远是权德舆策问的写作特点之一。他讲究文章要言之有物,要有较高的意旨。他的策问广征博引,用典繁密,在大量用

---

① 陈飞:《唐代试策的表达体式》,《文学遗产》2008年第1期。

典的同时，注重文章的深度。他的策问，和一般才疏学浅的文人士子琢词弄句的文字游戏不同，在立意上体现出雅正高远的特色。如《道举策问三道》《贞元十九年礼部策问进士五道》《策问明经八道》，或以阐发老子、庄子立身行事之哲学为主旨，或就现实中儒教的沦丧，进一步提出"有补于时"的诗教主张，或以讨论边疆战事为话题，或以《春秋》为渊薮来抒发自己的忧患意识为核心，不作泛泛平庸之论，引经据典，洞察事理，于广征博引中而立意自现。

二 骈散结合、平易自然

毫不讳言，权德舆的策问，也无一例外地受到了汉魏六朝以来骈文的影响，但是，权德舆在继承骈文辞采华美的基础上，积极倡导文体改革，他的策问，虽然还不能完全脱离骈文的对偶与藻饰，但已经由以往机械的四六句向散体化过渡，明显表现出骈散结合的特点。如贞元十八年（802）进士策问五道第五问"育才造士，为国之本。修词待问，贤者能之"，骈散结合，语言已较少藻饰，明显趋向于明丽畅达。权德舆一生喜好《春秋》的谨严及《左传》的富赡蕴藉，实质上他继承的是左氏的典丽，因此，他的策问往往是典丽畅达，平易自然。

三 章法得体、结构井然

一般来说，策问大都先陈述，再提问题，然后进行简单的议论，最后就所提问题发问。因此，一篇策问究竟如何起笔、如何展开、如何发问，往往成为策问优劣的关键因素。对策问而言，构成章法的核心要素是策头、策项、策尾。策头，指策问的起法，也就是策问的开头。策问的起笔一般都干净利落，它是关乎作者对有关题意的审视、理解程度，以及由此发端的整篇构思布局的首要因素。策项是整篇策问的中心论题，也是作者议论的中心。策尾是指对整篇策问的发问，也就是这篇策问要考生回答的问题所在。策尾不仅要与策头、策项相呼应，而且要以论带问，向考生征询对整篇策问中反映问题的观点、看法以及解决的办法。权德舆的策问在策头、策项、策尾诸方面都极为重视，设计都比较周密妥帖，很注意布局的严谨和章法的得体。如《宏文、崇文生策问二道》中，权德舆主要是想就两馆在科举中的特权让考生予以讨论，这种特权是继续维持还是要改革，如果继续，担心"讲诵未暇，琢玉或怠"而耽误人才的培养，如若改革，又担心"因循既久，虑物议为难"而涉及贵族阶层的关系问题。权德舆举棋难定，让考生通过分析"去""留"二者的利弊来直言极谏，提出比较好的解决办法。策问以"儒馆设科，以优华绪"起笔，引出策项对二馆至特权是否要改革的话题，最后策尾发问"盍自言之，将求折中"。《贞元二十一年礼部策问五道》也同样体现了以上特点，以"古之善为政者，在得人而已，在求理而已"作为策头，和下文的选贤、求才的主旨紧密连接。章法得体，结构严谨，是权德舆五十道策问的共同特点。

第五章

权德舆策问的价值

一 认识价值

从权德舆策问所涉及的内容来看，主要包括政治经济、文化教育、农工商、为君为政、礼乐之功、个人品行修养等。具体而言，政治经济包含：倡儒复汉和重振国威的思想；对史实的记载；文化教育包含：宗崇儒学；教育体制；科举考试；对经典的传承、质疑；选贤举能；农工商包含：生人安民；以农为本；为君为政包含：以民为本；治国方略；边塞要务；礼乐之功包含：礼仪制度；对礼的推崇；个人品行修养包含：品德节操等。这些内容与唐代的社会现实、政治经济、文化教育、传统文化休戚相关，相互交融，成为一部透视唐王朝乃至封建社会典章制度的直观而生动的百科全书。通过这些策问，我们可以管窥"安史之乱"后中唐的社会现实、政治经济、文化教育制度、以农为本、治国方略等各个方面，了解中唐儒学讲究学以致用、以学干政的事实；还能看到经学的传承脉络以及各个流派的优劣；可以掌握唐代科举考试的一系列情况；进一步弄清楚古人对品行节操的看重与推崇等社会生活的方方面面。不可否认，一些正史以及专门研究典章制度的文献具有更全面、更权威、更系统、更严谨的学术价值和认识价值，但权德舆的策问却可以使我们更加直观地看到中唐的实际情况。因为从某种程度上说，这些策问，关系着人物命运、牵连着国家的安危。它们不是刻板教条的，而是包含更多的个人感情色彩。

（一）重振国威的意识和王权权力之争

权德舆以《春秋》《周易》命名的策问，大多反映的是重树儒学、恢复国威的忧患意识和对史实的清晰记载。

比如贞元十八年"明经诸经策问七道"中的《春秋》问：

> 孔圣属辞，丘明同耻，裁成义类，比事系年。居体元之前，已有先传；在获麟之后，尚列余经。岂脱简之难征，复绝笔之云误？子产遗爱也，而赂伯石；叔向遗直也，而戮叔鱼。吴季札附子臧而吴衰，宋宣公舍与夷而宋乱。阵为鹅鹳，战岂捷于鱼丽；诅以犬鸡，信宁优于牛耳。子之所习，为予言之。

这道策问我们读到的信息主要有：子产不毁乡校、叔向不徇私情的历史事实；吴季札的辞位和宋宣公舍与夷导致的后果；有王权问题、社会治乱关系及中唐中央与藩镇之间的权力之争，以及边陲诸侯拥军割据、混战不止的严峻现实。还可以看出权德舆尊王权、削藩镇，重振国家秩序的倾向和主张。

(二) 诸子百家及汉代的司法程序

再如贞元十八年进士策问五道第一问：

> 问：六经之后，百氏塞路，微言大义，浸以乖绝。使昧者耗日力以灭天理，去夷道而趣曲学。利诱于内，不能自还。汉庭用经术以都贵位，专古义以决疑狱，诚为理之本也。今有司或欲举建中制书，置五经博士，条定员品，列于国庠。诸生讨论，岁课能否。然后删非圣之书，使旧章不乱。则经有师道，学皆颛门。以为如何？当有其说。至于九流六家，论著利弊，有可以辅经术而施教化者，皆为别白书之。

这道策问里，明确了"安史之乱"后中唐经学衰微、九流六家的崛起以及社会动荡的时局。尤其能真正了解汉代所谓的"引经决狱"，即了解汉代的司法程序和法律实践。

(三) 《春秋》的流变及具体情况

贞元二十一年明经策问七道《左氏传》：

> 《春秋》者，以仲尼明周公之志而修经，丘明受仲尼之经而为传，元凯悦丘明之传而为注。然则夫子感获麟之无应，因绝笔以寄词。作为褒贬，使有劝惧。是则圣人无位者之为政也，其于笔削义

例，岂皆用周法耶？左氏有无经之传，杜氏又错传分经，诚多艳富，虑失根本。既学于是，颇尝思乎？

通过这道策问，我们对《春秋》的成书、流传情况有一个明晰的了解。还可以掌握《春秋》及其三传的特点及经传之间存在某些方面不统一的事实。

二 文化价值

张岱年、方克立将"文化"定义为"由人类在社会实践和意识活动中长期绷蕴化育出来的价值观念、审美情趣、思维方式等构成的心态文化层"。① 当然，文化有"广义""狭义"之说，比较而言，"狭义"的文化概念可能更适合对权德舆策问价值的探讨。

宗法社会结构的国家中，其文化价值必须要体现出以忠、孝、仁、礼、义为核心的伦理道德。

（一）忠孝合一

孔子最讲究忠孝仁义，他提倡："弟子入则孝，出则弟，谨而信，泛爱众，而亲仁。"更认为"父在，观其志；父没，观其行；三年无改于父之道，可谓孝矣"。"忠"就是对君王要做到忠诚；"孝"就是对长辈或自己的父母要孝顺。而以宗法制为基础的家国一体的模式要求忠孝合一、二者浑然一体。权德舆认为在一个小家里，父母要呵护子女，子女要为长辈尽孝。在一个国家里，统治者要爱护百姓，百姓要为皇帝尽忠。在家能行孝者，立朝方能尽忠。齐家、治国，方能平天下。《大学》有云："古之欲明明德于天下者，先治其国；欲治其国者，先齐其家；欲齐其家者，先修其身……身修而后家齐，家齐而后国治，国治而后天下平。"②

比如贞元十九年明经《周礼》问：

问：冠婚成人，著代之义。一献之飨，舅姑先降以奠酬；三加

---

① 张岱年、方克立：《中国文化概论》，北京师范大学出版社1994年版，第5—6页。
② 李学勤主编：《十三经注疏·礼记正义》卷60，北京大学出版社1999年版，第1859页。

弥尊，母兄皆拜而为礼。责归顺而则可，于子道其谓何？一与之齐，终身不改，而狄仪有问服；二姓之合为重，而孔门多出妻。蹈白刃或易于中庸，引重鼎奚列于《儒行》？裼袭疑衰之制，继别继祢之差，生既讲闻，伫观精辨。

这是一道关于礼的策问。主要讲的是婚礼以及新妇对舅姑的要尽孝。但是其中也不乏孝道的说明。"责归顺而则可，于子道其谓何？一与之齐，终身不改，而狄仪有问服。"儿子孝敬父母，也要求妻子一样尽孝。但孝顺的儿子因为父母的原因可以随时休妻，将自己的孝名建立在妻子的痛苦之上。这一点，当然有悖古人所谓的"尊老爱幼"。权德舆是持反对意见的。但晚辈对长辈却一定要孝道有加，一丝不苟。

(二) 品行修养

权德舆关于君子品行修养话题的策问占有较大的分量。品行节操历来是读书人所追求的境界。无论是士子还是普通百姓，无论是官员还是平民，加强操守可能是要一辈子坚守的准则。魏征曾明确表示德行操守对选择官员的决定作用。他说："天下未定则专取其才，不考其行；丧乱即平，则非才行兼备不可用也。"因此，个人修养对任何人都具有突出、强调的价值。

首先，对"仁"的推崇。

比如贞元十八年（802）进士策问五道第二问中，权德舆对君子修养的"仁"进行了探讨。

问：《易》曰："君子夕惕若厉。"语曰："君子坦荡荡。"《礼》之言绅衣，则曰："恶其文之著也。"《儒行》则曰："多文以为富。"或全归以为孝，或杀身以成仁；或玉色以山立，或毁方以瓦合，皆若相戾，未能尽通。颜回"三月不违仁"，孟轲"四十不动心"，何者为优？下惠"三黜而不去"，子文"三已而无愠"，何者为愈？召忽死子纠，管仲相小白，棠君赴楚召，子胥为吴行人，何者为是？析疑体要，思有所闻。

儒家思想的核心"忠、孝、仁、义"，也是孔子《论语》的核心与要义，是君子品行节操的内涵。权德舆列举了大量的尊崇"仁"、节操高尚的君子，比如颜回、孟轲、柳下惠、子文、召忽、管仲、棠君、子胥等，他们都是古代的先贤，他们把品行节操中的"仁"看得很重。《论语·雍也》篇说："夫仁者，己欲立而立人，己欲达而达人。能近取譬，可谓仁之方也已。"① 这里不仅说明了"仁"的内涵中忠的一面，还说明了行仁的方法在于就近从自身体察，然后推及于人。

> 比如在《论语》问②中，
> 问：子曰："君子无终日之间违仁。"又曰："仁远乎哉！"则子文之忠，文子之清，由也之果，求也之艺，皆曰"不知其仁"，岂尽非君子耶？……

权德舆借用先贤的话语告诉我们，君子在吃一顿饭的时间都不会违背仁德，即使是在最紧迫的时刻也必须按仁德去做，即使是在流离困顿的时候也必须按仁德去做。并再三强调了"仁德"对人的重要性。

其次，恬淡无为、安时处顺。

> 明经策问七道
> 《周易》问：洁静精微，研几通变。伏羲重其象，文王演其辞。设位尽通于三极，修德岂惟于九卦？何思何虑，既宜以同归？先甲先庚，乃详于书令。俭德避难，颇殊謇謇之风。

贞元十八年进士策问五道第四问：

> 惩忿窒欲，《易》象之明义。使骄且吝，先师之深戒。至若洙泗之门人、故人，渐渍于道德，固已深矣。而仲由愠见，原壤夷俟，其为吝与骄，不亦甚欤……
> 道举策问二道《南华经》第一道

---

① 李学勤主编：《十三经注疏·论语注疏》卷6，北京大学出版社1999年版，第91页。
② 文中所引《论语》言论，皆出自李学勤主编《十三经注疏·论语注疏》，北京大学出版社1999年版。

> 问：安时处顺，泊然悬解，至人之心也，故曰材全而德不形……

权德舆通过洁静精微、惩忿窒欲、安时处顺等儒家经典对人的性情、品质情操的陶冶，目的在于要强调提升中唐士人的品德修养。

(三) 体恤民情

权德舆从儒家的"仁政""民本"思想出发，认为"人为邦本，食为人天"，体恤民情，处处为民着想。他提倡君明臣贤、轻徭薄赋的生人安民政策，尤其是在水涝灾害、收成不好时节，主张统治阶级要关心百姓疾苦，体察民情，给百姓一定的优惠政策，比如减少征收、休养生息、平籴粮价等。这些思想在他的策问中有多处体现，比如贞元十八年（802）进士策问五道第三问：

> 问：周制什一，是称中正。秦置阡陌，以业农战。今国家参酌古道，惠绥元元，均节财政，与之休息……

再比如贞元二十一年（805），权德舆知礼部贡举①，礼部《策问》五道（乙酉科）第三道：

> 问：古者士足以理官业，工足以备器用，商足以通货贿，而农者居多。所以务三时之功，有九年之蓄，用阜其业，实藏于人。乃者惰游相因，颇复去本……

(四) 治国方略

权德舆策问当中，有不少内容反映的是治理国家的方略和举措。

> 问：尧之文思也，命羲和、四岳，敬授人时，其道巍巍矣。舜之登庸也，则流放窜殛，考绩黜陟，熙帝载而亮天工者，二十有二人，其理昭昭矣……

---

① 蒋寅：《大历诗人研究》，北京大学出版社2007年版，第640页。

（五）边塞军事

边塞的安稳是"安史之乱"后中唐面临的一个重要问题。由于时务策针对的大都是现实生活出现的问题，因此，权德舆的策问中也有一些反映边塞军事的话题。比如：

> 问：乃者西裔背盟，劳师备塞。今戎王自毙，边遽以闻……

在贞元十九年礼部策问进士五道第二问也反映了权德舆对边备问题的思考。

> 问：齐人之所以务于赋输，用给公上，其大抵馈军实，奉边备而已。今北方和亲，亟通礼命，南诏纳款，屡献奇功……

（六）教育、选贤

权德舆主张贤能政治，希望君主选贤予能，从善如流。事实上，他也一直在身体力行。贞元十八年（802）进士策问五道第五问就如何选拔、考查、任用人才问题进行了探讨。

> 问：育才造士，为国之本。修词待问，贤者能之。岂速促于俪偶、牵制于声病之为耶？但程试司存，则有拘限……

如何使科举能真正达到公平、公正之目的，如何为国家选拔出真正有用的人才，也是权德舆在国家选拔制度中深深思考的一个问题。比较典型的是权德舆元和元年（806）吏部试上书人策问三道第三问：

> 问：四方之人，萃于选部。六品以下，实繁有司。积资者岂尽获吏能？
> 考言者或见遗敏行……

三 史料价值

权德舆执掌贡举三年，留下五十道策问，内容包罗万象，涉及政治、经济、文化、农业、礼仪、军事等各个方面。从这些策问中我们可以了解中唐社会的方方面面，可以说，是研究中唐社会的一部百科全书。这些策问记载史料虽然没有专业文献资料的严谨，也缺乏专业文献资料的系统性，但却翔实地记录了特定时期、特定历史阶段的史实。

（一）唐代翔实的教育、科举情况的展现

关于唐代教育科举体制的文献可谓浩如烟海，而权德舆策问中体现出的教育科举制度却比专业文献多了一份感情色彩。它不像专业文献记载那样刻板生硬，而是具有一定的直观性和主观倾向性。对于唐代的教育制度，有很多严谨的专业文献资料可供查阅。在文献资料里，我们看到的或者是直白的说明、叙述、论证，或许还有作者自己的评论。而权德舆策问没有第三者的评价，只是一份试题的展示。对于试题的难易程度、出题质量的优劣，我们直接从策问中通过自己的感知来判断，不会受任何人、任何思想的制约和影响。就科举而言，通过策问，我们可以感知当时考试出题的方向、考试的方式、考试的内容、考试的难度以及需要备考的材料等。通过策问，我们知道当时的科举考试，不仅考儒家经典，还考老庄等道家典籍。这虽然与李唐王朝尊崇老子不无关系，但也从另一个方面说明了权德舆思想的复杂性。德舆一生来往于儒释道三家，思想中既有用儒家经典"以学干政"的目的，也有借道家的禅定来补察时政的设想。相比专业文献资料，权德舆策问具有更多的直观性。策问中记录的有关崇、弘生贵胄子弟的特权，给我们直观地说明了唐代科举考试在一定程度上还是有失公平、公正的选拔。

（二）真实再现唐代文学思潮及学术导向

在权德舆的策问中，给我们真实再现了"安史之乱"后中唐社会新的学术导向和思潮。"安史之乱"前，作为官学的儒学，由于自身学风和模式的僵化已经失去了其传统地位，不再受官方重视。而科举以诗赋取仕的导向更使其社会地位和现实作用大为降低。[①]"安史之乱"后，王权不振，藩镇割据的局势使王朝朝野上下都在探寻中兴之路。兴盛于"安史之乱"后、大历、贞元时期的民间私学肩负起重新思考儒学的使命。杨绾、权德舆等一批大儒积极倡导、推动新的学术导向，促使形成

---

① 严国荣：《权德舆研究》，中国社会科学出版社2006年版，第27页。

了务实变革的新学风。不仅打破了唐人"疏不破注"的教条传统，而且主张要学以致用、以学干政。他们提倡对经典的解释要针对社会现实，要依经立意，务实变通，表现出求实创新的学术意识和文化精神，从而积极发挥经典对现实政治的批判作用。① 正因为这些新的变革，权德舆才能在贞元十八、十九、二十一年的科举考试中改革考试的方向和重点。他加大了经学的重量，将之前对经典表面的解释变革为用所学经典知识针砭时弊、品评优劣，求通理、辩惑，力求对策内容的深度和知识的广博性。正如他在《答刘福州书》中所说："两汉设科，本于射策。故公孙弘、董仲舒之论痛言理道。近者祖习绮靡，过于雕虫……是以半年以来，参考对策，不访名物，不征隐奥，求通理而已，求辩惑而已。"② 通过策问文本，我们可以清晰感知这些新的学术思潮和科场新的导向。

（三）揭示中唐士人文化心理

"安史之乱"后的中唐士人，面对破碎的山河、黑暗的前途，在他们精神上首先反映出的是隐逸和顺应。权德舆就是典型代表之一。他的策问试题有相当一部分涉及《周易》、老子、庄子、文子的内容，一方面说明唐代科举考试范围的宽泛，另一方面也反映了当时大多读书人共同的心理。即"入世"与"出世"之间的矛盾。比如权德舆道举策问二道《南华经》第一道：

问：安时处顺，泊然悬解，至人之心也，故曰材全而德不形。

其道举策问第三问：

问：至人恬淡，外其形体，使如死灰、如木鸡，斯可矣。至若蹈履水火而不燋没，虽以诚信，庸至是乎？

道举策问三道第一问：

---

① 严国荣：《权德舆研究》，中国社会科学出版社2006年版，第28页。
② 权德舆著，霍旭东点校：《权德舆文集》卷23，甘肃人民出版社1999年版，第458页。

问：庄生曰："吾闻庖丁之言，得养生焉。"盖以其游刃无全，善刀而藏之故也。御寇则曰："养生如何？肆之而已。"庄生曰："嗜欲深者，天机浅。"御寇则以朝穆善理内而性交逸……

从策问中看出，和大多数唐代士人一样，权德舆对道家的顺应自然、无为而治和清净淡泊有着浓厚的兴趣。这与李唐王朝宗崇道家思想不无关系。从现存资料看，权德舆对佛教各派思想都比较熟悉，由于他游学之处主要是南禅僧人，因此，他对南禅宗、律宗、天台宗较为熟悉①。不光是他的策问内容涉及佛道思想，在他的诗文作品中也有不少反映出入儒释道思想的作品。比如，"引泉通绝涧，放鹤入孤云""洞真善救主，守夜看仙境"。蒋寅在《大历诗风》中说："唐代社会普遍尊重隐士的风气使唐诗中表现的隐逸情调超过以往的任何一个朝代，而大历时期特定的社会状况和社会心理，又使大历诗在表现隐逸思想的普遍性上超过了其他的时期。"② 中唐社会转型期的危机和挑战，对每一个士人来说都极具吸引力，权德舆也不例外，他从儒家的修身齐家治国平天下之根本出发，于佛道典籍中汲取禅定、幽深的智慧，借助佛道隐逸精神，以求修身养性，进而于乱世中明哲保身。这也是饱受儒学渊源熏陶的权德舆受儒家"达则兼济天下，穷则独善其身"思想影响的鲜明表现。

不仅如此，权德舆还对佛道的遁世思想极为推崇。在给《唐故洪州开元寺石门道一禅师塔铭并序》中对道一禅师的行迹、风范大家赞赏："佛不远人，即心而证；法无所著，触境皆如。"称赞其"如利刃之破骨索，甘露之洒稠林"。庄子思想中既有积极因素，又有消极成分，权德舆之所以如此看重老庄思想，除了隐逸思想，还有一个重要原因在于佛教、道教思想为人处世的观念和认识世界的方式。严国荣说："体弱多病也使他对佛教渐生迷信。但是，更主要的原因，还在于佛教的思想、观念，佛教认识世界的方式，对待人、物的态度，吸引着好学不倦、立志济世的德舆。"③ 权德舆对释道思想的推崇一定程度上代表了

---

① 严国荣：《权德舆研究》，中国社会科学出版社2006年版，第93页。
② 蒋寅：《大历诗风》，上海古籍出版社1992年版，第95页。
③ 严国荣：《权德舆研究》，中国社会科学出版社2006年版，第93页。

大多数中唐士人的文化心理，既在乱世中踟蹰迷茫，又寄希望于佛道的辅助作用来发愤图强、立志济世。既想有所作为，救民于水火，又想逃离世俗的尘嚣，隐遁于世。正如蒋寅所说："归隐与恋官的矛盾表现了中国士大夫典型的双重人格。"① 权德舆的思想一直在"入世"与"出世"之间挣扎、徘徊，明显表现出受儒释道三家影响的矛盾性。这也恰恰是中唐社会士人的一个共同心理特征。

（四）中唐内忧外患现状的生动写照

权德舆的策问当中，有不少内容针对的是中唐的社会、政治现实。这也是唐代时务策考试要求针砭时弊、反映社会现实的一大特点。比如贞元十三年（797），权德舆作为驾部员外郎充进士试策官，作有"中书试进士策问两道"，其中第二道对当时中唐边疆战事及少数民族之间的关系有详细的反映。

> 问：乃者西裔背盟，劳师备塞。今戎王自毙，边遽以闻。而议者或曰"因其丧而吊之，可以息人"。或曰"乘其虚而伐之，可以开地"。或曰"夷实无厌，兵者危事，皆所以疲中国也，不若如故"。是三者，必有可采，思以辨之。

贞元十九年礼部策问进士五道第二问也有对中唐边备问题的翔实陈述。

> 问：齐人之所以务于赋输，用给公上，其大抵馈军实，奉边备而已。今北方和亲，亟通礼命，南诏纳款，屡献奇功。而蠢兹西戎，尚有遗类，犹调盛秋之戍，颇动中夏之师。思欲尽复河湟之地，永销烽燧之警……或曰：彼实无厌，绝之以固吾围；或曰：姑示大信，许止以靖吾人；或曰：归贵种以怀其心，或曰：夺长技以剪其翼。当蕴皎然之见，备陈可举之方。

"安史之乱"后，朝廷党争混乱，政局黑暗。蒋寅在《大历诗风》

---

① 蒋寅：《大历诗风》，上海古籍出版社1992年版，第89页。

中写道:"地方上则是藩镇跋扈,动辄叛乱,成为当时突出的矛盾。方镇'自署文武将吏,不供贡赋'的现状严重削弱了中央集权,影响到中央的财源和兵力。不尽如此,他们父死子继,朝廷稍想有所约束便反叛作乱,致使朝、镇之间矛盾尖锐,战争频繁。同时,吐蕃、回纥也乘边境虚弱,兵锋屡逼京师,使唐朝疲于防范。内忧外患,令刚遭安史巨创尚未平复的唐王朝更陷入极度的经济窘困之中。"① 边塞战事吃紧,河湟沦陷。唐代君臣朝野震动,生灵涂炭,国土残缺,唐人的自尊心遭到极大的冲击,要求收复河湟失地的呼声此起彼伏。权德舆的这两道策问就是针对这种现状撰写,并要求举子提出收复失地的妥帖意见。通过策问文本,我们看到,对于中唐这种危机四伏的现状,众人意见不一。第一道策问,有人主张"丧而吊之,可以息人",有人主张"乘其虚而伐之,可以开地",有人赞成"夷实无厌,兵者危事,不若如故"。策问反映的事实是,面对夷狄的不断侵犯骚扰,有人主张送礼讨好以求暂且的安宁;有人认为应该乘机出兵收复失地,打击少数部落的嚣张气焰;还有人觉得战争是极度危险之事,最好按兵不动,维持现状。在策问简洁的描述里,主和派的苟安偷生、主战派的大义凛然、守中派的怯懦平庸,历历在目。虽然没有一字评论,但一个个鲜活的面孔栩栩如生,把中唐政治的黑暗、内忧外患的现状真真切切展现出来。

四 现实意义

(一) 对今天的申论科目考试有一定的帮助和启示

权德舆的策问虽然已经成为远去的历史,他的功绩也几乎已被世人所淡忘,但其策问的影响依然存活在我们身边。细细想来,策问和当今公务员考试的"申论"科目考试有一定相通之处。

其一,都是针对社会现实中存在的问题,提出解决的办法,并做进一步的阐述。策问往往是针对社会现实存在的问题,让举子们发现问题、提出解决办法并做进一步的阐述。"申论"的内容绝大多数也都是社会生活中出现的问题,让考生提出解决的办法。解决问题的环节至关重要,可以说,是整个申论的重点。而"策问"解决问题的途径也正

---

① 蒋寅:《大历诗风》,上海古籍出版社1992年版,第40—41页。

好与之相契合。

其二，两者都是通过阅读、理解所给定的大篇幅的资料来发现问题，提炼主旨，指出问题并提出解决问题的办法、途径。"策问"当中往往包含形形色色的典故，出题者通过大量的历史典故后面隐藏的知识来考察士人对各种典籍的熟悉程度以及发现问题、解决问题的能力；"申论"也是给出一大堆资料，让考生阅读，在阅读的过程中发现问题，提炼主旨，寻找恰当的切入点，进而指出问题并进行精练的阐述，最后提出解决问题的可行性方案和途径。出题者意图通过铺天盖地的资料，考查考生梳理资料、整合资料、提炼材料、解决问题的能力。

其三，两者的论述形式非常相似。"策问"是考试的题目，所出试题叫"策问"，所答试卷叫"对策"或"策对"。遗憾的是，权德舆策问的对策试卷我们没有办法看到，但是从现存唐代其他人的策问试题及答卷上，我们依然可以感知就权德舆策问所作的对策卷。比如白居易的《策林》七十五篇，就是针对科举考试作的模拟对策，换句话说，就相当于我们现在高考前所作的模拟试题。从这些模拟试题我们或许可以想象出就权德舆策问所作的对策文。阅读材料、找出问题、提出问题、论述并提出可行性解决方案。当今的"申论"考试亦是如此。

其四，两者都要求论述简练，思路清晰，论据充分，言之有理。还要注重逻辑的严密性和解决办法的可操作性、可实行性。

总之，无论是策问也好，还是申论也好，难度最大的地方都是在文本的阅读环节上。都要先读懂文本所列举的问题，顺着问题去寻找思路，然后再对材料进行梳理、提炼、整合、论证。或许，我们可以借鉴权德舆的策问，来进一步完善当今公务员考试的申论科目考试。

（二）对当今社会加强道德建设、提高全民道德修养、传承国学有较大的现实意义

权德舆策问当中有不少篇章涉及个人修养、品行节操的话题。这些内容对于中唐礼教不兴、国威不振、君子节操涣散的现状有较好的改变和影响作用。这些思想在今天依然有较大的实用价值和现实意义。

首先，通过学习权德舆的策问，可以更好地陶冶我们的情操、加强道德建设。在权德舆的策问里，贯穿着浓厚的儒家思想。忠、孝、仁、义的观念在策问中多有体现。贞元十八年（802）明经诸经策问七道

《论语》第七问：孔门达者，列在四科。颜子不幸，伯牛恶疾，命之所赋，诚不可问……七年可以即戎，百年可以去杀……为仁由己，无信不立……

《论语》问：子曰："君子无终日之间违仁。"又曰："仁远乎哉！"则子文之忠，文子之清，由也之果，求也之艺，皆曰"不知其仁"，岂尽非君子耶？胡为乎登夫子之门而称齐楚之贤大夫也？……虞仲隐居以放言，下惠辱身以降志……

中华民族自古以来就是讲究"礼义仁德"的国度，孔子是集大成者。"仁""礼"是孔子思想的核心，也是权德舆一生信守的准则。他在《送台州崔录事二十三丈赴官序》称赞崔稚璋"修诚以慎独，居易以养正"。在《唐故相崔君墓志铭》评价崔适："君仁厚信实，方严清厉。"他在策问中也说"为仁由己，无信不立"。这是孔子对"仁"的阐释，也是权德舆对中唐士人品行节操的要求。权德舆主张谨肃士风，提倡仁、德、修、廉。为官一生，一直都在身体力行并以之教化士人。不仅如此，还将对儒家"仁德"的倡导推行于科举考试当中，对提高中唐世风、加强士人道德修养有很好的引导作用。时下正值我国发展的重要阶段，加强道德建设、陶冶修养情操，关系着整个民族的素质水平。如果说权德舆《论语》《周易》、"三礼"策问的某些内容是为了警醒中唐士人注重品行修养，从而进一步改变中唐礼教不兴、国威不振的现状，那么我们今天来重新学习他策问所蕴含的主旨，也有提高全民素质、加强道德建设的意义在里面。权德舆关于中唐士人道德修养的理论，对我们今天的社会道德建设，依然意义非凡。

其次，学习权德舆的策问，可以更好地传承国学，弘扬中华优秀传统。国学的博大精深，处处充溢在权德舆的策问里。除了《孟子》《尔雅》《孝经》外，儒家"十三经"中的十经都能在他的策问中找到影子。《论语》的"仁礼忠恕"，《周易》哲理的至深至弘，"三礼"的修诚慎独，《春秋》三传的忧患国运、褒贬时政，《尚书》的严谨精深，《诗经》的"哀而不伤""思无邪"，让我们又一次在国学的海洋里漫步徜徉，流连忘返。

2017年5月，习近平总书记在哲学社会科学工作座谈会上的重要讲话引起社会热烈反响。由此全国掀起了提倡国学、传承国学的热潮。

学习中国古代思想文化重要典籍，理解中华优秀传统文化的精髓，可以强化我们的文化主体意识和文化创新意识。通过权德舆的策问，可以更好地认识中华优秀传统文化的精髓。在权德舆的策问里阅读中华优秀传统文化典籍，或许有点艰涩，但在传承国学、完善人格修养、培养人格魅力方面，却有极其重要的地位和意义。

结　语

　　策问是我国古代最早出现的正式考试文体,和科举制度的发展演变相始终。唐代科举考试,策问是最重要的试项,二者相辅相成,缺一不可。一般来说,策问多以儒家经典为发问依据,以经史为思路。

　　权德舆出身儒学世家,以儒学为根底。他三掌贡举,所作五十道策问,大都与"九经"及老庄内容有关。文章广征博引,骈散结合,内容涉及政治、经济、文化、军事、礼仪、赋税等社会生活的方方面面,广泛深入地反映了中唐政治、经济、文化、社会生活面貌,集中体现了他为政、为人、为文的儒学思想,是反映他思想渊源的精华篇章。吴宗国先生在《唐代科举制度研究》中说:"他(权德舆)所出策问,从现存贞元十八年、十九年、二十一年的进士策问来看,既考儒家经典,也考历史知识;既考对圣贤学说的理解,也考对现实政治、经济问题的见解。"① 也就是说,权德舆策问思想内容包罗万象,涉及面很广。

　　权德舆以《春秋》内容命题的策问,反映他忧虑国事、以史为鉴、思变求新、重振国家秩序的思想,体现了他浓厚的忧患意识和爱国精神;权德舆以《论语》内容命题的策问,反映他对君子品行节操、道德修养以及对礼乐文教之功的思考,充分体现了儒家提倡的礼教治国思想;权德舆以《诗经》内容命题的策问,在继承前人研究的基础上,对经典的编次、释义提出大胆质疑,闪耀着权德舆求本溯源的治学态度和勇于质疑的创新精神。权德舆以"三礼"命题的策问,既有对礼的看法和认识,亦有对礼教不足的批评。他关心人民疾苦,关心军防边境,更关心科举考试及选官的公平公正,对中唐王朝,可谓尽心尽力、

---

① 吴宗国:《唐代科举制度研究》,北京大学出版社2010年版,第148页。

鞠躬尽瘁。

　　本书通过对权德舆策问的解读，一方面，帮助我们真实地了解当时考试中的一些情况，比如考试的具体内容、范围，考试的类别，考试的层次等。另一方面，在回顾大历、贞元间思想界整体变化局势的基础上，结合对儒家经典的研究去分析归纳权德舆策问中体现出的为政、为人、为文的思想渊源，对权德舆策问的思想风貌作了比较全面和客观的描述。

　　迄今为止，权德舆的策问还未曾有人做过系统研究。本书也只是在力所能及的前提下，对其四十三篇策问中的典故、出处及反映的思想作了浅显的分析、评述。鉴于才疏学浅，文章还存在很多不足。比如，对有些典故的理解不是很准确，所以有些地方还不能展开论述。另外，对一些策问的出题意图判断也不是非常确切，因为没有参考的对策，就仅仅是凭个人的感知进行分析。权德舆的策问本来就艰涩难懂，再加上我们可以借助的资料非常有限，对文本的解读、阐释也有待进一步提高。期待在今后的工作学习中，能弥补不足，加以完善。对已经解读的策问文，也仅仅是抛砖引玉，恳请方家斧正。现将未做研究的七篇策文附录于此，恳请就教于方家。

附　录

明经诸经七道

　　《尚书》问：《洪范》之美大同也，曰"子孙其逢吉"；数五福也，曰"考终命"。皆其极也。至若允恭克让而生丹朱，方命圯族乃产神禹，何吉凶之相戾也？《金縢》请命，方秉圭以植璧；元龟习吉，乃启籥而见书。岂赋命之可移也？绝地天通，未详厥理；血流漂杵，何乃溢言！待问而来，宜陈师说。

明经诸经策问七道

《尚书》第四问

　　问：《左史》记言，古之大训。何首载《尧典》而乃称虞书？当文思之代，而九官未命，及纳麓之时，而四凶方去。岂允恭克让、待元德而尽善耶？仲虺作诰，伊尹作训，岂臣下忠规之称耶？伯禽《费誓》，穆公《秦誓》，岂帝王规范之书耶？好风好雨，既从于箕毕，时若恒若，复系于休咎，何所适从耶？伏生传于耄耋，鲁壁得于残缺，前代讲训，孰为名家？可以详言，用窥奥学。

策问明经八道

《穀梁传》问

　　问：褒贬之书，宣父约于史氏；清婉之传，卜商授于门人。经有体元，且无训说，日称夜食，颇近迂异。征秃眇之修聘，聚綦辀之方言，晋大夫奚俟于偕行，卫公子岂名其夭疾？隐居摄以崇让，郑讨叛以灭亲，未曰申邪，宁为积虑？邹氏、郑氏，学既不传，尸子、沈子，复何为者？鄙夫未达，有伫嘉言。

明经诸经策问七道

《穀梁传》第六问

问：鲁史成文，以一字为褒贬，汉庭尚书，有二传之异同。虽子夏授经，孙卿肄业，而去圣浸远，传疑侻多。闰以定时，何非乎告朔？零乃闵雨，奚有于去让？文有无天之说，定有无王之年，例或难通，理亦未尽。卫辄辞以尊祖，为义安乎？许止阙于尝药，受诬乃甚。以滋凝滞，皆藉发明。穀梁子之言，固当有据，应上公于古，复是何神？诸儒待问，一为觇缕。

明经策问七道

《礼记》问：《大学》有明德之道，《中庸》有尽性之术，阙里宏教，微言在兹。圣而无位，不敢作礼乐，时当有开，所以先气志。然则得甫、申之佐，犹曰"降神"。处定、哀之时，亦尝闻政。致知自当乎格物，梦奠奚难于宗予？必若待文王之无忧，遭虞舜之大德，然后凝道，孰为致君？尔其深惟，以判斯惑。

元和元年吏部试上书人策问三道

第一问：天下理本，系于朝廷。乃者夏州阻令，益部干纪。皇帝神武制胜，指期致诛，二方晏清，九有贞观。纪律载新于耳目，爵命毕集于勋贤。内修八柄，外宏九法，教理刑政之要，制军诘禁之宜，使人皆向方，兵不复用，一其礼俗，以致和平。酌于古而行于今，举其大而遗其细，伫达聪听，子其昌言。

贞元十九年礼部策问进士五道第四问

第四问

问：人之生也，禀五行之秀。其化也，顺一气之散。而牛哀为兽，杜宇为鸟，赵王为苍犬，夏鲧（鯀）为黄熊，付严之相为星，邗桥之老为石，变化纠纷，其何故也？夭寿贵贱，赋命万殊。而骊山之儒，长平之卒，历阳之鱼鳖，南阳之侯王，岂禀数斯同，复适然也？众君子通性命之理，究古今之学，幽探造化，伫所未闻。

参考文献

主要论著

小绿天所藏清嘉庆十一年朱圭翻宋本《权载之文集》，收录在《四部丛刊初编》。

曹寅等：《全唐诗》，中华书局1960年版。

权德舆著，霍旭东点校：《权德舆诗集》，甘肃人民出版社1994年版。

权德舆著，霍旭东点校：《权德舆文集》，甘肃人民出版社1999年版。

杨伯峻：《论语译注》，中华书局1980年版。

程俊英：《〈诗经〉漫话》，上海文艺出版社1982年版。

（清）董诰等：《全唐文》，中华书局1983年版。

朱熹：《四书集注》，中华书局1983年版。

蒋伯潜：《十三经概论》，上海古籍出版社1983年版。

程俊英：《诗经译注》，上海古籍出版社1985年版。

黄焯：《毛诗郑笺评议》，上海古籍出版社1985年版。

黄寿祺、张善文：《周易译注》，上海古籍出版社1989年版。

程树德：《论语集释》，中华书局1990年版。

南怀瑾：《易经杂说》，中国世界语出版社1996年版。

夏传才：《十三经概论》，天津人民出版社1998年版。

朱熹：《诗经集传》，吉林人民出版社1999年版。

李学勤主编：《十三经注疏·毛诗正义》，北京大学出版社1999年版。

李学勤主编：《十三经注疏·春秋左传正义》，北京大学出版社

1999年版。

李学勤主编：《十三经注疏·春秋公羊传注疏》，北京大学出版社1999年版。

李学勤主编：《十三经注疏·周易正义》，北京大学出版社1999年版。

李学勤主编：《十三经注疏·礼记正义》，北京大学出版社1999年版。

李学勤主编：《十三经注疏·周礼注疏》，北京大学出版社1999年版。

李学勤主编：《十三经注疏·仪礼注疏》，北京大学出版社1999年版。

李学勤主编：《十三经注疏·孟子注疏》，北京大学出版社1999年版。

李学勤主编：《十三经说略》，北京燕山出版社2002年版。

杨天宇等编：《十三经译注》，上海古籍出版社2004年版。

许慎著，段玉裁注：《说文解字》，上海古籍出版社2006年版。

严国荣：《权德舆研究》，中国社会科学出版社2006年版。

郑杰文、傅永军主编：《经学十二讲》，中华书局2007年版。

权德舆著，郭广伟点校：《权德舆诗文集》，上海古籍出版社2008年版。

王红霞：《权德舆研究》，巴蜀书社2009年版。

周振甫译注：《周易译注》，中华书局2010年版，第248页。

阮芝生：《从〈公羊学〉论春秋的性质》，华夏出版社2013年版。

曹顺庆主编：《中华文化原典读本》，北京师范大学出版社2014年版。

（唐）杜佑：《通典》，商务印书馆1935年版。

（汉）班固撰，颜师古注：《汉书》，中华书局1962年版。

（宋）范晔撰，唐李贤等注：《后汉书》，中华书局1965年版。

（梁）沈约撰：《宋书》，中华书局1974年版。

房玄龄等编纂：《晋书》，中华书局1974年版。

（后晋）刘昫等撰：《旧唐书》，中华书局1975年版。

（北宋）欧阳修、宋祁撰：《新唐书》，中华书局1975年版。

《国语》，上海古籍出版社1978年版。

（汉）司马迁撰，张守节正义：《史记》，中华书局1982年版。

（清）徐松撰，赵守严校点：《登科记考》，中华书局1984年版。

任继愈：《中国哲学发展史》，人民出版社1985年版。

（北宋）王溥撰：《唐会要》，中华书局1995年版。

苏舆撰，钟哲点校：《春秋繁露义正》，中华书局1996年版。

程千帆：《唐代进士行卷与文学》，上海古籍出版社1980年版。

罗根泽：《中国文学批评史》，上海古籍出版社1984年版。

任继愈：《中国哲学发展史》，人民出版社1985年版。

葛晓音：《汉唐文学的嬗变》，北京大学出版社1990年版。

张岱年、方克立：《中国文化概论》，北京师范大学出版社1994年版。

吴庚舜、董乃斌主编：《唐代文学史》下，人民文学出版社1995年版。

孟二冬：《中唐诗歌之开拓与新变》，北京大学出版社1998年版。

罗宗强：《隋唐五代文学思想史》，中华书局1999年版。

查屏球：《唐学与唐诗》，商务印书馆2000年版。

唐晓敏：《中唐文学思想研究》，北京师范大学出版社2000年版。

刘泽华：《中国的王权主义》，上海人民出版社2000年版。

吴承学：《古代文体形态研究》，中山大学出版社2000年版。

葛兆光：《中国思想史》，复旦大学出版社2001年版。

王勋成：《唐代铨选与文学》，中华书局2001年版。

朱维铮：《中国经学史十讲》，复旦大学出版社2002年版。

陈蔚松：《汉代考选制度》，湖北辞书出版社2002年版。

陈飞：《唐代试策考述》，中华书局2002年版。

傅璇琮：《唐代科举与文学》，陕西人民出版社2003年版。

吴兢：《贞观政要·君道第一》，中华书局2003年版。

范祖禹著，白林鹏、陆三强校注：《唐鉴》，三秦出版社2003年版。

姜广辉：《中国经学思想史》，中国社会科学出版社2003年版。

袁行霈：《中国文学史》，高等教育出版社2005年版。

皮锡瑞著，周予同注：《经学历史》，中华书局2004年版。

许道勋、徐洪兴：《中国经学史》，上海人民出版社2006年版。

杨新勋：《宋代疑经研究》，中华书局2007年版。

夏传才：《诗经研究史概要》，清华大学出版社2007年版。

李林甫等撰，陈仲夫校点：《唐六典》，中华书局2008年版。

李林甫等撰，陈仲夫点校：《唐六典》，中华书局2014年版。

吴宗国：《唐代科举制度研究》，北京大学出版社2010年版。

陈秀宏：《唐宋科举制度研究》，北京师范大学出版社2012年版。

荀子著，张诗同注：《荀子》，上海人民出版社1974年版。

郭庆藩：《庄子集释》，中华书局1961年版。

蒋礼鸿：《商君书锥指》，中华书局1986年版。

马非百：《管子轻重篇新诠》，中华书局1979年版。

王先谦：《荀子集解》，中华书局1988年版。

韩非子著，王先慎集解：《韩非子集解》，中华书局1998年版。

陈鼓应：《老子今注今译》，商务印书馆2003年版。

（宋）洪兴祖撰，白化文等校点：《楚辞补注》，中华书局2006年版。

陈鼓应：《庄子今注今译》，商务印书馆2007年版。

曹础基：《庄子浅注》，中华书局2007年版。

张采民：《〈庄子〉研究》，中华书局2011年版。

嵇康：《与山巨源绝交书》，见严可均辑《全三国文》卷47，中华书局1958年版。

范文澜：《文心雕龙注》，人民文学出版社1958年版。

李昉等编：《文苑英华》，中华书局1966年版。

白居易撰，顾学颉校点：《白居易集》，中华书局1979年版。

陈振孙撰：《直斋书录解题》，上海古籍出版社1987年版。

陈士珂辑：《孔子家语疏证》，上海书店1987年影印版。

朱金城笺校：《白居易集笺校》，上海古籍出版社1988年版。

蒋寅：《大历诗风》，上海古籍出版社1992年版。

晋·葛洪辑，成林、程章灿译注：《西京杂记全译》，贵州人民出版社1993年版。

（宋）严羽著，郭绍虞校释：《沧浪诗话》，人民文学出版社1998年版。

李维新主编：《天下第一卷——历代状元殿试对策观止》，中州古籍出版社1998年版。

杨寄林等编：《大唐状元卷》，山西教育出版社2001年版。

付兴林：《白居易散文研究》，中国社会科学出版社2007年版。

蒋寅：《大历诗人研究》，北京大学出版社2007年版。

刘勰撰，王运熙、周锋译注：《文心雕龙》，上海古籍出版社2012年版。

主要论文

霍旭东：《权德舆和他的诗歌创作》，《社科纵横》1994年第2期。

夏传才：《现代诗经学的发展与展望》，《文学遗产》1998年第107期。

夏传才：《诗经学四大公案的现代进展》，《河北学刊》1998年第1期。

严国荣：《权德舆与古文运动》，《唐都学刊》1998年第4期。

吴承学：《策问与对策——对一种考试文体的文学与文化研究》，《新国学》1999年创刊号。

蒋寅：《权德舆与唐代的赠内诗》，《山西大学师范学院学报》1999年第1期。

段承校：《诗论皎然诗学对权德舆诗论及诗作的影响》，《南京师大学报》（社会科学版）2000年第5期。

段承校、李升兴：《论权德舆的墓志文创作》，《碑林集刊》2001年第6月。

雷恩海：《走向贞元文坛宗主地位的阶梯——权德舆的家世背景及学术渊源考察》，《西北师范大学学报》2002年第4期。

王红霞：《试论权德舆的诗歌创作》，《西南民族学院学报》（哲学社会科学版）2002年第2期。

严国荣：《论权德舆诗歌中"承中有变"的历史功绩》，《北京大学学报》（哲学社会科学版）2003年第3期。

陈飞：《唐代试策的形式体制——以制举策问为例》，《文学遗产》2006 年第 6 期。

陈飞：《唐代明经试策形式体制考论》，《人文杂志》2006 年第 6 期。

强昱：《儒学在中唐时期的新动向：权德舆的问题与李翱的答案》，《哲学动态》2007 年第 8 期。

陈飞：《唐代试策的表达体式——策问部分考查》，《文学遗产》2008 年第 1 期。

侯吉永：《古代殿试策问发论刍议》，《河南师范大学学报》（哲学社会科学版）2009 年第 4 期。

王廷贤：权德舆与《权载之集》，《天水师范学院学报》2009 年第 3 期。

蒋寅：《权德舆与唐代赠序文体之确立》，《北京大学学报》（哲学社会科学版）2010 年第 2 期。

赖瑞和：《唐后期三大类词臣的升迁与地位——以白居易、元稹、权德舆、李德裕为例》，《学术月刊》2014 年第 9 期。

陈江英：《权德舆的儒释道观》，《佳木斯大学学报》（社会科学版）2015 年第 3 期。

陈江英：《质疑经典，以学干政，重树儒学新风的治学态度——权德舆〈春秋〉策问研究》，《宁夏师范学院学报》2017 年第 4 期。

后　记

　　金秋十月，层林尽染。在陇南最为绚丽多彩的季节里我修改完书稿。回首往事，历历在目。刚去师大读书的情景还清晰依旧，老师的教诲、叮咛，同学们的笑声、闹声，图书馆里的书香，校园里葱茏的冬青、参天的杨柳、扑鼻的桂花香，似乎依然缕缕袭来……然而不经意间，时光如白驹过隙，十年的光阴已悄悄溜走。

　　来陇南师专工作已经有八个年头。原本只想默默度过平静的教书生涯，而2015年春天，老师途径陇南，寥寥数语却激起我心中千重巨浪。纵使有千万种理由，但老师活到老、学到老，奋斗不息的精神让我感动让我汗颜，我知道不能再昏睡下去，我要做点什么。于是，利用课余时间，继续整理我在西北师范大学读研期间没有完成的工作，研究整理陇右名人权德舆的策问。正如老师伏俊琏先生给我的序言中所说，"研究教育史的学者涉及多一些，研究古代文学的学者关注不多，所以，我最初对她选择以权德舆策问作为研究对象，感觉很没有把握"。的确，起初读权德舆策问，我读得很吃力，有些典故找不到出处，语言也似懂非懂。好多次我都有放弃的念头产生，好在西北师范大学古籍所的霍旭东先生刚刚整理出版了《权德舆文集》《权德舆诗集》，而且，霍老师和蔼可亲，不怕我的频频烦扰，对我的反复追问常常不厌其烦的耐心解答。还有师大的漆子扬老师，也曾给我答疑解惑。我还记得论文初稿是在研究生阶段的最后一个寒假前交给了伏老师，我以为已经万事大吉。不想，就在我玩得天昏地暗的正月十六那天，我突然接到伏老师让我返校修改论文的电话。第二天当我心急火燎赶到学校时已经日暮黄昏。伏老师、秦老师都在霍老师家里静静等着我。我清晰地记得伏老师给我初稿的评语是"隔靴搔痒"。本来"策问"就艰涩难懂，再加上懒惰，只想着能交差就行，所以很多地方都是蜻蜓点水。老师们怕我盲审有问题，建议我放弃策问，来写权德舆的诗文。老师们的话语静静流淌在凝重的气氛里，乍暖还寒时节，心虚加紧张的我在春寒料峭里微微发抖。我下定决心，在初稿的基础上重新完成毕业论文。毕业的学期，舍友都没有返校，楼上的同学很少。我一个人关在宿舍里整整一个月，除过几天出去买一堆熟食外，几乎没有出过宿舍。秦老师借给我两大包书，还有图书馆借来的，桌子上地上摊满了书。这期间，我一遍遍修改，每定一稿都要叨扰霍老师、秦老师把关。尽管秦老师很忙，但每次总要挤时间给我指导。到答辩之时，书稿整整修改了四遍。令人欣慰的是，最终我的硕士学位论文以优秀通过答辩。回想起来，一切仿佛在昨天。

我当时仅仅摘取了权德舆策问文中的二十二篇作为研究对象，时隔多年，现在原本想将五十篇策问的解读、研究一并完成。然而由于陇南地处偏僻，资源有限，我的后序整理研究工作做得非常艰辛。

2016年9月，我有幸到四川大学进修，师从项楚先生学习。川大正如她校训所言"海纳百川有容乃大"，是个包容性很强的院校，不仅有着丰富的图书资源，还有着来自世界各国的学生，他们的勤奋好学、刻苦钻研精神又一次给了我坚持下去的动力。有关权德舆策问中出现的一些典故、难点，不时有一些学生给我网上传递消息、资料。尤其是川大图书馆，每每我找不到的书籍，他们都会在网上给我提供其他院校的预约，给我的学习研究提供了很大的便利。也正因为如此，才使我打消了几次想要放弃的念头。尤其是项楚老师严谨的治学态度和深厚的文化功底使我更加坚定了完成书稿的决心。让我欣慰的是，同年11月，我主持的课题《权德舆策问思想内容研究》申报省社科项目并获准立项。在完成项目，实现愿望这个信念的支持下，我走过了两年的风风雨雨。

在此期间，我得到老师伏俊琏先生、秦丙坤先生的鼓励和支持；年已古稀的项楚先生也不辞辛劳帮我查过典故注释；问学复旦之时，查屏球先生也在来去匆匆间提出中肯的意见；陕西师范大学的周淑萍教授也对文中的一些问题给予指正；我的前辈和同仁蒲向明先生不仅予以支持和帮助，还对书稿具体细节提出了一些中肯的建议；我的院长王建礼先生每每在我气馁的时候适时鼓励我，劝勉我；还有我的同事王旭东老师、南瑛老师、温虎林老师一直以来的鼓励和支持……我的好朋友蔡春晓多年以来对我的默默支持和关怀……我时刻铭记于心！

尤其要感谢的是，陇南师范高等专科学校相关领导对我书稿的出版给予最大限度的资助！所有的这一切帮助、鼓励和支持，才有了今天拙作的面世。

尽管我的初衷想把书稿做到更好，但由于学术水平和文献资料条件的限制，有七篇策问还没有做完，书稿也还存在很多缺点和讹误。记得老师伏俊琏先生说过，太难的就先放下，等以后机会成熟了再补充完善，毕竟我们面对的是海洋。这个海洋是如此的浩瀚，我知道以后的路还很长，我会在今后的学习研究过程中不断成长进步。对于书中的讹误和缺点敬祈方家批评指正。

陈江英

2018 年 10 月 28 号于陇南师范高等专科学校